河南省高等学校哲学社会科学基础研究重大项目"河南打造全国黄河文化高地的理论与实践研究"（编号2021-JCZD-09）

河南省教育科学"十四五"规划2021年度重点课题"河南高校数字化保护传承与弘扬黄河文化的路径研究"（编号2021JKZD14）

保护传承弘扬黄河文化的理论与实践研究

李 敏 著

东南大学出版社

·南京·

图书在版编目（CIP）数据

保护传承弘扬黄河文化的理论与实践研究 / 李敏著
. --南京：东南大学出版社，2024.9
　　ISBN 978-7-5766-1417-6

Ⅰ.①保… Ⅱ.①李… Ⅲ.①黄河流域—文化史—研究 Ⅳ.①K292

中国国家版本馆CIP数据核字(2024)第098893号

责任编辑：丁志星　责任校对：张万莹　封面设计：冀贵收　责任印制：周荣虎

保护传承弘扬黄河文化的理论与实践研究

著　　者	李　敏
出版发行	东南大学出版社
出 版 人	白云飞
社　　址	南京四牌楼2号　邮编：210096
网　　址	http://www.seupress.com
经　　销	全国各地新华书店
印　　刷	河北赛文印刷有限公司
开　　本	700 mm × 1000 mm　1/16
印　　张	14.5
字　　数	275千字
版　　次	2024年9月第1版
印　　次	2024年9月第1次印刷
书　　号	ISBN 978-7-5766-1417-6
定　　价	68.00元

东大版图书若有印装质量问题，请直接与营销中心联系。电话（传真）：025-83791830

序 言

黄河，被赞誉为中华民族的母亲河，它不仅是中国大地上的一条江河，更是丰富文化的孕育之地。作为中原文明的发源地之一，黄河文化蕴含着深厚的历史底蕴、丰富的文化内涵和独特的价值观。本书写作的初衷源于作者在学习了习近平总书记在黄河流域生态保护和高质量发展座谈会上的讲话精神，参与了河南省高等学校哲学社会科学基础研究重大项目"河南打造全国黄河文化高地的理论与实践研究"以及河南省教育科学"十四五"规划2021年度重点课题"河南高校数字化保护传承与弘扬黄河文化的路径研究"后，对黄河文化相关内容有了更为深入的思考和理解。作者经研究发现，黄河文化的多重特征决定了开展持续研究的重要意义。具体而言，一是黄河文化的主动性特征决定了保护传承弘扬黄河文化就是延续中华民族的历史文脉。在历史的长河中，黄河文化以其先进性引领、支撑、推动着中华文化的发展，塑造着中华民族的根与魂，是实至名归、居于正统的国家文化、母体文化。研究如何更有效地传承弘扬黄河文化，有利于进一步夯实中华民族文化自信的坚实基础。二是黄河文化的包容性特征决定了保护传承弘扬黄河文化就是维系中华民族的精神纽带。黄河文化与中原文化、草原文化、农耕文化等不断交流、交锋、交融，形成了具有极强包容性的独特文化魅力，也是中华民族最广泛的文化认同依据。开展保护传承弘扬黄河文化的研究有利于找到持续激发中华民族最有感召力、凝聚力的精神纽带。三是黄河文化的多样性特征决定了保护传承弘扬黄河文化可以为建设社会主义文化强国注入强大动力。黄河流域是全国历史文化资源最为富集的区域之一，也是社会主义文化强国建设最深厚的基础，在全国文化布局中具有举足轻重的地位。开展保护传承弘扬黄河文化的相关研究，有利于进一步凸显河南历史文化在中华文化中的地位和价值，从而可以树立良好的河南形象，打造与深厚历史文化底蕴相匹配的河南品牌。

  本研究以探讨如何更好地保护传承与弘扬黄河文化为核心命题，以丰富黄河文化研究的理论体系和形成可推广复制的经验模式为己任。通过研读文献，掌握研究黄河文化所依据的理论基础尝试构建科学体系，通过文献解读、数据调研等方式了解目前国内外相关内容的研究现状及基本现状，为比较研究打下扎实基础；通过提出保护传承弘扬黄河文化的产业化、品牌化和国际化路径，廓清黄河文化研究的理论与实践问题。期望为黄河文化的保护传承弘扬提供有深度、有广度的理论支持，使黄河文化在新时代焕发新的生机，绽放新的光芒。

  最后，特别感谢河南省高等学校哲学社会科学基础研究重大项目和河南省教育科学"十四五"规划2021年度重点课题的资助，感谢著者所在课题组成员前期的成果支持，以及国内外专家、学者的指导和文献支持。在他们的支持和帮助下，本研究得以更加全面深入地探讨黄河文化的保护传承与弘扬，为这一重要课题贡献了新的思考和观点。

著者

2024.9

目 录

第一章　黄河文化综述 ··· 01

　　第一节　黄河文化与人类文明 ·· 01
　　第二节　黄河文化的丰富内涵 ·· 07
　　第三节　黄河文化的重要地位 ·· 11
　　第四节　黄河文化与其他流域文化 ·· 18
　　第五节　黄河文化蕴含的时代价值 ·· 22

第二章　保护传承弘扬黄河文化的核心要义 ···························· 27

　　第一节　保护传承弘扬黄河文化的理论基础 ···························· 27
　　第二节　保护传承弘扬黄河文化的时代背景 ···························· 32
　　第三节　保护传承弘扬黄河文化的主要内容 ···························· 40

第三章　新时代黄河文化的重构 ··· 46

　　第一节　黄河文化的重构原则 ·· 46
　　第二节　黄河文化的精神内核 ·· 59
　　第三节　黄河文化的精神特质 ·· 70
　　第四节　黄河文化的参与主体 ·· 74

第四章　保护传承弘扬黄河文化的基本现状 ···························· 83

　　第一节　保护传承弘扬黄河文化的顶层设计 ···························· 83

第二节　保护传承弘扬黄河文化的具体行动 …………… 89
第三节　保护传承弘扬黄河文化的主要困境 …………… 106

第五章　黄河文化的产业化发展 …………………………… 112

第一节　黄河文化产业化的概念 ………………………… 112
第二节　黄河文化产业化的前景 ………………………… 116
第三节　黄河文化产业化的路径 ………………………… 120

第六章　黄河文化的品牌化建设 …………………………… 139

第一节　黄河文化品牌化的相关概述 …………………… 139
第二节　黄河文化品牌化的运营模式 …………………… 148
第三节　黄河文化品牌化的技术赋能 …………………… 156

第七章　黄河文化的国际化传播 …………………………… 165

第一节　黄河文化的国际化传播路径 …………………… 165
第二节　基于自媒体的黄河文化国际化传播 …………… 174
第三节　基于文旅融合的黄河文化国际化传播 ………… 192

结束语 ………………………………………………………… 215

参考文献 ……………………………………………………… 220

第一章

黄河文化综述

第一节 黄河文化与人类文明

黄河文化是中华文明的文化符号和文化象征，是社会主义文化强国建设最深厚的基础，是铸牢中华民族文化与文明的根脉所在，因此在全国文化布局中具有举足轻重的地位。保护传承弘扬黄河文化，需要立足新阶段，借助新技术，采用新模式，以促进黄河文化的高质量发展。而在2015年党的十八届五中全会提出的"实施国家大数据战略"，以及2016年《中华人民共和国国民经济和社会发展第十三个五年规划纲要》（简称"'十三五'规划纲要"）中对全面促进大数据发展提出的方向性目标和任务，为在保护传承弘扬黄河文化中深度应用大数据技术提供了正确指引。在2017年中国共产党第十九次全国代表大会报告中提出的"推动互联网、大数据、人工智能和实体经济深度融合"，进一步为大数据技术与保护传承弘扬黄河文化高质量融合发展提供了政策依据。特别是2019年9月，习近平总书记在郑州市主持召开黄河流域生态保护和高质量发展座谈会上将黄河流域生态保护和高质量发展上升为重大国家战略，将黄河文化提升到"文化自信、民族复兴"的新高度。讲话精神突出强调了保护传承弘扬黄河文化的重要性和紧迫性，因此成为当前做好文化建设工作的行动指南和根本遵循。由此可见，利用大数据技术打造黄河文化保护传承弘扬的新模式，不断提升黄河文化传播的效能，实现高质量保护传承弘扬黄河文化之目标，无疑是极为重要的时代课题。

关于黄河文化的研究成果比较丰富，特别是习近平总书记在黄河流域生态保护和高质量发展座谈会上将黄河流域生态保护和高质量发展上升为国家战略以来，社会各界关于黄河文化的学术成果、新闻报道、实践案例批量产出，为黄河文化由创造性转化为创新性发展提供了丰富的理论素材和实践参照。例如，王承哲等学者围绕黄河文化的内涵特征开展研究，认为黄河文化既是各类精神财富和物质财富的总和，又是由各类亚文化层次构成的庞大文化体系；苗长虹等学者认为黄河文化的根源性、持续性、包容性、统一性及创造性是其主要特征；徐光春等学者对黄河文化的重要作用进行了分析，认为黄河文化作为中华文明的重要组成部分，能够成为中华民族的根和魂；牛建强、姬明明等学者从激发黄河文化精神、加强黄河文化遗产的开发与保护、做好现当代黄河文化的传播等方面，探讨了传承与弘扬黄河文化的实现途径。关于大数据时代河南保护传承弘扬黄河文化的研究，江凌建议，建立有关黄河历史文化的大数据库，推进黄河文化遗产的系统性保护；朱涵钰认为实现黄河水文化传播的可视性有助于促进人们对黄河文化的认同感和扩大黄河文化的影响力。

当前，有关保护传承弘扬黄河文化的研究与探索，在实践层面涉及维度不断拓展，不同技术形式不断增加使用；在理论层面也逐渐引起社会学、信息科学、新闻传播学等不同学科的广泛关注。但是，关于如何借助新兴学科拓展黄河文化的理论与实践研究框架的探讨成果尚不丰富，因此，实现高质量保护传承弘扬黄河文化之目标，无疑是极为重要的时代课题。

一、人类文明的起源与黄河流域

（一）早期人类文明的形成

1. 旧石器时代的人类活动
（1）旧石器时代的背景

旧石器时代是人类文明的最早时期，从距今约300万年前开始，延续到距今1万年左右止。在这个漫长的时期里，人类主要使用石头、木头、骨头等天然材料制作工具。

（2）旧石器时代的黄河流域遗址

在黄河流域的早期遗址中，出土了大量旧石器工具，如石器刀、石器斧等，这些工具反映了早期人类在旧石器时代黄河流域的居住与生存状态。

（3）旧石器时代的文化特征

旧石器时代的文化特征主要表现为原始的狩猎、采集等生活方式，人类社会还处于游牧状态，对自然的认知主要体现在狩猎、食物采集的技术上。

2. 早期农业与定居的兴起

（1）新石器时代的到来

随着气候的变迁，黄河流域逐渐进入新石器时代。大约从1万年前至5 000—2 000年前，这一时期人类社会逐渐摆脱了对旧石器的过度依赖，开始迈向新的文明阶段。

（2）早期农业的兴起

新石器时代的黄河流域出现了早期农业，人们开始尝试栽培植物，如小麦、大麦等，逐渐形成了农业生产的雏形。

（3）定居社会的形成

随着农业的发展，人类逐渐实现了对植物和动物的驯化，开始了定居生活，人类社会开始从狩猎采集社会转变为农业社会。

（二）农业文明的孕育与演进

1. 农业技术的创新

农业技术的创新是黄河文化发展的关键之一。灌溉技术的引入与完善使黄河文化在农业领域取得了显著的成就，催生了独特而繁荣的农业文明。

灌溉技术的引入。早期黄河文化面临着自然环境的挑战，时而洪水泛滥、时而干旱缺水。为了有效应对这些自然灾害，人们开始尝试引入灌溉技术。这一创新的出现首先表现为建造简单的引水渠和堤坝，通过这些基础设施，人们能够更好地掌控水资源，实现对农田的定量供水。

黄河文化的灌溉技术不仅仅是简单的水源引导，更涵盖了水土保持、渠道系统设计等方面的深入研究。首次使用灌溉技术的农田不仅能够疏通水源，还能更好地适应植物的生长需要。这一创新加速了农业生产的发展，提高了粮食产量，为社会的繁荣奠定了基础。

灌溉技术的完善。随着时间的推移，黄河文化对灌溉技术进行了不断的改进与完善。人们逐渐认识到不同作物对水分的需求也不同，因此，灌溉系统需要更灵活的设计。灌溉渠道逐步分化，形成了针对不同植物的定制灌溉方案，使得农业生产更加精准和高效。

在灌溉技术的完善过程中，人们积累了丰富的经验，形成了一系列关于水源利用、灌溉系统维护等方面的技术手段。这些技术的传承与发展为后来的农业文明提供了宝贵的经验，对整个社会的农业生产体系起到了积极的推动作用。

灌溉技术催生农业文明。黄河文化的农业技术创新直接带来了农业文明的崛起。通过灌溉技术的应用，农田的产量显著提升，粮食供应更加充足，社会的稳定性得到加强。这也使得人口逐渐增加，社会分工更为细化，手工业、商业等领域开始逐渐发展。

农业文明的崛起也促使了社会组织形式的进一步演变。社会结构变得更为复杂，产生了贵族、商人、农民等不同阶层。同时，农业的繁荣为文化、科技、艺术等方面的发展提供了条件，形成了更为完整的社会体系。

2. 定居生活的形成

适宜条件与定居的初步尝试。早期的黄河文化地区拥有丰富的水源和肥沃的土地，为人类提供了理想的居住条件。在这个背景下，人们开始尝试往定居过渡的生活方式。

适宜的气候和土地使得人们能够更好地进行农业活动，通过种植作物、饲养动物等途径，获得更为稳定和丰富的食物供应。适宜条件也为人们提供了更多的自由时间，使得他们能够尝试其他生产活动，如手工业、艺术等。这种多样性的生产活动逐渐丰富了人们的生活，促进了社会结构的变迁，形成了初步的社会组织。

农业的崛起与社会组织的演变。随着农业技术的发展，人们逐渐认识到定居生活方式对农业的需求。农业的兴起使得人们可以更好地管理土地，实现对作物的规模化种植。

人们开始建立简单的聚落，形成了以家庭为单位的社会组织。这种社会组织方式早期表现为家族、氏族等，奠定了后来封建社会的基础。随着农业的发展，人口逐渐增加，社会组织形式逐步复杂。接着，人们开始形成更大规模的定居区域，即城镇逐渐形成。城镇的出现推动了分工合作的深入发展，不同的职业分工使得社会更为有序，人们的生产活动更加高效。

城市文明的雏形与文化的进步。在适宜条件和农业发展的推动下，黄河文化地区逐渐形成了早期城市文明的雏形。城市的出现标志着人类社会进入了新的发展阶段。城市文明的形成不仅表现在经济生活上，还表现在文化、科技等多个方面。

城市文明的雏形推动了文化的进步。首先，人们开始建造更为复杂的建筑，如城墙、宫殿等，这些建筑不仅满足了人们的居住需要，也展示了社会的繁荣景象。其次，城市文明的发展促进了文学、艺术、信仰等领域的进步。城市成为各种文化的交汇点，人们开始更加开放地接触和交流，而这种交流催生了更为丰富多彩的文化形式。

（三）黄河文明与中华文明的崛起

1. 早期社会的组织与发展

黄河文明为早期社会的组织提供了契机，人类逐渐形成部落、氏族等组织形式，为后来中华文明的崛起奠定了基础。

2. 文字的诞生与记录

黄河文明中的文字系统，如甲骨文，标志着人类文明的发展，成为后来中文书写的基础。

二、古代王朝的兴起与黄河文化

（一）夏商周三代的形成

1. 夏朝的建立

夏朝作为中国历史上第一个有文字记载的王朝，其发源地就在黄河流域，这显示出黄河文化在早期的王朝形成中的关键作用。根据史书《禹贡》和《国语》等记载，夏朝的建立者禹是通过治理黄河洪水和开垦土地的事迹而赢得人民支持，最终取得统治权力的。夏朝的建立标志着中国历史进入了文明社会，为后代王朝的建立奠定了重要基础。

2. 商朝的繁荣

黄河文化在商朝时期进一步繁荣，这对古代中国王朝文明的发展起到了积极的作用。商朝是中国历史上第一个真正意义上的王朝，其统治者以子为姓氏，位于黄河流域中游。商朝在政治、社会、经济和文化方面取得了显著的成就。在政治方面，商朝建立了较为完善的官僚体系和贵族制度，实行封建制度，确立了君主专制制度；在经济方面，商朝时期黄河流域的农业、手工业和商业较为发达，为后来的王朝提供了重要经验。

3.周朝的兴起与政治制度的变迁

（1）周朝的建立

周朝的兴起与黄河文化有机地融合在一起，形成了以封建制度为基础的政治体系。周朝的建立者周武王通过借助黄河中游的诸侯国力量，推翻了当时暴虐的商朝统治，建立了新的王朝。周朝的政治制度主要是基于宗法制度和封建等级制度，并形成了以天子为中心的政治体系。此外，周武王还通过分封制度将大片土地分封给亲族成员和功臣，巩固了自己的统治。

（2）封建制度的奠基

黄河文化中早期的社会组织形式如家族、宗族等，为封建制度的形成提供了社会基础。在早期的黄河文化中，人们在农耕社会中生活，并按照血缘关系组成了各种家族和宗族。这种家族和宗族制度的存在，为封建制度的形成提供了范例和支持。周朝就是基于这种封建制度，并开拓发展，将土地分封给贵族与官员，并以血缘关系为基础建立起了一个清晰的统治结构。

（二）黄河文化对王朝的文化传承

1.文化的传承与创新

黄河文化通过对自然的崇拜、礼仪制度的建立等方式影响了古代王朝文明的传承与创新。在早期的黄河文化中，人们对黄河的崇拜，如祭祀黄河的仪式等，形成了一种独特的文化传统。这种传统在后来的王朝中得到了延续和发展。同时，黄河文化还为建立王朝的礼仪制度奠定了基础。例如，周朝采用了许多黄河文化中的礼仪传统，形成了一套完整的封建礼仪体系。

2.礼仪制度的发展

由黄河文化的礼仪传统演变而来的封建礼仪体系，成为古代王朝政治文化的重要组成部分。在中国古代王朝中，礼仪制度被视为重要的政治和文化传统。这种制度在黄河文化的影响下得到了发展，并在不同王朝间得以传承和演变。例如，周朝建立了详细的礼仪制度，包括吉礼、凶礼、军礼、宾礼、嘉礼等各种礼仪，这些礼仪被看作国家统一、社会秩序安定和君主尊崇的象征。

总的来说，黄河文化在古代王朝的兴起与政治制度的变迁中扮演了重要角色。它为夏、商、周三代的形成提供了社会、经济和文化基础，促进了王朝政治制度的发展与树立。同时，黄河文化还影响了王朝的文化传承，通过对自然的崇拜和礼仪制度的建立，为王朝文明的发展提供了源源不断的动力。

第二节 黄河文化的丰富内涵

关于黄河文化的概念，可以从多角度理解。从文化学角度看，黄河文化首先是精神和物质财富的总和；从地理学角度看，黄河文化是一个以河湟文化、河洛文化、关中文化、齐鲁文化等为主体的庞大文化体系。关于黄河文化的概念角度多元、说法不一，这一方面对形成具有相对统一的保护传承弘扬黄河文化理论标准造成了阻碍，另一方面又不断丰富着黄河文化研究的理论体系与实践视野。本节重点从文化学角度探讨黄河文化及其与其他类别文化的相关内容。

一、传统文化中的黄河元素与表现

（一）信仰与祭祀仪式

1. 信仰的多元性

黄河文化中蕴含了多元的信仰，如对自然神灵的崇拜、祖先的信仰等，形成了独特的信仰体系。这些信仰是古代人民根据他们对世界、自然和人类存在的理解而形成的。在黄河流域的农业社会中，人们对自然的依赖使得他们对自然现象产生敬畏之情，他们相信自然界具有超自然的力量，因而发展出了各种对自然神灵的崇拜。同时，祖先信仰也是黄河文化中重要的信仰之一，人们相信祖先灵魂具有保佑后代的力量，因此会进行祭祀活动以感恩祖先。

2. 祭祀仪式的独特表达

通过各种祭祀仪式，如祭祀黄河、祭祀先祖等仪式，黄河文化表达了对自然、神灵和祖先的敬畏之情，体现了其独特的精神追求。祭祀黄河仪式是黄河文化中的重要仪式之一，人们相信通过祭祀仪式可以获得气候的平稳、水患的减少，以保证其农作物的丰收。此外，祭祀先祖仪式也是黄河文化中重要的仪式活动，人们通过祭祀来缅怀，表达对祖先的敬仰和感恩，以求得祖先的保佑和指引。

(二)语言与文字的传承

1. 文字的起源与发展

黄河文化在文字系统方面有着丰富的传统,如甲骨文、金文等。甲骨文作为中国古代最早的文字系统之一,在商周时期铭刻在龟骨和兽骨上,以进行吉凶卜筮和记录重要事件。随着时间的推移,甲骨文逐渐演变成为后来的金文、隶书等文字形式。这些文字不仅是古代人类进行交流和记录的重要工具,更是历史、文化传承的重要载体。

2. 文学艺术的瑰宝

黄河文化通过古代文学作品,如《诗经》《楚辞》等,表达了对生命、自然和人性的深刻思考,形成了独特的文学艺术风格。《诗经》是中国最早的一部诗歌合集,记录了古人对自然景观、爱情、社会习俗等方面的感悟和思考。而《楚辞》则以其独特的情感表达和鲜活的形象描写,展现了古代楚国人民的思想和情感。这些文学作品通过文字艺术的表现,将黄河文化中的智慧、情感和思考传递给后世。

黄河文化通过信仰体系的多元性和祭祀仪式的独特表达,传递了人们对自然、神灵和祖先的敬畏之情。同时,黄河文化的文字系统的起源与发展,以及优秀的文学作品都表达了人们对生命、自然和人性的思考和追求。这些元素和表现形式共同构成了传统文化的丰富内涵和独特魅力,并为后世文化传承提供了宝贵的源泉。

二、丰富的黄河文化资源

(一)考古发现的珍贵资料

1. 古代器物的多样性

考古发现揭示了代表黄河文化的古代器物,如陶器、青铜器等,为我们提供了了解古代生活、生产方式的珍贵资料。在针对黄河流域的发掘中,出土了大量的陶器,这些陶器不仅展现了古代人民的艺术才华,还反映了他们的生存情况和生活方式。同时,青铜器也是黄河文化中重要的考古发现之一,它们不仅美观,还展示了古代人们冶金技术和礼仪制度的发展。

2. 文物的保护与传承

在文化遗产的保护与传承方面,通过博物馆、考古研究等手段,有力地促进了对黄河文化的传统元素的继承。许多博物馆，如中国国家博物馆、河南博物院等，均保存了大量的黄河文化古代器物，供人们学习与欣赏。此外，考古研究为我们提供了更深入了解黄河文化的机会，并通过科学手段进行文物的保护与修复，使它们能够得到更好的保存和展示。

（二）艺术与建筑的多样性

1. 建筑风格的多元表达

古代黄河文化的建筑风格多种多样，如大型水利工程、宫殿、寺庙等，反映了不同时期的社会、政治和文化变迁。在黄河流域，古代人民依靠河流的水源，在当时创造了许多宏伟的水利工程，如灌溉系统、水坝、运河等，这些工程体现了古代人民对水利工程技术的高度掌握。同时，宫殿和寺庙等建筑也是黄河文化中重要的文化遗产，它们体现了古代中国政治制度和信仰的特点。

2. 艺术表现的丰富性

黄河文化在艺术表现上有着丰富的多样性，民间绘画、雕刻等艺术形式在其中得到了发扬光大，并呈现出独特的审美理念和表达方式。黄河流域的民间绘画以壁画和木板画为主，这些艺术作品以其鲜明的色彩和生动的形象展示了古代人民对自然、生活和信仰的理解。此外，雕刻艺术也是黄河文化中具有代表性的艺术形式之一，人们运用石雕、木雕等形式，创作出了不少精美绝伦的艺术品。

通过了解古代器物的多样性和文物的保存与传承，我们可以深入了解古代黄河文化的生活和社会组织方式。同时，艺术与建筑的多元表达和丰富性，使我们能够欣赏并体验到古代人民的审美情趣和创造力。这些文化遗产为我们提供了丰富的历史、艺术和文化资源，对促进文化的传承与发展具有重要意义。

三、黄河文化的民间艺术表现

（一）传统节庆与表演艺术

1. 传统节庆的多样性

黄河文化中的传统节庆具有丰富的多样性。不同地区和民族之间的节庆活动各具特色，反映了当地社会、历史和文化的不同面貌。例如：元宵节是中国重要的传统节日之一，在黄河流域的许多地方都有不同形式的庆祝活动，如灯笼展览、舞龙舞狮等；而端午节则以其赛龙舟和吃粽子的习俗而闻名，体现了人们对自然与精神追求的崇敬。

2. 戏曲与说唱文学的传承

黄河文化中的戏曲艺术和说唱文学为民间艺术的丰富性作出了重要贡献。在黄河流域的各个地方都有独特的戏曲剧种，如河南的豫剧、河北的梆子等，它们通过音乐、舞蹈、表演等形式将故事情节进行表达。说唱文学也是黄河文化中重要的表演艺术形式，如山东的评书、河南的河洛大鼓和河南坠子等，通过口头讲述故事、扮演角色等方式，来传承文学作品。

（二）手工艺与民间工艺的独特技艺

1. 传统手工艺的丰富表现

剪纸是中国传统的手工艺之一。在黄河流域，人们运用剪刀和纸张，将各种形状的图案剪出来，表达他们对生活和自然的美好愿景。刺绣也是黄河文化中重要的手工艺之一，人们用针线在布料上绣出精美的图案和花纹，体现了黄河流域独特的文化风格和艺术审美。

2. 民间技艺的创新与发展

黄河文化中的民间工艺通过不断的创新与发展，形成了一系列独特的技艺。陶瓷制作是其中一项重要的民间技艺，在黄河流域，人们以高超的陶瓷工艺制作出各式各样的陶瓷艺术品，如陶罐、陶盆等。木雕、篆刻等技艺也在黄河文化中得到传承与发展，人们通过精湛的手艺，创作出各种栩栩如生的木雕和印章作品，体现了民间工艺的独特魅力。

由此可见，传统节庆的多元表达方式和庆祝活动丰富了人们的生活，加深了社会凝聚力。戏曲与说唱文学通过音乐、舞蹈和表演等形式，将故事和情感传递给观众，为人们带来娱乐和艺术享受。手工艺和民间工艺的独特技艺，展示了古代黄河流域人们的智慧和艺术天赋，表达了他们对生活和自然的情感和理解。这些多样性的民间艺术形式丰富了黄河文化的面貌，对于推动文化传承与发展具有重要意义。

第三节 黄河文化的重要地位

2019年9月，习近平总书记在郑州市主持召开的黄河流域生态保护和高质量发展座谈会上，将黄河流域生态保护和高质量发展上升为重大国家战略，将黄河文化提升到"文化自信、民族复兴"的新高度。讲话精神突出强调了保护传承弘扬黄河文化的重要性和紧迫性，同时成为当前做好文化建设工作的行动指南和根本遵循。

一、黄河文化与中国经济社会发展关系密切

黄河文化蕴含着丰富的历史和人文内涵，涉及农耕、手工业、商贸、宗教等多个方面。通过对历史文献的深入挖掘，我们还原了古代黄河流域人民的生活方式、社会制度等信息，这使我们更好地理解和珍视这一文化的独特之处。通过对黄河上游至下游的广泛研究，我们深刻认识到这片土地对中国历史和文化发展的巨大贡献。黄河流域承载了多个时期的人类文明，呈现出多层次、多元化的文化内涵。

（一）黄河文化的形成与地理环境

首先，水文的变化与文化形成。黄河作为中华母亲河之一，其水文的变化在很大程度上塑造了黄河流域的文化。黄河水量的周期性波动，以及不可预测的洪水和旱灾迫使居民建立了独特的灌溉和防洪体系，由此形成了黄河流域特有的农业文化。居民们在长期的水文变化中积累了丰富的水利管理经验，这些经验传承至今，成为黄河文化中的一部分。

其次，土地的肥沃度与文化发展息息相关。黄河流域的土地肥沃度直接关系到农业的生产力和人们的居住地分布。在黄河两岸，由于水土丰沃，人们可以进行高产的农业生产，这为农耕文化的形成提供了基础。土地肥沃也促进了城市的兴起，形成了富饶的农业城市文化。相反，黄河流域的一些干旱地区则形成了独特的牧业文化，人们依赖畜牧业为生，形成了独特的生活方式和社会结构。

此外，地理环境对居民的生存方式和社会结构产生深刻影响。黄河上游地区地势险峻，气候寒冷，因而形成了特有的藏区文化。居民依赖牦牛、羊等牲畜为生，发展出独特的游牧文化和藏传佛教文化。而黄河下游平原地区，由于水土丰沃，形成了农业文化和水稻文化。因此，地理环境直接影响了人们的居住方式、经济活动和文化特征，使黄河流域形成了多元而丰富的文化景观。

最后，黄河文化中的地理环境对历史事件和文化交流起到重要作用。黄河流域地理环境的特殊性促使了许多历史事件的发生，如战国时期的黄河流域形成了众多的小国割据局面，推动了历史的进程。同时，黄河流域也是中华文明的发源地之一，其特殊的地理位置使得黄河流域成为文化交流的要道。通过黄河，文化、技术、商品等得以传播，推动了黄河文化的繁荣与交流。

（二）黄河文化的发展与农业经济

黄河流域是中华文明的发源地之一，其农耕历史可追溯至远古时期。在这片土地上，古代居民开始进行农耕生活，通过种植和养殖来维持生计。这一时期的农耕活动形成了最早的农耕文化，奠定了后来黄河文化的基础。在早期农业实践中，居民创造性地应对了洪水问题，形成了以灌溉为主的高效农业系统。古代黄河流域的居民利用河水进行农田灌溉，通过堤坝和渠道的建设，有效缓解了洪水、干旱等自然灾害对农业生产的影响。这些创新使得农田得到了有效的水源供应，也因而提高了农作物产量，为中华传统农业文明的发展奠定了基础。

黄河文化的农耕历史为后代留下了丰富的农业文化遗产。黄河文化强调农耕文化，它将对土地的依赖、耕作技术等融入中华传统文化。古代人们深知土地的重要性，通过世代耕种，积累了丰富的农耕经验。这些经验不仅体现在种植技术上，还形成了一系列的农事节气、农耕习俗和农耕祭祀等多样的农耕文化现象。尤其是在这片土地上，古代农民培育出适应黄河流域气候的各类农作物，如小麦、大麦、豆类等，加上传统的农业技术，如水利灌溉、耕作工具的使用，也在这一历史长河中逐步发展完善。这些农业文化遗产既体现了人类对自然的理解和利用，也展示了人类在农耕社会中的生活智慧，对中华传统农耕社会的发展和传承起到了重要的推动作用。

黄河文化的农耕历史不仅体现在传统的农业文化遗产上，农耕还在传承和创新中得到发展。农事节庆如春耕、夏耕、秋收等，承载着丰富的宗教、祭祀及民俗文化的信息，这些传统节庆通过世代相传的方式，成为人们生活中不可或缺的一部分。同时，古老的种植技术在现代得到传承和创新，为当代农业的可持续发展提供了有益的经验。

黄河文化的农耕历史对当今农业文明仍具有重要的文化价值，为现代社会提供了有益的启示。在农业文明的传承中，我们可以借鉴古代农民对土地的耕作方式，对农业技术的应用，以及农事节庆对社会凝聚力的作用。这不仅有助于维系人与自然的和谐关系，也对当代社会的农业文明传承提供了有益的参考。通过深入研究和传承黄河文化的农耕历史，我们能够更好地理解人类与土地的关系，推动农业文明在当代的发展。

（三）黄河文化的演变与社会制度

首先，促进政治体系的形塑。黄河文化在政治体系方面形成了以王权为核心的统治结构，为后来的封建制度奠定了基础。在古代黄河流域，不同地区的统治和管理由一位王或国君负责，各个州县由官员或部落首领管理。这种政治体系的形成影响了中华传统政治文化的演变，后来的中央集权制度也受到了黄河文化的影响。

其次，促进礼仪制度的形成。黄河文化强调礼仪，并且将其对社会秩序的重视融入中华传统文化。早期居民通过举行祭祀仪式、尊重长辈和尊师重道等形式，表达对尊严和社会秩序的理解和承诺。这种注重礼仪的传统也渗透到后来的中华传统文化中，形成了尊重传统、强调礼节、重视道德价值观念的文化特征。

通过农业技术的创新和农耕文化的传承，黄河文化为中华传统农业文明的发展和传承奠定了基础。同时，政治体系的形塑和礼仪制度的形成，影响了中华传统政治文化和社会秩序的演变。这些贡献构成了丰富多彩的中华传统文化一部分，并对中国历史和社会的发展产生了深远影响。

（四）黄河文化的传承与手工业、商贸

首先，黄河文化中的手工业与商贸展现了古代社会的繁荣景象。手工业作为人类最早的生产方式之一，在黄河文化中得到了高度的发展。其中陶瓷工艺的独特之处、纺织品的纤巧细腻都展现了黄河流域居民在手工业领域的卓越成

就。这些手工艺品不仅满足了生活的实用需求,更承载了当时人们对文化的审美追求。

其次,手工业与商贸在古代社会中具有重要的经济和文化地位。陶瓷制品、纺织品等手工艺品的生产不仅为当地居民提供了丰富的物质财富,也因此成为文化交流的媒介。商贸活动则使得不同地区的产品得以交流和传播,形成了独具特色的商业文化。这一过程既促进了经济的繁荣,也推动了文化的多元发展。

此外,黄河文化中的商业贸易呈现出独特的魅力。沿着黄河流域所形成的商业通道,连接了不同的地域,这促进了商品的交换和贸易活动的频繁进行。商业贸易不仅仅是物质产品的交流,更是文化、思想、宗教等多个方面的交流。黄河文化因其独特的地理位置,形成了独特而丰富的商业文化,使得这片土地成为古代商贸活动的重要枢纽。

最后,手工业与商贸在黄河文化中的繁荣对现代社会有着深刻的启示。我们可以从古代手工业的独特工艺中汲取灵感,将传统工艺融入现代生产,推动手工业的传承和创新。同时,商业贸易的独特模式也为现代国际贸易合作提供了借鉴。通过对黄河文化中手工业与商贸的深入研究,我们能够更好地理解古代社会的经济文化格局,从而为当代社会的经济发展和文化传承提供有益的经验。

二、黄河文化是中华文明的宝贵财富

(一)黄河文化体现着不同历史时期的文明叠加

首先,远古时期的彩陶文化和龙山文化为黄河文化奠定基础。远古时期,黄河流域见证了彩陶文化和龙山文化的繁荣。彩陶文化是中国最早的陶器文化之一,其独特的艺术风格和制陶技术标志着中国古代陶器文化的起源。随着社会的进步,彩陶文化逐渐演变为龙山文化,这一时期的彩陶工艺水平更为精湛,艺术表现形式更为丰富。这两个时期的文明叠加为黄河流域埋下了文化的种子,为后来的文明奠定了基础。

其次,历史上的商、周、秦、汉时期,黄河文化得到发展。黄河文化的辉煌在历史上的商、周、秦、汉等朝代得到了进一步的发展。商代商文化的兴起标志着中国历史上第一个真正王朝的建立,商代的青铜文化和商代文字的使用都为后来的文明留下了宝贵的文化遗产。周代则见证了封建制度的确立,周文化的繁荣在中国古代文化史上占有重要地位。而秦汉时期则是中央集权制度初步确立的时期，兵马俑、长城等建筑文化成就辉煌。这些朝代的文化叠加，形成了丰富多彩、厚重的黄河文化。

最后，黄河文明是中国文明的开端。黄河文化承载着中国文明的开端，是中华民族历史的根基。古代黄河流域是农业的发源地，种植业、畜牧业的兴盛孕育了古代中国最早的农耕文明。文字的产生标志着中华文明的诞生，而文字则是黄河文化表达的载体之一。黄河文化的特殊性和独特贡献使其成为中国文明的奠基石，对中国历史的发展产生了深远的影响。

（二）黄河文化蕴含着丰富的历史和人文内涵

黄河文化是中华民族宝贵的文化财富，承载着中华民族的精神血脉。在当今这个文化多样性的时代，黄河文化作为中华文明的源头，对中华民族的身份认同和凝聚力具有不可估量的价值。保护和传承黄河文化，就是保护中华民族的文化基因。

1. 黄河文化基因的传承

首先，黄河文化通过文字的传承构建了中华民族的文化基因。文字作为文化的重要组成部分，承载着民族的思想、历史、价值观等多重信息。黄河文化中的古代文字系统，如甲骨文、金文等，不仅是当时社会的工具，更是文化传承的媒介。这一文字的传承在今天仍然影响着中华民族的日常交流，它是中华文化基因中不可或缺的一环。

其次，黄河文化通过习俗的传承保留了中华民族的独特风貌。从古代的农耕文化到现代的节庆习俗，黄河流域的居民一直保持着对传统的敬仰和传承。这些习俗如祭祀活动、传统婚礼等，承载着丰富的文化内涵，为中华民族的身份认同提供了可触摸的符号。同时，习俗的传承使得中华民族在变迁中保持了文化的延续性，形成了独特的文化记忆。

再次，黄河文化通过信仰的传承构筑了中华民族的文化基因。古代的巫术信仰、儒家思想等在黄河流域得以传承，并渗透到中华民族的精神世界中。这些信仰体系影响着人们的道德观念、社会行为等方面，形成了中华文化独特的价值观。在当代，这种信仰的传承仍然在中华民族的文化基因中发挥着重要作用。

最后，黄河文化作为中华民族的文化基因对当代有着深刻的意义。通过对语言、习俗、信仰的传承，中华民族在当代社会中保持了文化的连贯性。这一文化基因是中华民族凝聚力的源泉，为人们对民族的认同感和归属感提供了稳固的支持。在全球化背景的今天，保持文化基因的传承不仅有助于中华民族在多元文化中找到自己的定位，也为文化多样性贡献着独特的力量。通过深入挖掘文化基因的内涵，我们能更好地理解和珍视中华民族的文化传承，为未来的发展提供有益的启示。

2. 黄河文化具有多元性与整合性

首先，黄河文化在其多元性与整合性中展现了浓厚的本土特色。作为中华民族的发源地，黄河文化承载着深厚的本土历史和传统。这一地域特有的自然环境、民俗风情、建筑风格等因素共同铸就了黄河文化的本土特色。这种本土特色在文化的多元性中起到了基础支撑作用，使黄河文化在世界文明中独具一格。

其次，黄河文化的多元性体现在对外来文化的吸收与整合上。纵观历史长河，黄河流域一直是中外文化交流的要地。外来文化元素，如丝绸之路带来的宗教、艺术、商业文化等，都在黄河文化中找到了融合之地。这种对外来文化的吸收与整合，使得黄河文化不仅具有深厚的中华传统文化底蕴，还融会了多元文明的精华，呈现出丰富多彩的面貌。

最后，黄河文化体现出了文化的整合性。在多个历史时期，不同的朝代和民族在黄河流域形成了多样性的文化体系。然而，这些文化并非孤立存在，而是在相互影响、交融的过程中形成了整合性。这种整合性体现在社会制度、宗教信仰、艺术风格等多个方面，形成了一个相对统一而又富有变化的文化网络。

三、黄河文化有着较大的国际影响力

（一）考古视角的国际影响

通过考古挖掘出的各种古代器物、艺术品等珍贵文物，被藏于各地的博物馆中，这些珍贵的考古发现不仅提供了对古代黄河文化的认识，也为国际学术界对人类历史、文明起源等问题的研究提供了重要线索。同时，通过展览、研究交流等形式向全球展示黄河文化的魅力，从而进一步佐证了黄河文化是丝绸之路的发源地之一，提升了中华文化在亚欧大陆的国际影响力。尤其是丝绸之路的开通，促进了不同地区和文化之间的相互联系和交流，为经济、文化、科技等方面的交流提供了机会，丰富了世界各地的文化多样性。

（二）跨文化交流中的互鉴

黄河文化作为中华文化的一个重要组成部分，通过其软实力和跨文化交流中的互鉴，不仅提升了中国的国际影响力，也促进了世界各文化之间的相互融合与发展。这种对国际影响力的扩展和对文化交流的推动有助于促进对文化多样性的维护与传承，同时也有助于维护国家和世界的和平、稳定与发展。通过文化交流和文化产品的传播，中华文化得以在国际舞台上展示其独特的艺术、哲学和思想，也能够吸引世界各地的人们加强对中国文化的关注和学习。这种软实力的提升，不仅能够增强国家的国际影响力，也有助于推动本土文化的创新和传承。黄河文化在国际交流中与其他文化进行互动，促进了文明的多元发展，为文化的全球互鉴提供了实践经验。通过与其他国家和地区的艺术家、学者、文化工作者等进行合作和交流，黄河文化能够吸收和借鉴其他文化的优秀成果，同时也可以向其他文化传播自己独特的价值观和审美理念，从而更加促进各国民众之间的相互理解和友谊，推动世界文化的共同繁荣和进步。

（三）世界文明史上的瑰宝

黄河文化不仅是中国文明的起源，也是世界文明史上的瑰宝。作为人类历史上最古老的文明之一，黄河文化对全球的文明发展产生了积极而深远的影响，其在农业、手工业、商贸、艺术等方面的成就，为人类文明的多元性和丰富性贡献了独特的力量。特别是在全球化的潮流中，文化的多元性为黄河文化赢得了更广阔的国际舞台，而文化的整合性为黄河文化在不同文明之间建立桥梁，促进了跨文化的理解与合作，为不同地域、族群之间的和谐共生提供可以借鉴的文化范本。从这个意义上讲，黄河文化的历史沉淀和多层叠加，使其成为中华文明和世界文明史上的瑰宝，值得我们深入研究和传承。

第四节　黄河文化与其他流域文化

一、黄河文化与长江文化

（一）地理环境差异

1. 黄河文化的地理特征

黄河流域地势起伏不平、水土保持不良，经常发生洪水灾害，因而形成了黄土高原。这种地理特征对农业生产和文化发展产生了深远的影响。由于洪水的频繁发生，黄河流域的居民需要借助灌溉系统来应对灌溉和排水问题，以保证农田的稳定耕作。同时，这种地理环境也塑造了黄河文化中对于水的崇敬和对自然灾害的抵御能力。

2. 长江文化的地理特征

长江流域地势平坦、水土资源丰富，适合发展农业和供人类居住。相对稳定的自然环境促使长江文化更加注重文明的长期积淀。长江文化的发展有利于农业的稳定生产和人类的安居乐业。长江及其支流提供了充足的水资源，使得长江流域的农业相比于黄河流域更少地依赖灌溉系统，同时也为社会提供了运输、渔业等其他经济活动的便利条件。

（二）农业与经济体系比较

1. 黄河文化的农业特点

黄河流域的农业以小麦、大麦为主，水稻相对较少。由于黄河洪水的周期性和土地贫瘠的特点，农业生产更多地依赖于灌溉系统的建设和管理。黄河文化中的农民不仅需要面对水文灾害带来的风险，还需要通过百姓自我管理机构和水利工程来控制水源，以实现农业生产的稳定和农田灌溉的顺利。

2. 长江文化的农业特点

长江流域农业主要以水稻为主，谷物和其他经济作物的种植也较为普遍。相对于黄河流域，长江流域土地肥沃、水源充足，农业生产可以依靠自然降水和长江的滋养，从而对灌溉的需求较少。这使得长江文化的农业生产更加多样化，农业经济更加稳定。

(三) 文化与社会结构比较

1. 黄河文化的社会结构

由于洪水的不断威胁,黄河文化更加倾向于集权制度,形成了以王权为核心的统治结构。古代黄河流域部落、城邦和国家,往往由一位王或国君领导,统一管理内外事务。这种政治体系的形成也影响了社会的稳定和文明的发展。王权的统一治理有助于调配农业资源、保持社会秩序及推动文化和科技的进步。

2. 长江文化的社会结构

长江文化相对更加分散,形成了多个相对独立的政治体系。长江流域地势广阔、人口众多,由部落和城邦所形成的国家相对独立且各自发展。这导致了较为分散的社会结构和文化传承的多样性。长江文化的政治体系相对分散,涌现出很多小国、诸侯,形成了较为分散的权力格局和政治制度。

综上所述,黄河文化地理条件的特殊性使其在水管理和农业方面具有独特的经验和严峻的挑战;长江文化由于地理条件的独特性,形式稳定的农业生产和分散的政治结构。这种差异反映在两大文化的发展轨迹和影响力上,为研究和理解中国古代文明提供了更全面的视角。

二、黄河文化与淮河文化

(一) 经济交流与融合

1. 黄河与淮河的经济关系

黄河与淮河地域的接壤促进了两大文化之间的经济交流,特别是农产品和手工业品的交换,从而推动了双方经济的发展。黄河流域是以小麦、大麦为主要农作物的种植区,淮河流域则是以水稻为主要农作物的种植区。这种产业差异促使两大文化之间形成了互补性的经济关系,通过商品交换满足彼此的需求,同时也刺激了农产品的生产及市场化的发展。

2. 文化因素的交融

黄河文化和淮河文化在信仰、礼仪等方面有着共通之处,相互影响促成了一些文化元素的融合。例如,黄河文化中的王权制度影响了淮河文化中的政治体制,传统的礼仪制度也在两者之间产生了共享和交流。这种文化的交流和影响促进了两大文化的相互了解和融合。

（二）政治体系的互动

1. 政治制度的交流

两河流域的政治体系在相互交流中，对对方的政治制度进行了吸纳与融合。例如，黄河文化的王权制度的特点在淮河地区也产生了一定影响，而淮河文化中的地方政权的组织形式和管理经验也为黄河流域的政治发展提供了借鉴和参考。这种政治制度之间的交流和借鉴促进了双方政治体系的进步和发展。

2. 社会结构的变迁

黄河与淮河文化的相互影响也促进了社会结构的变迁。例如，在两大文化的互动中，社会阶层的形成、贵族与农民的关系、劳动分工等都受到了相互的影响。黄河文化的强大影响力使得淮河地区的贵族阶层逐渐受到封建等级制度的影响，而淮河文化的秩序和组织结构也为黄河地区的社会发展提供了一定的范例和借鉴。

因此，黄河文化与淮河文化之间存在着经济交流与融合、政治体系的互动，以及社会结构的变迁等方面的相互影响。这种相互影响对于两大文化的发展都起到了积极的推动作用。通过经济交流与融合的促进，两大文化实现了资源的互补和经济的繁荣。而政治体系的互动和社会结构的变迁，则丰富了两大文化的政治体验和社会进步，为双方的文明发展提供了更多的机遇和可能性。这种相互影响的结果，使得黄河文化与淮河文化在历史进程中有了更加紧密的联系，共同推动了中国古代文明的发展。

三、黄河文化与其他流域文化

（一）文化元素的交汇

1. 信仰的融合

不同流域文化之间信仰的差异在交往中逐渐融合，形成了一些共通的信仰文化。例如，黄河流域的祭祀文化与长江流域的崇拜自然和祖先的信仰相互交汇，形成了各具特色的信仰仪式和节庆活动。这种信仰融合不仅促进了流域之间的信仰交流，也加深了社会凝聚力，培养了人文精神。

2. 语言与文字的演变

各流域文化的语言和文字在交往中相互影响，产生了一些新的语言形式和文字体系。例如，黄河流域的甲骨文对后来的文字发展产生了重要影响，而长江流域的楚文字也在一定程度上影响了周边地区的文字演变。这种语言和文字的交汇和演变促进了不同流域文化之间的交流和信息传播，对各自的文明进步起到了推动作用。

（二）社会制度的发展

1. 政治体系的演变

不同流域文化在交融中形成了新的政治实践，推动了各自社会制度的演变。例如，黄河文化中的王权制度和中央集权制度在与其他流域文化的交往中逐渐互相融合，形成了不同程度的封建制度和地方政权的组织形式。在这一过程中，各流域间文化相互借鉴、吸纳和适应其他文化的政治制度，对其自身的政治发展产生了积极影响。

2. 经济模式的调整

文化的交融也导致了各流域经济模式的调整，促进了更加灵活和更具适应性的经济发展。例如，黄河文化的农业经济模式通过与长江文化的交流，吸收了水稻种植和灌溉技术，增加了农作物的品种，提高了农作物的产量和质量。同时，黄河文化的手工业和商业也通过与其他文化的交流，逐渐发展成为繁荣的商贸中心，推动了黄河文化经济的繁荣和发展。

通过深入剖析不同流域文化间的交融与发展，我们可以更全面地了解中国古代文明的多样性和复杂性。这有助于深化对中国历史演变的认识，为今后的历史研究提供更加丰富的视角和方法。各流域文化之间的交流与发展共同塑造了中国古代文明的独特面貌，为中国文化的发展和传承奠定了坚实的基础。

第五节　黄河文化蕴含的时代价值

一、体现古代农耕智慧

（一）古代农业与水利工程的科技成就

1. 古代农业技术的成就

古代黄河文化在农业方面取得了显著的科技成就。人们通过对农作物的培育改良，培育出了适应区域特点的农作物品种，提高了农业生产的效率和产量。例如，他们通过选育和改良水稻、小麦等主要粮食作物，提高了其抗病虫害能力和产量，为粮食丰富、社会稳定提供了基础。这些古代的农业技术成果不仅满足了人民的口粮需求，也为社会经济的发展作出了重要贡献。

2. 水利工程的创新

古代黄河文化在面对洪水频发的挑战时，实施了一系列水利工程建设，如引黄入淮、修筑大堤等。古代人民灵活运用地理条件和自然资源，构筑了一套完善的水利系统，有效地控制和调节水文情势，为防洪灌溉提供了可持续的解决方案。这些水利工程的创新不仅保护了农田免受洪水侵害，也为农业生产提供了稳定的水源。同时，他们还借助灌溉系统解决了黄河流域土地贫瘠、水土流失等问题，促进了农田的可持续利用及对土地的保护。

（二）现代启示

这些古代农业与水利工程的科技成就对现代社会具有重要的启示和借鉴意义。

首先，在农业方面，通过研究古代黄河文化的农业技术成就，可以探索发展更加高效、节能、环保的现代农业技术。例如，遗传改良和农业生产管理等方面的科技创新，可以进一步提高作物的产量和质量，减少农药和化肥的使用，从而推动农业可持续发展。

其次，在水利工程方面，古代的黄河文化展示了水利工程对于管理和调节水资源的重要性。这为现代的水资源管理提供了宝贵的经验和启示。例如，在面对水资源短缺和洪涝灾害的挑战时，借鉴并结合当代的科技手段，可以发展出更加智能化、可持续化的水资源管理方案,从而保障人民的生活用水和农业用水安全。

综上,古代黄河文化在农业与水利工程方面取得了巨大的科技成就,为古代社会的发展提供了坚实的基础。这些古代智慧与现代启示相结合,有助于推动当代社会的农业发展和水资源管理,促进经济的可持续增长和提升人民的福祉。

二、彰显传统价值观念

(一)传统价值观在现代社会的延续

1. 家庭观念的传承

古代黄河文化强调的"家族和睦、尊敬长辈"的价值观念在当代社会仍然具有深远的意义。在现代社会,随着家庭结构的变化和生活方式的多样化,传统的家庭观念对于维护家庭和谐、促进亲情关系的重要性更加凸显。家庭作为基本单位,是社会的核心和根基。传统价值观中的家庭观念,如尊重长辈、关注家人的幸福和健康等,为当代社会奠定了家庭和谐与社会稳定的基石。

2. 礼仪与道德的传统

古代黄河文化注重礼仪和道德规范,在当代社会仍然具有重要的意义。礼仪和道德是社会秩序和个人修养的重要组成部分,是人际交往和社会关系的基础。通过传统文化中的礼仪和道德实践传承,可以培养人们秉持公正、守信用、尊重他人等良好的行为习惯,建立起健康、和谐的人际关系和社会网络。这对于构建更加和谐稳定的社会环境、提升社会道德素质具有重要的推动作用。

(二)传统文化对社会凝聚力的贡献

1. 文化认同的传承

古代黄河文化形成了独特的文化认同,这种认同感有助于在多元文化的今天建立起一个更加统一和凝聚的社会。中国传统文化是中华民族的宝贵财富,是中国人民的精神家园。通过传承古代黄河文化中的价值观念、思想体系和传统习俗,可以培养人们对传统文化的认同感和自豪感,从而促进国家认同和民族凝聚力的形成,同时这也有助于维护社会的团结、稳定和发展。

2. 传统文化的教育作用

通过传承古代文学、艺术、哲学等方面的经典,可以培养人们对传统文化的认同感,增强社会的凝聚力。古代黄河文化中的经典作品,如《诗经》《论语》等,蕴含着丰富的思想和智慧,代表着中华民族优秀的精神文化传统。人们通过对这些古代文化经典的学习与理解,可以激发自身对中华传统文化的热爱和追求,培养自身具备高尚情操、独立思考、人文关怀等良好素质,提升社会整体素质和道德水平。

在当代社会,古代黄河文化中的价值观念和文化传统仍然具有重要的意义。通过传承和弘扬古代智慧,使其与现代社会的需求相结合,能够为社会和谐稳定、个人幸福生活的实现提供珍贵的借鉴和启示。同时,传统文化的传承和发展也是实现中华民族伟大复兴的重要支撑和基础。

三、实现跨文化交流

(一)文化遗产的国际传播与认知

1. 黄河文化的国际传播

黄河文化通过丰富的文物和考古成果得以在国际传播,为增强世界对中华文明的认知提供了平台。古代黄河流域的文明之繁荣、智慧之博大、技术之先进吸引了世界各地的学者和游客。例如,在黄河流域出土的古代器物、甲骨文等文物,展示了黄河文明的独特魅力,引发了学术界对该文化的广泛关注与研究。

2. 文化遗产的保护与传承

在国际文化交流中,黄河文化得到了更加全面的认识和保护。通过开展合作项目,国际社会加强了对黄河流域文化遗产的保护与修复工作,确保了这些珍贵文化遗产可以持久地传承下去。此外,国际合作还促进了对黄河流域的考古发掘,因而挖掘了更多的历史信息和文化价值,为学术研究和人类文明的发展作出了积极贡献。

(二)中华文化在跨文化互鉴中的独特魅力

1. 对文化多样性的尊重

通过跨文化互鉴,中华文化能够展示其独特的魅力,同时尊重其他文化的多样性,促进文明共存。不同文化之间的交流互动,可以带来新的思想观念、艺术形式和生活方式的交融与创新。中华文化在这一过程中发挥着重要作用,为全球化时代下的文明交流提供了多元的视角。

2. 全球化时代的文化自信

在全球化的背景下，中华文化在跨文化交流中，不仅吸收外来文化的精华，更展现出了自身的独立特质。中华文化以其深厚的历史底蕴、丰富的哲学思想和独特的艺术表现形式，为世界文明的多元发展作出了贡献，并且在文化交流中展示出自信与魅力。通过跨文化互鉴，中华文化能够自豪地展示自己的独立价值观、审美标准和艺术风格，使其在全球范围内得到更广泛的认可与传播。

中华文化在跨文化交流中的价值主要体现在国际传播与认知，对文化多样性的尊重和全球化时代的文化自信上。通过对黄河文化等传统文化遗产的保护与传承，可以更好地展示中华文化的独特魅力，促进不同文化之间的互动与融合，推动文明的共同进步。同时，中华文化也需要不断适应和应对全球化带来的挑战，发展出更具创新性和适应性的表现形式，增强其在跨文化交流中的影响力和吸引力。

3. 现代价值意蕴的凸显

黄河作为一个地理名词，伴随着整个中华民族的发展，深深根植于每一位中华儿女的灵魂深处。自古及今，黄河文化历久弥新，是中华文化创新性发展及创造性转化的重要方式。党的十九大以来，习近平总书记对保护传承弘扬黄河文化作出重要指示，各级政府主动作为、多措并举，引导社会各界关注、了解黄河文化，促使保护传承弘扬黄河文化的经验愈加丰富，共识愈加凝聚，手段愈加多样，为保护传承弘扬黄河文化提供了新的时代机遇。

第一，是彰显中华文明巨大魅力的重要途径。黄河是中华民族的母亲河，黄河文化是中华文化重要的源起文化。随着民族迁移和社会的发展，黄河文化的影响力不断提升，并在与其他各类文化相互交融中共同组成了灿烂的中华文化，丰富了中华文化的内涵。从中华文明诞生之期，及至唐宋时期，黄河流域都是经济、政治、文化等多个领域中心，为黄河文化的繁荣与发展创造了有利的条件。由此，在相当长的一段时期，黄河中下游流域成为凝聚中华民族向心力的重要所在地。从这个意义上来说，黄河文化是中华文化的根与魂，是中华文明的重要组成部分。保护传承弘扬好黄河文化，对深入发掘中华文化的丰富底蕴，彰显中华文化不同于其他文化的特殊性具有重要意义。

第二，凝聚中华儿女广泛共识的宝贵精神财富。黄河文化博大精深、种类繁多、形式多样，既包括有形的文化遗产，如古遗址、古建筑、图书文献等，又包括无形的文化遗产，如故事、习俗，以及丰富的民族精神、时代精神等。通过发掘、宣传黄河文化中的精华，可以不断满足人民群众日益增长的精神文化需求，对社会发展进步具有不可替代的重要作用，对提升全社会文化素养、推动中华民族发展至关重要。这些各种各样的文化形式作为黄河文化的重要组成部分，是团结凝聚全体中华儿女共识的宝贵财富。

第三，创新中华文化历史与现代转化的核心元素。在漫长的历史发展进程中，黄河文化不断丰富且蕴含着比较有意义的时代价值，为形成中华民族的民族品质和民族性格发挥着重要作用。例如，黄河文化中蕴含着的顽强、拼搏、爱国及勤劳的精神，对民族进步、国家发展具有重要作用，是中华民族能够长远发展、繁荣进步的根本所在。尤其是随着现代社会的发展，市场经济发展逐渐深入，信息技术日新月异，各种新思想层出不穷，人们的思想纷繁复杂。在这样的背景下，宣传优秀的传统文化，对纠正各种错误思想倾向、培育民族精神、树立文化自信具有重要作用。黄河文化中蕴含的丰富民族精神、文化遗产是现代社会发展进步的文化保障。推动黄河文化的创新性发展与创造性转化，发掘其中所蕴含的丰富时代价值，对建设社会主义文化强国、坚定文化自信具有重要意义。正是基于此，近年来黄河文化的核心元素被不断发掘，使其在保护传统文化的大潮中更加熠熠生辉，为越来越多的人所接受。这不仅能够充分展现黄河文化的魅力，更能在发掘黄河文化内涵的基础上，为创新中华文化历史与现代转化提供优质资源。

第二章

保护传承弘扬黄河文化的核心要义

第一节 保护传承弘扬黄河文化的理论基础

一、传统价值观

首先,崇尚自然的传统价值观。黄河文化根植于对自然的敬畏和崇尚,这在传统价值观中得到了深刻体现。崇尚自然意味着人与自然的和谐相处,以及对自然界力量的尊重。黄河作为中国的母亲河,为黄河文化赋予了崇高的象征意义。在这一传统价值观中,黄河被视为生命之源,人们通过崇拜黄河来表达对自然的感恩之情。这种崇尚自然的价值观在黄河文化中通过祭祀、诗歌、绘画等多种形式传承,从而形成了深刻的文化印记。

其次,尊重历史的传统价值观。黄河文化对历史的尊重贯穿于整个文化体系。这一传统价值观体现在对历代文明、英雄人物的崇敬,以及对传统文化的传承。在黄河流域,人们通过丰富的传统仪式、叙事传承等方式,将历史的记忆代代相传。尊重历史的传统价值观强调了对过去经验的珍视,认为历史是一部宝贵的智慧之书。这一观念在黄河文化中为社群提供了精神纽带,使人们在对历史的敬畏中找到认同感,形成了共同的文化认同。

再次，家族观念的传统价值观。黄河文化中强调家族观念，将其视为社会稳定和个体认同的基石。在这一传统价值观中，家族被视为一个承载着文化传统和社会秩序的微缩社会。人们通过强调亲情、教育、传统礼仪等方式，培养家族成员对黄河文化的认同感。这种家族观念的传承，使得黄河文化在家庭层面得到更为深刻的传播和延续。

最后，劳动与分享的传统价值观。黄河文化中对劳动和分享的传统价值观在塑造社会认同感上发挥了关键作用。劳动被视为人类生存的基础，而分享则强调了共同体的价值。黄河文化通过农耕文明的传承，强调了勤劳耕作的重要性，并通过对农田的共同管理体现了分享的理念。这种价值观使得黄河流域的人们形成了对共同体责任和合作的深刻认识，为社会的和谐稳定提供了坚实基础。

二、文化认同理论

文化认同理论作为黄河文化保护的理论基础，其主要关注个体和群体对文化的认同感，它认为文化在塑造身份认同方面发挥着关键作用。对于黄河文化，这一理论能深刻解读其对华夏儿女认同感的塑造，并通过深挖历史渊源和传统价值观念而形成社群共识，指导文化保护工作。

黄河流域最早的聚落和部落联盟。黄河文化的历史渊源可以追溯到中国古代最早的聚落和部落联盟。在史前时期，黄河流域的人类社会逐渐形成最早的聚落，这些聚落起初是由一些原始氏族组成的。这一阶段的社会结构呈现出原始而分散的状态，黄河在这里扮演了连接各氏族的生命之河的角色。随着人类社会的发展，这些氏族逐渐认识到通过联合可以更好地对抗自然灾害和外部威胁。于是，最早的部落联盟在黄河流域形成了，这也标志着黄河文化的最初萌芽。

尧舜禹时代的文明发展。黄河文化在尧舜禹时代达到了一个新的高度，在这一时期，聚落联盟逐渐演化为更为复杂的文明形态。尧舜禹三代的帝王治理奠定了中华民族的根本文明观念，他们在黄河流域的发展过程中推动了政治、经济、文化等多个领域的进步。尤其是大禹治水作为中国古代的杰出工程，构筑了黄河文化的物质基础。这一时期的社会组织和文明发展为后来的黄河文化奠定了坚实的基础，形成了中国古代文明的一部分。

农耕文化的兴起和发展。在黄河文化的历史渊源中，农耕文化的兴起标志着社会经济结构的深刻变革。在黄河流域，农业的发展成为社会进步的关键动力。农耕文化的兴起使人们逐渐形成了对土地、自然的深刻认识，并通过农业文明的发展形成了黄河流域独特的农耕文化。因此，农业的发展不仅改变了人类的生活方式，也为黄河文化的传承提供了丰富的物质和文化基础。

最后，通过对黄河文化的历史渊源的深入挖掘，我们可以更好地理解其在中华民族历史中的地位。黄河文化不仅是中华民族的摇篮，更是中华文明的发源地。在长时间的历史演变中，黄河文化为中华民族的团结和繁荣作出了巨大贡献。它不仅孕育了丰富的历史文化遗产，也为后来的政治、经济、社会等多个领域的发展提供了宝贵经验。黄河文化在中华民族历史中的地位是独一无二的，它承载着中华民族的文明基因，是中华民族的骄傲和自信的来源。在今天，我们深入挖掘这一历史渊源，不仅有助于我们更好地理解中华文明的丰富内涵，同时也为当代文化保护和传承工作提供了重要的借鉴。

三、文化遗产理论

（一）文化核心元素的保护

1. 黄河自身的保护

文化遗产理论强调对黄河自身作为文化核心元素的深入挖掘和全面保护。黄河作为中华民族的母亲河，承载着丰富的历史和文化内涵。这包括对黄河水文化、水利工程、与黄河相关的祭祀活动等方面的深入研究。通过保护黄河的自然状态、流域的生态平衡，确保黄河自身的完整性，可以帮助我们更好地理解和传承黄河文化的本质。

2. 对黄河流域自然景观的保护

除了黄河本身，文化遗产理论还涉及对黄河流域自然景观的保护。这包括对黄河流域的地理特征、植被、动植物等方面的保护。通过深入挖掘和保护这些自然景观，可以还原黄河文化的自然环境，使后代更好地感知和理解历史发展的背景。

（二）传承方向的明确

1. 重点元素的明确

文化遗产理论有助于明确黄河文化传承的重点元素。通过对文化遗产的研究，可以确定哪些元素是黄河文化的核心，且是需要在传承中着力弘扬和传递的。这有助于避免传承过程中的信息丢失和信息传递的模糊性。

2. 传承方向的策略制定

了解文化遗产理论可以为制定明确黄河文化传承方向的策略提供指导。在传承方向明确的基础上，了解文化遗产理论有助于建立系统的传承计划，包括教育、文化活动、数字化传承等多方面的策略，以确保黄河文化得以全面而有序地传承。

（三）历史传承的实践

1. 传承模式的研究

在文化遗产理论的实践研究方面，需要深入考察黄河文化在历史上是如何传承的。这包括通过对黄河流域各个时期的文化传承模式的研究，从而得出不同时期的传承特点和规律。通过了解历史的传承模式，可以更好地指导今后的传承工作。

2. 传承的社会影响

深入研究历史传承的实践还需要关注传承对社会的实际影响。这包括黄河文化传承对社会结构、价值观念、文化认同等方面的影响。通过对社会影响的研究，可以更全面地认识传承的意义和价值。

四、文化政策理论

（一）制度建设

1. 建设法律法规体系

文化政策理论强调在黄河文化保护中进行制度建设，明确文化保护的法治基础。首先，需要建立完善的法律法规体系，以确保文化保护的合法性和规范性。这包括制定与黄河文化相关的法规，规定文化遗产的权益和义务，以及对文化保护的奖惩机制。通过法治手段，确保黄河文化的保护工作在制度上有明确的法律依据，以提高文化保护的效力。

2. 文化保护的法治基础

文化政策理论要求在法治基础上构建黄河文化的保护机制。这包括建立相关的组织和机构，确保文化保护工作有组织、有计划地展开。同时，需要规范文化保护工作的程序和流程，明确不同层级和类型的文化遗产的保护责任和权限。通过法治基础的建设，使黄河文化的保护更具有系统性和可操作性。

（二）加强黄河文化研究与推广

1. 深化黄河文化相关研究

黄河文化的研究与推广政策要求深入研究黄河文化。这包括通过对黄河文化的历史、艺术、科技等方面进行深入挖掘，以形成全面的文化认知。通过政策支持，可以鼓励学术机构、文化团体等进行深入的研究，为黄河文化的保护提供更为科学和系统的依据。

2. 加强黄河文化宣传推广

文化政策理论要求推动黄河文化在社会中的传播。这包括制定政策支持文化产品的创作和推广，提高文化产品的市场竞争力。通过以政策支持创办艺术展览、文化活动等，将黄河文化带入公众视野，增强社会对文化保护的关注度。

（三）社会支持

1. 政策支持

文化政策理论强调，在鼓励社会支持方面，需要通过政策手段鼓励社会力量参与黄河文化的保护。这包括对文化从业者的支持，即通过提供培训、资金等资源，激发其更好地参与文化保护。同时，通过政策的制定，鼓励社会组织、企业等积极投身文化保护事业，形成多方合力。

2. 资金支持

文化政策理论要求社会提供资金支持。这包括设立专项基金，用于支持黄河文化的保护、传承、研究等方面的工作。通过政策的资金支持，可以激发更多社会力量的参与，从而推动黄河文化的全面发展。

第二节　保护传承弘扬黄河文化的时代背景

一、现代社会发展的现实需求

（一）多元文化的交融与碰撞

当代社会，在全球化的影响下，各种文化元素在空间和时间上更加容易交融与碰撞。这种多元文化的特征使得人们更加开放，更愿意接触和了解不同文化。其中文化元素的流动性和传播性，使得传统文化重新成为人们关注的焦点。

1. 文化元素的流动性

随着全球化的推进，文化元素在不同国家和地区之间的流动更加自由。传统文化因其独特性而备受关注，人们通过各种方式积极寻找、传播和接纳传统文化的元素。

（1）文化元素流动的原因

首先，经济全球化使各国经济紧密相连，商品、信息的自由流通促进了文化元素的传播。全球市场的形成拉近了不同文化之间的距离，促使人们更积极地去了解和接纳其他文化。

其次，互联网、社交媒体等信息技术的迅猛发展，使得文化元素得以在瞬息万变的网络空间中广泛传播。通过数字化平台，人们可以轻松获取各种文化信息，也因此推动了文化元素的全球化传播。

最后，跨国公司的兴起以及国际组织的合作使得人们在跨国工作、学习等活动中能够接触到不同文化。企业文化、国际组织的活动成为文化元素跨越国界的桥梁，促使文化在全球范围内流动。

（2）文化元素的流动方式

首先，文化元素通过电视、电影、音乐等大众传媒以生动直观的方式传递给全球观众。好莱坞电影、流行音乐等成为世界各地人们共同熟悉的文化符号。

其次，旅游成为文化元素流动的有力推手。人们通过旅游更深入地体验他国文化，这种面对面的交流能够促使文化元素更加全面地传播。

最后，学术界的国际交流促进了文化元素在学术领域的传播。学者的合作与交流带动了不同文化间思想和学科的融合，推动了文化元素更为深入的传递。

（3）文化元素的全球传播及对文化多样性的接纳

首先，文化元素在全球范围内的传播催生了文化的融合与创新。各国文化相互交融，致使新的艺术、时尚、思想等在这种融合中诞生，从而为全球文化注入新的活力。

其次，通过接触其他文化元素，人们更深刻地认识到文化的多样性。这种对多样性的认知有助于人们打破对他者文化的误解和偏见，从而提高人们对全球文化多样性的尊重。

最后，文化元素的流动促进了全球公民意识的培养。人们开始认识到自己是全球文化大熔炉中的一分子，应当对世界其他地方的文化负有一定的责任与关切。

2. 传统文化的焦点

在多元文化的环境中，传统文化成为文化多样性的关键焦点之一。人们追求从传统文化中获取新的启示，以满足对文化多样性的渴望。

（1）多元文化的交融与碰撞

首先，全球化的发展使不同文化之间的接触和交流变得更为频繁。传统文化由于其丰富性和独特性成为在全球文化大熔炉中备受瞩目的一部分。人们通过全球化的渠道能够更容易了解其他文化和受到其他文化的吸引，从而关注并研究传统文化。

其次，随着文化元素在不同国家和地区之间的流动更加自由，传统文化成为文化交流的重要元素。人们对传统文化的关注不仅是对过去的尊重，更是人们接纳当代文化多元性的体现。

（2）文化传统的力量

首先，在当代社会，人们面对文化快速变化和不确定性的挑战时，更加渴望从传统文化中获取力量和智慧。传统文化中蕴含的智慧和道德准则成为当代人在情感支持和心灵慰藉方面的寻求对象。

其次，传统文化中所蕴含的智慧常常具有超越时空的意义。人们通过深入研究传统文化，寻找解决当代问题的智慧，从而在社会生活中更加从容和明智地应对各种情境。

（3）对文化多样性的追求

首先，通过关注传统文化，人们更容易理解不同文化之间的差异。对传统文化的深入研究能够超越文化冲突，使人们更加包容和理解其他文化。

其次，传统文化作为文化多样性的关键焦点，有助于构建文化共享的桥梁。人们通过共同关注传统文化，建立跨文化的交流平台，促使不同文化共同繁荣。

（二）身份认同感的追求

在全球化和信息社会的大潮中，人们对于身份认同感的追求日益增强。传统文化成为构建个体身份认同的有力支持，因为它具有历史、地域和民族的独特性。

1. 全球化对身份认同的冲击

随着全球化进程的不断加速，信息、人员和文化在全球范围内迅速流动，形成了更为紧密的社会。这一全球化浪潮对个体的身份认同产生了深远的影响，全球文化的交流和碰撞使得个体身份认同感受到了前所未有的挑战。

（1）身份认同在全球化中的危机感

全球化带来了跨文化的交流，也加剧了个体对于自身身份的不安全感。个体可能感受到在全球文化中所占比例相对较小，文化认同受到威胁，从而产生对自我身份认同的危机感。这种危机感有可能导致个体在文化认同上的迷茫，进而使个体在传统文化中寻找寄托。

（2）对传统文化的回归和依赖

在面对全球化带来的身份认同危机时，个体开始回归和依赖传统文化。传统文化被视为一种相对稳定和可靠的身份基础，因为它承载了历史、地域和民族的独特性。在传统文化中，个体找到了与自身相契合的文化元素，建构起对身份认同的安全感。

（3）传统文化的适应性与吸引力

个体之所以倾向于传统文化，不仅仅因为它是身份的延续，更因为传统文化在全球化的冲击下展现出了一种适应性和吸引力。传统文化中所蕴含的智慧、价值观和生活方式，往往具有超越时代的永恒价值，从而为个体提供了在文化冲击中保持稳定的心理支持。

2. 传统文化的身份认同支持

传统文化通过对历史的承载，为个体提供了一个持久的文化身份。即个体能够通过深入了解自己所属文化的历史渊源，找到与之相连接的身份认同，从而形成一种对自我存在的深层认同感。

（1）传统文化的价值观和道德准则

传统文化所传递的价值观和道德准则成为构建个体身份认同的支持柱。这些价值观往往与家庭、社区及整个文化共同体的共识相契合，使个体在全球化时代仍能找到自己的价值和行为准则。

（2）传统文化的社群归属感

传统文化不仅仅是个体身份认同的来源，同时也构建了社群的归属感。在传统文化中，个体与同文化群体形成了紧密的联系，也因此形成了共同体验和情感共鸣。这种社群归属感有助于缓解全球化带来的个体孤立感。

（三）传统文化的力量

在当代社会，人们对于传统文化所蕴含的力量产生了新的认识。传统文化中包含的智慧、道德准则和生活哲学等成为人们在面对文化快速变化和不确定性时的心灵寄托。

1. 传统文化的智慧

（1）哲学思考与人生智慧

传统文化通过对哲学思考的传承，积淀了丰富的人生智慧。这种智慧体现在对人生意义、生命价值的深刻探讨上。例如，儒家中的"仁爱"、道家中的"无为而治"等理念，为当代社会提供了处理人际关系、应对困境的指导。

（2）对自然与宇宙的理解

传统文化深刻理解自然与宇宙，通过对自然界的观察和总结形成了独特的智慧。这包括对天文、地理、气象等方面的认识，为当代社会在环保、气候变化等问题上提供了可借鉴的经验。

（3）人际关系与社会智慧

传统文化中蕴含着丰富的人际关系智慧，包括孝道、友谊、社群协作等。这些智慧不仅为家庭关系提供指导，也为当代构建和谐社会关系提供了参考。

2. 道德准则的引导

（1）传统文化中的价值观

传统文化通过道德准则传递价值观念，为社会成员提供了共同的伦理基础。儒家的"仁爱"、佛家的"慈悲"等道德准则成为社会行为的基石，引导人们秉持道德标准行事。

（2）道德准则在社会建设中的应用

这些道德准则在当代社会中得以应用，例如在法律制度、企业管理等方面。儒家的忠诚、诚实等价值观在商业伦理中发挥作用；佛家的慈悲观则在社会公益事业中体现。

（3）对社会稳定与和谐的维护

道德准则在社会中的普及有助于维护社会的稳定与和谐。人们在共同的道德信仰下形成了社会共识，减少了道德观念的多样性可能带来的社会冲突。

3. 生活哲学的启示

（1）对幸福的追求

传统文化中的生活哲学给人们对幸福的追求提供了有益的启示。儒家的"和谐相处"、道家的"顺应自然"等理念，为当代社会提供了追求内在平静与幸福的启示。

（2）对意义和价值观的探讨

生活哲学引导人们深入思考生命的意义和个体的价值观。佛家的"禅悟"、儒家的"修身养性"等观念，能够为当代社会在快节奏生活中找到心灵寄托提供方向。

（3）对现代问题的独特见解

传统文化中的生活哲学对解决当代社会问题提供了独特的见解。例如，儒家强调的"中庸"思想在处理当代社会个别极端观点问题上具有引导意义。

因此，传统文化中所包含的智慧、道德准则和生活哲学等方面的力量，为当代社会在面对文化快速变化和不确定性上提供了宝贵的心灵支持。这种力量不仅有助于个体在复杂社会中找到自我定位，也为社会建设和文化传承提供了深厚的基础。

二、国家文化发展战略的现实需求

1. 传统文化是国家软实力的重要组成部分

（1）全球化时代的国家形象塑造

在全球化时代，国家形象愈发受到国际社会的关注，成为国家软实力的核心。传统文化是国家软实力的重要组成部分，它不仅反映着一个国家的历史和文化底蕴，更承载着一个国家的文明、道德和精神风貌。将传统文化纳入核心议程，特别是传承和发展具有独特代表性的文化，有助于我国在全球范围内塑造积极、丰富、多元的国家形象。

（2）传统文化的国际传播

国家通过传承和发展自身独特的文化，可以借助国际文化交流平台将国家形象传递到世界各地。黄河文化作为中华文明的瑰宝，具有深厚的历史积淀和独特的文化内涵，在国际上推广，将有助于增强我国在全球文化领域的影响力。且国际社会更容易认同并接纳一个具有深厚传统文化的国家。

（3）跨文化交流的桥梁

传统文化作为国家形象的重要元素，可以成为跨文化交流的桥梁。在全球化的进程中，不同文化之间的交流变得更加频繁，国家之间的相互理解和尊重变得尤为重要。通过将文化纳入国家核心议程，特别是通过黄河文化等具有独特地域特色的文化，国家能够更好地促进不同文明之间的相互理解，从而为跨文化交流提供有益的平台。

2. 社会凝聚力的增强

（1）制定文化政策的重要性

在国家文化领域的发展中，制定合适的文化政策是其中关键一环。这不仅包括对黄河文化等传统文化的保护和传承，更包括对当代文化的创新和发展。通过明确文化政策，国家能够在社会层面构建起对传统文化的共识，引导社会力量参与文化传承，从而增强社会的凝聚力。

（2）文化共识的推动

国家通过传承和发展黄河文化等传统文化，可以促进全社会形成对文化的共识。这种文化共识不仅有助于维护社会的稳定和和谐，更能够在多元文化交融的时代中凝聚国家的共同价值观和信仰，为社会的长期发展奠定基础。

（3）身份认同感的提升

国家软实力的建设不仅仅在于提升国际上的形象，更在于提升国内层面的社会凝聚力。传统文化是国家的文化基因。对黄河文化等传统文化的传承，有助于提升国民的身份认同感。这种认同感不仅来自个体对自身文化传统的认同，更是对来自个体国家整体的认同，从而能促使国民更加积极地为国家的发展贡献力量。

三、构建良好国家形象的现实需要

2022年10月16日，习近平总书记在党的二十大报告中指出："增强中华文明传播力影响力。坚守中华文化立场，提炼展示中华文明的精神标识和文化精髓，加快构建中国话语和中国叙事体系，讲好中国故事、传播好中国声音，展现可信、可爱、可敬的中国形象。"在此之前，2021年5月，习近平总书记在加强我国国际传播能力建设集体学习时，首次明确提出塑造可信、可爱、可敬的中国形象的要求。2021年12月，习近平总书记在中国文学艺术界联合会第十一次全国代表大会及中国作家协会第十次全国代表大会开幕式上的重要讲话中，再次向广大文艺工作者提出"用情用力讲好中国故事，向世界展现可信、可爱、可敬的中国形象"的期望。习近平总书记的论述为新时代需要什么样的中国形象、如何建构中国形象等问题指明了方向。

推动中华文化更好地走向世界，简单地通过推广传播是无法达到"更好"这一标准的，而推广传播也仅仅是中华文化走向世界的一种状态，并非全部。中华文化走向世界涉及采取什么样的方式、以什么样的内容、立足什么样的基础、依托什么样的载体、达到什么样的效果等问题。其中，可信、可爱、可敬的中国形象是从受众感知方面考虑达到效果的问题，这是构建中国国家形象的新观点，也是推动中华文化更高质量走出去的基本思路。针对这一问题，黄河文化具有构建良好国家形象的天然优势。

首先，黄河文化具有突出独特性。将黄河文化作为国家形象的重要元素，首先要通过强调其独特性来体现文化自信。黄河文化作为中华文明的重要组成部分，具有与众不同的历史、艺术和哲学特色，通过在国际上展示这些独特之处，国家能够表达对自身文化的自信和骄傲。将黄河文化纳入国家形象的构建，不仅是对过去的传承，更是对当代文化创新的自信展示。通过突出黄河文化的历史传统和当代文化创新成就，国家向世界展示了一个在传统与现代之间取得平衡的文明国家形象。同时，强调黄河文化的丰富内涵和多元性，有助于消除对中国文化的片面观念，推动国际社会更为全面地理解和尊重中国文明。

其次，黄河文化具有深厚的历史底蕴。黄河文化作为国家形象的要素，可以通过弘扬传统文化来展示其深厚的历史底蕴。通过将黄河文化中的历史文物、传统建筑等元素融入国家形象，国家不仅能够展现自己丰富的历史积淀，还可以向国际社会传递中华文化的延续性和稳定性。同时，黄河文化中的一些特定符号可以成为国家形象的象征，这些符号不仅能够展现历史底蕴，还可以通过文化符号的传播，使国家形象更容易为国际社会所认知。此外，通过将黄河文化中的历史故事融入国家形象的叙事中，国家可以向世界展示一个历经千年岁月、充满传奇的国家形象。这种叙事形式有助于让国家形象更有故事感，从而引发国际社会的兴趣，促进国际对国家历史的更深入了解。

此外，国际文化交流需要融入黄河文化。通过支持国际性的文化节庆，国家可以将黄河文化与国际文化交流结合起来。参与国际性文化活动，展示黄河文化的独特之处，有助于增进国际社会对中国文化的了解，促进文明之间的交流与互鉴。当前，我国通过建设文化交流平台，如博物馆、文化中心等，提供了更多展示黄河文化的机会，这样的平台不仅能够促进国际文化交流，也有助于国际社会更深入地认识黄河文化，从而推动不同文化之间的对话。

最后，借助黄河文化元素打造文化精品。每个品牌都有自己的故事，而黄河文化为此提供了丰富的素材，可以成为国家品牌故事的重要组成部分。这些故事可以涵盖历史传承、文化传统、人文风情等方面，通过情感共鸣，使国家品牌更具温度和深度。将黄河文化作为国家品牌的一部分，有助于建设具有鲜明文化特色的国家品牌。通过对黄河文化的深入挖掘，国家能够打造出一系列具有文化内涵的产品和活动，从而形成有吸引力的文化品牌；将黄河文化纳入国家品牌的构建，有助于提升国家在国际上的影响力。国家品牌的影响力不仅仅反映在经济实力上，更在于对文化的吸引力上。通过强调黄河文化的独特价值，国家能够在全球范围内树立起具有辨识度和吸引力的品牌形象。

第三节 保护传承弘扬黄河文化的主要内容

保护传承弘扬黄河文化的内容非常丰富,从历史的发展脉络中挖掘与黄河文化相关的人物、事件和资料,能够形成黄河文化向现代转化的要素资源。例如:延安革命根据地、晋绥、晋察冀、晋冀鲁豫等抗日革命根据地的黄河红色文化基因,处处彰显着中国共产党的初心和使命;炎黄二帝的传说、尧舜禹建都繁衍及陶寺遗址等源远流长的黄河根祖文化,是中华民族文化自信的根与魂;舜耕历山、禹凿龙门、后稷稼穑、嫘祖养蚕等流传久远的黄河农耕文化孕育了华夏民族,是我们黄河文化中的最宝贵的"珍珠";荀子、王勃、司马光、柳宗元、白居易、王维等黄河名人文化,为世界文化宝库留下了丰硕的精神财富。上述关于黄河文化的历史资源非常丰富,可以通过举办史前文化及历史文化相关遗产、丝路文化交流等各种文化交流活动,把黄河文化置于中华文化继承与保护的大局之中,置于全球文化交流合作的大局之中,这有助于增强黄河文化的影响力。可以通过大力宣传展示贾湖遗址、仰韶彩陶文化遗址、双槐树遗址、洛阳东周王城、汉魏洛阳故城、隋唐洛阳城、开封宋城等黄河文化载体,打造黄河品牌、设计精品线路、推广文化元素。具体如下:

一、"天人合一"的自然伦理观

"天人合一"的自然伦理观是中国传统哲学的主要思想,被称为生态自然伦理。

(一)传统文化中的自然伦理观

1. 中国传统哲学中的主要思想

生态自然伦理——"天人合一"被视为中国传统哲学的核心思想之一,又被称为生态自然伦理。这一观念强调人与自然的和谐共生,将天地和人类看作一个整体,相辅相成。

2. 社会问题与人与自然关系的演变

随着人口密度的增加和环境污染等问题的不断出现,人类逐渐意识到人与自然的关系问题。因此，这反映了社会进步的同时，也为人类带来了一系列的社会挑战。

3. 人与自然的界限与主观能动性

人类的存在与受到的约束：马克思指出人类是受限制和受约束的存在，但能够通过实践发挥其能动性来改变自然。这强调了人与自然的相互影响与作用。

实践与人与自然的区分：实践成为区分人与自然的关键，人类可以通过实践来改变自然，从而实现对自由的向往。

4. 人与自然关系的认知演变

（1）对自然的全新认识

对人与自然关系的探讨推动了对自然的全新认识，人们意识到人类不能脱离自然，但能通过实践改变自然。

（2）人们的向往

通过对人与自然关系的认知，人们最终追求对自由生存的向往，并在实践中寻找平衡点。

（二）黄河文化中的"天人合一"自然伦理观

1. 农耕文明与黄河流域

（1）黄河文化的包罗万象

将农耕文明视为黄河文化的一部分，黄河流域的农耕生活与自然和谐相处，形成了独特的精神和物质文明。

（2）农耕生活的特点

早期农耕社会善于利用自然、顺应自然，由此构建了农作体系，实现了人与自然的共存，避免了对大自然的过度压力。

2. 先民对自然的认知

（1）农时观与循环观

先民通过长期的农耕实践形成了农时观、循环观等观念，并且他们遵循自然规律，构建了和谐的人与自然的关系。

（2）"节用"观与黄河文明

先民形成了"节用"观，通过实践经验总结，遵循自然规律，建立了可持续发展的农业文明。

3. 生态蓝图与"天人合一"伦理观

（1）"天人合一"的理念

黄河文化中强调的"应时、取宜、守则、和谐"理念在实践中展现出天地与人的合一，遵循了自然内在的发展规则。

（2）生态蓝图的多彩描绘

以冯山云的作品《黄河》为例，他通过太极图和黄河的形象，呈现出了极为多彩的黄河生态蓝图，表达了对自然的尊重和依存。

二、"同根同源"的民族心理

（一）黄河文化与"同根同源"的民族心理

1. 华夏民族的起源

（1）伏羲与炎黄二帝

华夏民族的祖先伏羲、炎黄二帝的传说始于黄河流域，这一创世神话深刻影响了中华文明的发展。

（2）根亲观念的根源

华夏民族诞生于黄河流域，根亲观念源于对黄河文化的深刻理解，也因此成为华夏儿女心中的共同情感纽带。

2. 部落联盟与尧舜禹时代

（1）洪灾带来的部落联盟

黄河流域洪水频发，导致受灾部落联合起来，形成部落联盟，奠定了黄河文化的基础。

（2）联盟领袖的崛起

氏族逐渐团结，联盟领袖应运而生，展现出同根同源的民族凝聚力。

3. 民族标志与共同根源

黄河、长江和长城作为民族标志，象征着中华儿女的共同根源和文化认同。这一理念在中华儿女心中深入扎根，体现出中华儿女对同根同源的强烈认同。

（二）河洛文明与黄河文化的传承

1. 河洛区域的核心地位

（1）中华民族文明发展的核心

河洛区域是洛水和黄河交汇之处，是中华民族文明得以成功发展的核心地区。

（2）河洛文明的重要性

河洛文明作为黄河文化的发源地之一，对中华文明的形成和演进有着深远的影响。

2. 民族心理在河洛文明中的表达

（1）"河洛郎"的身份认同

河洛区域的文明影响延续至今，有来自中国台湾的同胞自称为"河洛郎"，表达了对共同根源的深刻认同。

（2）黄河流域的标志

河洛文明将黄河流域作为一个历史标志，引领着中华儿女的爱国心。

（三）爱国主义精神在黄河文化中的表达

1. 文学艺术的歌颂

（1）《保卫黄河》的豪情壮志

歌颂了无数华夏子女为保卫祖国而奋斗的豪情壮志，体现了他们对黄河的深厚感情。

（2）《黄河大合唱》的民族激情

激发了抗日战争时期民众的英勇抗敌激情，因而成为民族凝聚力的象征。

2. 民族团结的体现

（1）中华人民共和国少数民族传统体育运动会

在黄河沿岸举办的少数民族传统体育运动会体现了各民族的团结和共荣，增强了民族团结的力量。

（2）黄帝故里拜祖大典

展现了强烈的家国情怀，将成为中华文明历久弥新的重要精神秘诀。

三、"大一统"的主流意识

（一）中国历史上"大一统"理念的历史演变

1. 夏商西周时期的"天下一统"理念

（1）尧舜禹时期的族邦联盟体制

在尧舜禹时期，中国处于族邦联盟体制，具有"联盟一体"特征。这一时期的"天下一统"理念主要表现为部落的联盟合一，以应对水患带来的威胁。

（2）多元化为一体的古代复合制民族王朝

夏商西周时期，是中国历史上多元化为一体的古代复合制民族王朝时期。这一时期的"大一统"理念体现为国土一统、政令一统、文化和谐向心和民族团结凝聚等方面。

2. 复合制王朝国家时期的"大一统"理念

（1）夏商周三朝的政治结构

在夏商周三朝时期，中国进入了复合制王朝国家时期。这一时期的"大一统"理念主要体现为国家政治结构的复合制，各地王朝的统一和民族的融合。

（2）中原正统观的形成

由于君王都定居在黄河中游区域，使得中原正统观念深入中华儿女之心，成为中国传统文化的重要因素之一。

3. 秦、汉朝的郡县制国家时期的"大一统"理念

（1）秦始皇统一六国

秦始皇通过统一六个国家，建立了中国历史上第一个大一统王朝。这一时期的"大一统"理念体现为强调郡县制国家，实现地方的统一管理。

（2）民族团结与国家稳定

统一的国家能够减轻矛盾存在和地域差异，促进国家的稳定发展。这时期的"大一统"理念成为中华儿女向往的文化精神。

（二）黄河文化中的"大一统"主流意识

1. 多元一体与包容融合

（1）多元一体的文化内涵

黄河文化展现了多元一体的特征，吸纳了各类文明，如东周、炎黄时期，以及南北朝时期的文明。这表明黄河流域的"大一统"主流意识是在多元文化的融合中逐渐形成的。

（2）博采众长的文化特征

黄河文化的内涵突显出博采众长、兼容并包的特征，这是形成"大一统"主流意识的重要纽带。

2. 民族精神力量的纽带

（1）中华民族的发源地

黄河流域被视为中华民族的发源地，第一个统一的、多民族的国家也出现在这里。其"大一统"理念随之形成。秦始皇统一六国的历史事件,使黄河沿岸区域成为核心。

(2)促进民族凝聚与国家统一的精神支撑

黄河文化中蕴涵的"大一统"主流意识,成为促进民族凝聚与国家统一的精神支撑。这一理念在中国历史上的统一和变革中起到了重要作用。

第三章

新时代黄河文化的重构

第一节 黄河文化的重构原则

一、遵循新时代黄河文化的价值转变原则

在新的时代背景下，我们认识到保护黄河是中华民族伟大复兴的长远大计，而黄河流域的生态保护和高质量发展则成为国家重要战略。几千年来，黄河治理事业一直在不断发展，如今迎来了崭新的历史时期，黄河文化不仅代表着自然、政治、社会、经济、文化等多个方面，更要成为生态、发展乃至幸福的象征。作为拥有深厚历史文化底蕴的黄河，在新时代黄河文化建设中展现出独特的特点和意义，其定位与内涵已超越了"农耕文明的母亲河"。它更注重生态保护，追求高质量发展，以体现新时代黄河文化价值转变的要求。

中华人民共和国成立以后，黄河与古老的中华民族一道，进入了崭新的历史发展时期。经过长期艰苦奋斗，中国政府在治理黄河的过程中，不断探索创新，形成了一系列科学可行的治理模式和技术手段。通过科学规划、水资源调度、生态修复等措施，有效解决了水沙问题、防洪问题和生态保护问题，实现了黄河流域的综合治理，体现了中国政府坚决推动黄河治理的决心和能力，也为中国的国家治理能力树立了典范。九曲黄河最终在中国共产党的领导下实现了长期的稳定和发展，并取得了显著成果。黄河安澜七十年就是在全体黄河儿女共同努力下，对中国国家治理能力的集中反映，既保护了黄河流域的生态环境，又推动了经济社会的发展，彰显了中国国家治理能力的卓越。

黄河安澜七十年充分证明了中国政府高度重视国家治理和生态文明建设的决心——坚决推动生态文明建设，注重人与自然的和谐发展，为推动可持续发展作出了积极贡献，同时也为其他地区和国家提供了借鉴和参考，展示了中国在治理大型河流、解决水资源和生态环境问题方面的独特经验和能力。

当然，黄河安澜七十年所呈现的治理成果不仅仅局限于经济社会领域，更体现了文化价值和精神内涵。通过黄河治理，人们对黄河的认识不再仅限于是农耕文明的母亲河，而是意识到黄河承载着丰富的历史文化和民族精神。这启示我们，黄河治理的核心要义在于推动新时代黄河文化的建设，挖掘和传承黄河文化的丰富内涵，使之与国家治理和社会发展相互融合、共同进步。新时代黄河文化建设的核心是通过挖掘和弘扬黄河文化推动当代中国文化自信和民族精神的培育。黄河源远流长，孕育了丰富多样的地域文化和历史遗存，其中包括河湟文化、关中文化、河洛文化等，具有独特的魅力和影响力。通过创造性地利用黄河的自然和人文资源，加强黄河文化创意产业发展，弘扬中华民族优秀传统文化，使得黄河的历史与现代相互交融，形成连贯的文化脉络，让黄河的文化价值得到充分挖掘和保护，同时让黄河文化焕发出新的时代魅力，为新时代黄河文化建设注入生机与活力。

二、遵循生态保护和高质量发展的重要原则

随着中国自然环境的整体变化，黄河流域，尤其是秦岭以北地区年降雨量增加，生态状况逐步向好。黄河流域因此迎来了更为良好的自然环境和发展空间。为应对流域内发展空间与资源分布的差异，《黄河流域生态保护和高质量发展规划纲要》（简称《规划纲要》）提出了一系列创新性的战略和措施。为贯彻新发展理念，遵循自然规律，《规划纲要》强调综合治理，系统治理，源头治理。其目标在于改善黄河流域生态环境、优化水资源配置、推动全流域高质量发展，以进一步改善人民群众的生活水平。《规划纲要》倡导因地制宜、分类施策、尊重规律，以期实现全流域生态环境的整体提升。

为达成上述目标，《规划纲要》提出了一系列创新性举措。例如：制定水资源集约利用政策，强调黄河水资源的集约利用，将水资源视为刚性约束，鼓励节约用水的生产和生活方式，通过节约用水拓展发展空间，提高整个流域水资源利用的效率；建立数字化平台，充分利用先进的科技手段，包括大数据、人工智能等技术，对黄河流域水资源进行数字化、智能化、精细化的管理和监控，实现对水资源的实时监测、数据分析和科学决策，以确保对水资源的高效利用；注重借助遥感技术、气象科学等领域的创新科技，长期防范黄河水旱灾害，加强科学研究，完善防灾减灾体系，提高对灾害的监测、预测和预警能力，为流域内的防灾减灾工作提供科技支持，从而进一步提高对各类灾害的应对能力；大力保护和弘扬黄河文化，加强对黄河流域历史文脉的延续及文化遗产的保护，以及对历史和文化的深入挖掘。尤其是要将其与当代社会、科技、产业相结合，挖掘其在现代社会的时代价值，推动黄河流域进入新时代，以坚定的文化自信推动黄河流域的可持续发展，为中华民族伟大复兴提供更为坚实的文化支持和保障。

三、遵循"让黄河成为造福人民的幸福河"的基本原则

黄河不仅是自然之河、政治之河、社会之河、经济之河、文化之河，更是幸福之河，在新的历史时期，党和国家把黄河流域生态保护和高质量发展作为事关中华民族伟大复兴的千秋大计，即保护传承弘扬黄河文化，让黄河成为造福人民的幸福河。

（一）新时代黄河流域生态保护与高质量发展

1. 环境变化与生态治理

在新时代，黄河流域生态保护和高质量发展成为国家战略的重中之重。随着气候变化和人类活动的影响，黄河流域的环境正在发生变化。秦岭以北地区年降雨量增加，为生态治理提供了有利条件。《规划纲要》提出的系统治理、源头治理等措施，旨在改善流域的生态环境，使其逐步迈向良性循环。

2. 新发展理念的引领

《规划纲要》明确贯彻新发展理念，通过山水林田湖草沙综合治理推动全流域高质量发展。这一新发展理念要求因地制宜、分类施策，使黄河流域的发展更加科学、可持续，为经济社会的高质量发展提供有力支持。

3. 水资源管理与节约利用

《规划纲要》特别强调黄河为刚性约束的水资源。通过推进水资源集约利用，《规划纲要》旨在在有限的条件下实现流域水资源的高效利用，扩大发展空间。这对于解决水资源短缺、改善生态环境具有重要意义。

（二）科技创新与防灾减灾

1. 数字化管理与监控

新时代黄河文化建设需要充分利用数字技术，建立数字中心对黄河进行数字化管理。通过遥感、大数据、人工智能等技术，实现对黄河流域的实时数字化、智能化、精细化等的管理和监控。这不仅有助于更好地了解河流的状态，还能提高对自然灾害的监测和应对能力。

2. 合作治理灾害

《规划纲要》提出开展荒漠化防治国际合作，共同应对灾害。沿黄各省应通力合作，实现对黄河流域的联防联控。这种合作机制可以在灾害发生时更加高效地调动资源，减少灾害带来的损失。

3. 提高灾害应对能力

《规划纲要》倡导提高灾害应对的能力，主张加强人才培养，培养专业化的应急救援队伍。同时，通过国际合作，共享科技和经验，从而进一步提高流域内各省、自治区应对灾害的整体水平。这对于减轻灾害带来的损失，确保流域内的可持续发展至关重要。

（三）文化保护与创新

1. 传承与弘扬黄河文化

《规划纲要》明确提出要大力保护和弘扬黄河文化。这包括对黄河流域历史文脉的延续，对文化遗产的保护，以及对历史和文化的深入挖掘。通过这些措施，旨在巩固和传承黄河作为中华民族重要文化符号的地位。

2. 时代价值的挖掘

《规划纲要》鼓励对黄河文化进行深度挖掘，使其不仅仅停留在对历史的纪念，更要将其与当代社会、科技、产业相结合，挖掘其在现代社会的时代价值。通过文化创新，使黄河文化在新时代焕发新的生机。

3. 人文体验与社会互动

《规划纲要》注重亿万人民群众的人文体验，通过文化活动、教育等手段，使人们更加深刻地感受到黄河文化的独特魅力。同时，倡导社会互动，使文化建设不再是一纸决策，而是一个能够使社会广泛参与的过程。通过这种互动，全社会形成对黄河文化的共同认知，增强人们对这一文化的自豪感和认同感。

4. 安澜之河、富民之河

《规划纲要》对黄河的定位是"安澜之河、富民之河、宜居之河、生态之河、文化之河"。这一定位明确了黄河治理的终极目标，即通过保护、传承、发扬黄河文化，实现河流的安全、人民的富裕、地区的宜居、生态的健康、文化的繁荣。

新时代黄河文化建设在生态保护与高质量发展的大背景下，通过科技创新、防灾减灾、文化保护与创新等多方面的措施，致力于将黄河打造成为人民的幸福河。这不仅关系到中华民族伟大复兴，更关系到亿万黄河流域人民的福祉。只有通过综合治理、创新科技、弘扬文化，才能实现黄河文化建设的可持续发展，为新时代中国特色社会主义事业注入更多地生机与活力。

四、遵循促进黄河文化的创新与演绎的关键原则

（一）深入挖掘新时代黄河文化内涵

1. 强调生态保护和高质量发展的内在联系

首先，新时代的黄河文化不仅仅是对历史文脉的传承，更是在国家整体发展格局下的应对之道。在新时代背景下，强调保护黄河，正是在当前中国伟大复兴进程中的迫切需要。新时代的黄河文化需要在这一时代背景下找到自己的位置，明确自身的历史使命。这个时代背景是指中国正处在全球崛起，生态文明建设与高质量发展成为国家战略的时期。新时代黄河文化应当深刻理解这个时代的特征，将自身融入国家伟大复兴的大局中。

其次，生态保护是新时代黄河文化建设的内在诉求。黄河作为中华民族的母亲河，其生态健康直接关系到千百年来黄河流域人民的生存与发展。在全球气候变化和生态环境问题愈发凸显的今天，强调黄河文化与生态保护的内在契合成为当务之急。通过深入挖掘新时代黄河文化，强调黄河与人的和谐共生，使黄河成为人类与自然和谐相处的典范，以推动生态保护工作在文化传承中的

深入融合。

再次,高质量发展是新时代中国经济社会发展的主题,而黄河文化在其中应该充当的是引领者和助推者的角色。通过深入挖掘新时代黄河文化的内在价值,来强调其对高质量发展的促进作用。黄河流域具有丰富的自然资源和人文历史,通过将这些资源与高质量发展相结合,可以形成独特的区域发展模式,从而推动黄河流域成为经济高质量发展的重要引擎。

最后,新时代黄河文化建设不仅仅要传承历史文脉,更要在传承中加强生态和谐观念的引导。这包括对黄河流域居民的生态教育,即强调人与自然的和谐共生。通过文化传承,使人们深刻认识到生态保护是黄河文化传承的根本,而高质量发展是其内在要求。这样的文化传承将在新时代的推动生态保护和高质量发展两方面相辅相成,从而形成可持续的发展模式。

2. 增强文化的实用性和创新性

首先,在挖掘新时代黄河文化内涵时,我们应当首先关注文化的实用性。这一实用性不仅仅体现在对历史的传承,更要关注文化对当代社会经济的推动作用。黄河文化作为中华民族的重要组成部分,其内涵应当被赋予更多的实际应用价值。通过深入挖掘历史文献、传统文化实践等途径,找到文化在当代社会经济中的有效运用方式。例如,可以借助黄河文化的资源,推动当地旅游业发展,激发地方经济活力,使文化在实践中发挥更大作用。

其次,除了实用性,新时代的黄河文化还需要更多的创新元素。传承是文化的基础,但创新才是文化的生命力。我们需要在深入挖掘新时代黄河文化内涵时,注重为其注入新的元素,使其更具现代感和吸引力。这可以通过在传统文化中融入当代科技、艺术、设计等元素,打破传统的表现形式,使文化更贴近现代人的生活,激发新的文化创意。例如,可以通过数字技术展示黄河的壮丽,还可以通过现代艺术手法表现黄河的文化内涵,以吸引更多年轻人的关注。

再次,新时代黄河文化不仅仅是历史的回顾,更应当成为科技创新的源泉。在深入挖掘文化内涵时,要与科技创新相结合,推动文化产业与科技的深度融合。可以借助人工智能、虚拟现实等先进技术,对黄河文化进行数字化、智能化的展示与传播。这不仅可以使黄河文化更具科技感,也能够通过科技手段更好地推动文化的传承与弘扬。

最后,实用性和创新性的注重不应使文化远离社会,反而应使其更好地引导社会和谐。新时代黄河文化的传承与发展要着眼于促进社会的和谐发展，这包括通过文化传承引导人们更好地理解和尊重自然，推动环保意识的提升。同时，要通过文化的传播，弘扬社会正能量，促进社会价值观的共鸣。因此，通过文化的实用性和创新性，使其成为社会和谐发展的重要力量。

3. 强调国际视野和共享文化价值

首先，在深入挖掘新时代黄河文化内涵时，首要任务是树立国际视野，使黄河文化不仅成为中华民族的瑰宝，更要成为中国走向国际的文化名片。具体可以通过与国际文化机构的合作，举办国际性文化活动并邀请国际学者进行深入研究等方式实现。通过这些方式，使黄河文化融入世界文化体系，为国际社会提供了解中华文化的窗口。

其次，新时代黄河文化要在国际上发挥更大的作用，即需要通过文化交流与融合，形成共享的文化合力。可以通过与世界各地的文化机构建立友好合作关系，共同举办文化交流活动等方式，共同推动不同文化的融合。通过这种方式，黄河文化不仅在国内得到传承与发展，也在国际上形成了共同的文化价值，从而实现文化共享的目标。

再次，促进新时代黄河文化在国际上的传播，需要加强国际合作，特别是在保护和传承全球文化遗产方面。可以通过联合国教育、科学及文化组织（简称联合国教科文组织）等国际组织加强文化遗产的保护工作，制定国际性的文化保护标准，共同守护具有全球意义的文化遗产。通过这样的国际合作，黄河文化可以更好地融入全球文化的大家庭。

最后，新时代黄河文化的最终目标是通过国际视野、文化交流、国际合作，实现文化共享，为构建人类命运共同体贡献中华文化的力量。可以通过在国际上举行推动黄河文化的国际巡展、举办文化交流大会等形式，将黄河文化的独特魅力传递给世界各地的人们，为构建人类命运共同体提供一种文化共享的途径。通过这样的国际化推动，黄河文化在国际上的影响力将更为显著，可以作为中华文化的重要代表。

（二）持续宣传普及新时代黄河文化

1. 强调黄河作为中华民族精神家园的地位

首先，在深入宣传普及新时代黄河文化时，首先要彰显黄河在中华民族历史中的独特地位。黄河自古以来是中华民族的母亲河，见证了中华民族的发展历程，承载着丰富的历史文化底蕴。通过深入挖掘黄河的历史，可以揭示中华民族在这片土地上的智慧、勤劳、奋斗的历史画卷，让人们更加深刻地认识到黄河在中华民族心中的独特地位。

其次，新时代黄河文化的宣传工作，要在弘扬中华民族的文化精神方面发挥更大作用。通过深入挖掘黄河文化的内涵，突出中华民族的传统美德、家国情怀，使人们在新时代更加强烈地感受到中华民族的文化精神，形成对中华民族传统价值观的认同。黄河作为精神家园的形象，将成为激发中华民族凝聚力的力量源泉。

最后，最终目标是通过持续宣传新时代黄河文化，并结合中国梦，强调黄河对中华民族伟大复兴的贡献。新时代中国梦强调中华民族要实现伟大复兴，而黄河作为中华民族的发源地，其文化传承和发展必将对中华民族伟大复兴产生积极影响。通过将新时代黄河文化与中国梦相结合，可以激发人们对中华民族伟大复兴的责任感和使命感，使黄河成为激发中华民族凝聚力的象征。

2. 讲好历代治理黄河的英雄故事

首先，在讲好历代治理黄河的英雄故事时，首先要介绍大禹治水的史诗。大禹作为古代治水英雄，成功治理洪水，为中华民族树立了伟大的典范。通过讲述大禹治水的英勇事迹，可以使人们深刻理解治理黄河对中华民族的重要性，同时可以激发人们克服困难的信心和勇气。

其次，要弘扬范仲淹和黄河的故事。范仲淹作为古代治水能手，通过他的智慧和技艺，成功地规划了解决黄河问题的方案，为当地民众提供了生活便利。这样的英雄故事能够激发人们治理黄河的积极性，并展示治水工程背后的智慧和勇气。

最后，要强调近现代治理黄河英雄的奋斗精神。例如，贾鲁、潘季驯等治理黄河的英雄，他们在艰苦的条件下投身黄河治理，付出了巨大的努力。通过讲述这些英雄事迹，可以激发人们对生态保护和高质量发展的责任感，让新时代的人们在历代英雄的启迪下，更加积极地参与到治理黄河的事业中去。

3. 运用形式多样的宣传手段

首先，应充分利用传统媒体手段，如电视、报纸、杂志等进行宣传。通过在电视台推出有关新时代黄河文化的专题节目、设计精美的报纸专栏和杂志特辑，使黄河文化深入人心。这样的传播方式具有广泛的覆盖面和深远的影响力，能够让更多的人了解和关注黄河文化。

其次，要充分利用互联网和社交媒体等新媒体进行推广。建设黄河文化主题的官方网站、社交平台账号，通过发布有趣、富有创意的内容，吸引年轻人的关注。可以利用短视频、微博、微信等社交媒体平台，制作黄河文化的推广片段，使信息更迅速地传播。这样的宣传方式能够更好地适应现代社会信息传递的快速和碎片化特点。

最后，要通过线上线下活动的结合，丰富宣传形式。可以组织线上直播讲座、网络文化展览，来展示黄河文化的魅力。同时，通过线下文化节、展览、座谈会等形式，让人们更深入地感受和体验新时代黄河文化。这样的全方位、多层次的宣传手段，可以更好地引导人们主动融入黄河文化的传承中，从而实现文化深入人心并得以广泛传播。

（三）高度重视历代治理黄河的文献史料的整理

1. 强调文献史料的珍贵性和历史价值

首先，历代治理黄河的文献史料的珍贵性源于其真实地记录了黄河治理的历史过程。这些文献承载着治水工程的实施、技术经验的总结及社会历史的变迁，具有不可替代的历史价值。通过对这些文献的深入挖掘，我们能够还原历史场景，了解古人在治理黄河方面的努力和智慧。

其次，在历代治理黄河文献史料中蕴含着丰富的治水经验和智慧。这些文献不仅记录了黄河泛滥的历次事件，还详细记载了当时人们采取的各种治理措施和技术手段。对这些经验的深入研究对于当前黄河流域的生态保护和高质量发展至关重要，具有实际应用的价值。

2. 制定系统化的整理计划和标准

要想高效推进文献史料整理工作，必须制定系统化的整理计划和标准。首先，对文献史料进行科学合理的分类，如按年代、地域、治理目标等方面进行细致划分。其次，建立完善的归档系统，确保每一篇文献都能在整理计划中找到合适的位置，以方便后续的研究和利用。

在整理计划中，应当规范数字化整理的步骤和要求。明确数字化整理的标准，包括清晰的扫描要求、文件格式、元数据的建立等，以确保数字化版本的质量。同时，建立文献史料的数字数据库，实现信息的互通和长期保存，为后续的研究提供便利。

3. 运用现代科技手段进行数字化整理

在历代治理黄河文献史料整理的过程中，必须充分运用现代科技手段进行数字化整理。采用高效的数字化技术，包括高分辨率扫描、光学字符识别（OCR）等，以确保数字版本的准确性和清晰度。这些技术能够大幅提高整理效率，为后续的学术研究提供可靠的基础。

运用数字化手段，可以更方便地进行文献信息管理。通过建立信息数据库，对文献进行分类、检索、存储和共享，提升整理工作的管理效率。这样的信息管理系统能够使研究者更加便捷地获取所需信息，以推动历代治理黄河文献史料的全面整理和深入研究。

数字化整理后的历代治理黄河文献不仅为学术研究提供了便捷的资源，还可以通过互联网平台进行社会传播。通过建设专门的数字平台，将这些文献向公众开放，提高社会对黄河治理历史的认知。这不仅有助于增强公众对生态保护和高质量发展的理解，还能够激发社会参与治理的积极性。

五、掌握黄河文化传承与弘扬的方法原则

（一）传承与弘扬的关系

1. 传承的理念与弘扬的创新

（1）传承的理念

传承强调对历史的延续，通过世代相传的方式，使黄河文化得以保持原始面貌。这体现了对传统的敬畏，将历史视为文化基因的根本来源。传承的理念强调对过去的尊重和对祖先智慧和生活方式的珍视。

（2）弘扬的创新

相对应地，弘扬黄河文化是在传承的基础上进行创新。这不仅包括将传统元素与现代语境相融合，还注重通过创新为文化注入新的生命力和适应性。弘扬所强调的不是简单地复制过去，而是在传统的基础上进行创意性的发展，使文化更符合当代社会的需求。

（3）关系的统一

这种关系体现了对传统与现代的统一，对历史与未来的关怀。敬畏传统并愿意在其基础上进行创新，是对文化生态动态平衡的一种理解。传承和弘扬并非对立，而是相辅相成的文化进程。

2. 传承的深度与弘扬的广度

（1）传承的深度

传承黄河文化注重深度，即通过家族传承、口耳相传等方式，使黄河文化

得以保留深刻内涵。这包括对历史事件、传统习俗等方面的深入传授,使后代能够真切感受到文化的源远流长。

（2）弘扬的广度

相反,弘扬强调广度,即采用新媒体、文化创意产业等手段,使黄河文化在更广泛的范围内传播。通过现代科技手段,如社交媒体、数字展览等,将文化传播到全球,从而拓展了文化的传播范围。

（3）平衡的重要性

传承与弘扬之间的平衡体现了文化的全面发展。只有在深度传承的基础上,广度的弘扬才能更有根基;而广度的发展也能为深度传承提供更多的时代动力,这种平衡在文化的传承和发展中至关重要。

3. 传承的原真性与弘扬的创意性

（1）传承的原真性

传承保留了黄河文化的纯粹性并尊重了历史的真实性。通过家族、乡村的传统仪式、信仰等方式,传承黄河文化的原真性,使人们能够深刻感受到文化的根本面。

（2）弘扬的创意性

弘扬则通过创意性的表达方式,为传统注入新的思想和艺术元素。这可以包括对传统艺术形式的现代演绎、对古老故事的重新诠释等。弘扬通过创意性的发展,使文化更具现代生活的亲和力。

（3）共同的目标

这种关系体现了传承与弘扬在保留文化本质的同时,积极拥抱变革的特点。原真性与创意性并非矛盾的,而是共同服务于文化的生命力。这样的关系为文化的可持续发展提供了动力。

（二）传承的方法

1. 建立完善的档案体系

（1）历史数据的翔实记录

建立完善的档案体系是传承黄河文化的基础之一。通过对黄河文化的历史、地理、风土人情等方面的翔实记录,可以确保传承工作有充足的基础数据。这不仅需要对古文献进行梳理,还需要整理口述历史和传统故事,以形成系统化的档案,为后代提供深入了解和继承黄河文化的参考。

（2）档案管理与数字化技术的结合

随着科技的进步，档案管理与数字化技术的结合也成为传承黄河文化的有效方法。通过数字化手段，可以更好地保存、管理和传播黄河文化的信息。这包括建设数字化图书馆、虚拟博物馆等，为更广泛的社会提供便捷的学习和研究途径。

2. 传统技艺的培训与传授

（1）濒临失传技艺的专业培训

传承需要注重传统技艺的培训与传授。特别是那些濒临失传的手工艺和技能，需要通过建立专业的培训机构，将这些技艺传承给新一代，其中包括木雕、陶艺、传统织染等具有代表性的手工艺。通过这些有计划的培训，保障黄河文化实质性元素的传承。

（2）大师传徒的传统方式

大师传徒的方式也是传承中不可或缺的一环。通过由有经验的大师亲自教授的方式，新一代可以更深入地了解技艺的精髓，这种口传心授的方式有助于传统技艺的完整传承。

3. 举办文化活动

（1）文化节庆的举办

通过举办文化节庆，可以活跃文化传承的氛围。例如，庙会，传统舞蹈、音乐表演等活动，不仅为当地居民提供了传统文化的展示平台，也吸引了更多的参与者，推动了黄河文化的传承。

（2）展览和讲座的举办

举办文化展览和讲座是另一种传承的方式。通过展览，可以将黄河文化的精华呈现给公众，让人们更直观地了解其内涵。同时，通过专业人士的讲座，可以深入解读黄河文化的历史及哲学等方面，从而提高公众对文化传承的认知度。

（3）社区参与互动

文化活动的成功离不开社区的互动参与。通过组织社区居民参与文化活动，可以拉近人们与文化之间的距离，从而形成文化传承的社区共同体。

（三）弘扬的方法

1. 利用现代科技手段

（1）数字化展示与虚拟体验

现代科技手段是推动弘扬黄河文化的重要途径。通过数字化展示和虚拟体验，黄河文化可以更好地融入当代生活。数字化展示可以包括建设虚拟博物馆、在线文化展览等，为人们提供全新的文化体验；而虚拟体验则通过虚拟现实（VR）等技术，使人们能够身临其境地感受黄河文化的魅力，有利于文化的传播和理解。

（2）拓展传播渠道

利用现代科技手段不仅可以增加文化呈现的形式，还能够拓展文化的传播渠道。通过社交媒体、在线平台等，将黄河文化传播到更广泛的受众中，尤其是新生代。这种方式使文化传承变得更为灵活、高效，并且更贴近现代人的生活方式。

2. 支持文化创意产业

（1）资金和政策支持

支持文化创意产业是弘扬黄河文化的战略之一。通过提供资金和政策支持，鼓励艺术家、设计师、文化创作者等参与文化创意产业，从而推动黄河文化的创新。此外，政府可以制定相关政策，采取提供创意产业发展的税收优惠、专项资金支持等措施，以激发文化产业的活力。

（2）激发创新活力

支持文化创意产业不仅有助于传承传统文化，更能够激发当代文化的创新力。通过融合传统元素与现代设计、科技等元素，创作出更具有时代特色的文化产品，使黄河文化在当代社会中焕发新的生命力。

3. 推动文学、影视作品的创作

（1）文学作品的创作

文学作品是传承文化的重要媒介之一。文学作品有着更强烈的情感表达和叙事能力，能够深刻地触动人心。通过鼓励作家创作涉及黄河文化的小说、诗歌、散文等文学作品，可以将其文化内涵以更丰富、深刻的方式传递给读者。

（2）影视作品的创作

影视作品在当今社会中具有广泛的影响力。通过创作具有黄河文化特色的电影、电视剧等作品，可以生动地展现黄河文化的历史、传统和精神风貌。这种形式不仅能够吸引更广泛的观众，还能够为文化传承注入新的动力。

第二节 黄河文化的精神内核

一、黄河文化的信仰与价值观体现

（一）黄河作为母亲河的神圣信仰

1. 文化源起

（1）古代中华民族的深厚历史与农耕文明

黄河作为母亲河的神圣信仰源于中华民族的悠久历史和农耕文明。在远古时期，黄河流域是中华文明的发源地之一，这片土地孕育了中华民族的文化根基。农业在黄河流域的发展，让人们对黄河的依赖愈发加深，将其视为生命之源。

（2）地理环境与人类依赖

黄河为中华大地带来了肥沃的土地和丰富的水资源，使得这一地区成为农业繁荣的摇篮。人们的生活与黄河息息相关，但由于黄河的泛滥、干旱等天灾地变，人们对黄河的敬畏之情逐渐演变为一种信仰，将黄河视为母亲般的存在。

2. 神圣象征

（1）生命之源的象征意义

将黄河作为母亲河的信仰赋予了其生命之源的象征意义。人们相信黄河是万物之母，是生命的起源，因而对其产生一种崇拜之情。这一信仰贯穿于流域居民的日常生活和文化观念之中。

（2）祭祀仪式与信仰活动

为表达对黄河的敬畏和感恩，人们开展各种祭祀仪式和信仰活动。这些仪式不仅是一种文化传统的延续，更是对黄河神灵的敬意。人们相信通过祭祀可以获得黄河的庇佑，保护其自身免受自然灾害的侵害。

（3）对行为与文化观的影响

这种信仰深刻地影响着流域居民的行为和文化观。人们在日常生活中对黄河保持着一颗敬畏之心，不轻易违反自然规律。这种信仰在艺术、文学、建筑等方面都留下了深深的痕迹，形成了独特的文化符号。

（二）黄河文化的价值观体现

1. 生存观与发展观

（1）黄河文化中的生存观

黄河文化中的生存观根植于对黄河自然环境的深刻认知。人们对黄河泛滥、干旱等自然灾害的恐惧，促使他们产生了强烈的生存欲望。这一生存观影响了社会组织的形态，推动着人们采取各种手段来适应自然环境的变化。

（2）生存观对社会组织的影响

在黄河流域，人们为了生存展开了对黄河的开发利用，建立了灌溉系统、防洪工程等设施。这种生存观导致了社会组织的形成，形成了以农业为基础的社会结构。农业生产和生存需求推动了社会的分工与协作，形成了农耕文明。

（3）发展观的塑造与演变

发展观在黄河文化中扮演着重要的角色。人们对黄河的认知不仅停留在生存的层面，他们还追求社会的不断进步和发展。这种发展观催生了对科技、经济、文化等方面的不懈探索，推动了社会的不断进步。

（4）个体行为与价值观

生存观和发展观在个体层面影响深远。人们在黄河流域的生活中，因对自然环境的敬畏和依赖，形成了谦卑、勤劳的价值观。同时，发展观的存在激励个体追求进步和创新，推动了社会的全面发展。

2. 和谐共生观

（1）黄河文化中的和谐共生观

和谐共生观是黄河文化中的重要价值观之一，体现了人与自然、人与人之间和谐相处的理念。这一观念根植于对自然的尊重及对社群关系的重视。

（2）和谐共生观对社会稳定的促进

在黄河文化中，人们认识到与自然环境和谐共生的必要性，通过建设灌溉工程、防洪设施等来调节与黄河的关系。这种和谐共生观不仅促进了社会的稳定，还为经济的可持续发展提供了基础。

（3）和谐共生观对文化传承的影响

和谐共生观在黄河文化中深深扎根，影响了人们的道德观念和行为准则。这种观念强调团结、互助和共同发展，有助于社会的文化传承。通过代代相传、口口相传，使得和谐共生观成为黄河文化的重要组成部分。

（4）文化传承中的和谐共生观

和谐共生观在黄河文化中的文学、艺术等方面有着显著的体现。诗歌、绘画、歌谣等作品中常常表达对自然的敬畏与感激，以及人类与自然共生的理念。这一观念通过文化传承，持续地影响着黄河流域居民的思想和行为。

二、黄河文化的精神内涵意蕴

（一）对生命的尊重

1. 自然与人类的融合

（1）黄河文化中对自然的敬畏与融合

黄河文化根植于对自然的敬畏，这种敬畏源于人们对黄河自然环境的深刻认知。在黄河流域，人们通过农业生产与自然融为一体，将自然视为生命的恩赐。农民在播种、收割的过程中，根据黄河的水情和气象变化，形成了丰富的经验与技巧，实现了对自然敏感而又和谐的互动。

（2）农业生产与自然的互动

黄河流域的居民通过农业生产实现了与自然的深度融合。在农耕季节，人们根据黄河水位的周期性变化，选择适宜的时间进行灌溉，以确保庄稼的生长。这种对自然的敬畏和理解使得黄河文化中的农业成为一门智慧的艺术，体现了人们对自然的高度尊重。

（3）渔猎与自然生态的平衡

除了农业，渔猎也是黄河文化与自然融合的重要方面。在黄河流域的湿地和河岸，人们依赖渔猎获得食物和生活物资。然而，他们在渔猎过程中注重保持自然生态的平衡，通过遵循捕捞季节、保护水域植被等方式，实现了对自然资源的可持续利用。

2. 生态平衡观

（1）黄河文化中的生态意识

黄河文化深刻强调生态平衡的重要性，将其视为社会稳定和人类生存的基石。这一生态意识在农业、水利工程、土地管理等方面得到了具体体现。我们通过研究黄河流域的农业制度，了解人们是如何通过轮作、休耕等方式维护土地生态平衡的，可以促进我们实现农业的可持续发展。

（2）农业生产中的生态平衡实践

在黄河文化中，农业生产不仅追求高产，更注重与自然的协调。人们通过研究黄河流域古代灌溉系统的设计、土地保护的法规等，可以揭示生态平衡观在农业实践中的具体应用。这一实践体现了人们对生态系统稳定性的认知和尊重。

（3）对土地资源的保护

生态平衡观影响了人们对土地资源的管理。通过了解黄河文化中的耕地轮作、草木保护等传统做法，可以了解人们是如何通过维护土地生态平衡，来预防水土流失，以确保农业可持续发展的。

（二）对自然的敬畏

1. 自然灾害的历史记载

（1）古代文献中的自然灾害描写

有关黄河文化中自然灾害的历史记载主要体现在古代文献中。通过深入研究诸如《尚书》《左传》等史书，可以找到古代文人对于黄河洪水、干旱等自然灾害的描写。这不仅记录了古代人们面对灾害时的亲身经历，更凸显了他们对自然力量的深刻敬畏。

（2）祭祀记录中应对自然灾害的祭祀仪式

祭祀在古代文化中是一种表达对神灵和自然力量敬畏的仪式。通过研究黄河流域的祭祀记录，可以揭示人们是如何通过祭祀仪式来应对自然灾害的。这种仪式既是一种对神灵的恳求，也是一种对自然的敬畏表达，体现了对自然力量的尊重。

（3）历史记忆中的自然灾害教训

古代人们通过自然灾害的历史记录积累了宝贵的经验教训。例如，在记录洪水的过程中，人们可能总结了对应的防洪策略。这种历史记录中的教训既是对灾害的回顾，也是对自然力量的敬畏认知的体现。

2. 环境保护与可持续发展

（1）传统农业技术对环境的保护

黄河文化中的环境保护观念体现在传统农业技术的应用上。通过研究古代农业手段，如水田灌溉、轮作耕地等，可以发现这些技术是如何在提高农业产出的同时保护土地生态系统的，体现出了人们对自然的尊重，也显示了初步的环境保护意识。

（2）土地管理制度与可持续发展

黄河文化中的土地管理制度是对环境可持续发展的体现。通过研究土地所有权、土地耕作的规范等方面的古代制度，可以了解人们是如何通过合理的土地利用来保护土地资源，以实现农业的可持续发展的。

（3）生态伦理观对社会行为的指导

环境保护观念深刻影响了黄河文化中的社会行为。通过研究古代的生态伦理观，如"物竞天择，适者生存"等，可以了解人们是如何通过这些观念指导社会行为，促使人与自然和谐共生，以实现社会的可持续发展。

（三）对历史的传承

1. 口头传承与文献记载

（1）神话传说的口头传承

黄河文化中的口头传承主要体现在神话传说等口耳相传的叙述中。通过深入研究这些神话传说，如伏羲女娲创世、大禹治水等，可以窥见古代居民对黄河的起源、洪水及治理的解释，同时揭示了人们对自然力量的敬畏和对历史起源的独特解读。

（2）民间故事的传承

除神话传说外，黄河文化中的口头传说还包括各种民间故事。通过对这些故事的深入研究，可以了解古代人们是如何通过故事来传递历史、道德和价值观念的。这些故事往往蕴含着深厚的历史内涵，是历史传承中的重要组成部分。

（3）史书与碑刻的文献记载

文献记载是另一种对历史的传承方式，包括史书和碑刻等。通过深入研究黄河流域的古代史书，如《史记》《汉书》等，以及刻在碑刻上的历史记载，可以了解到古代社会的政治、经济、文化等方面的详细信息。这种正式的文献记载为后人提供了重要的历史参考。

2. 历史教育与文化认同

（1）古代教育体系的传承

黄河文化中的历史传承在很大程度上通过古代的教育体系实现。通过研究古代学宫、家庭教育等，可以了解到古代人们是如何通过教育来传承历史知识、文化传统和价值观念的。这种传承方式不仅仅是知识的传递，更是对文化认同的塑造。

（2）传统学宫制度的作用

黄河文化中的传统学宫制度在历史传承中扮演着重要的角色。通过深入研究这些学宫，如岳阳楼、白马寺等，可以揭示这些机构是如何通过教学、研究、文献传抄等手段，传承并弘扬黄河文化的。这种传承方式在塑造文化认同方面发挥了积极作用。

（3）历史教育对文化认同的影响

黄河文化中的历史教育不仅仅是为了传递历史知识，更是为了塑造文化认同。通过研究古代历史教育的内容、方法和目标，可以了解人们是如何通过历史教育来强化对黄河文化的认同感，使其成为集体记忆中的一部分的。

三、黄河文化的形象表达

黄河既是生活的水源，也是文化的滋养，形成了独具诗意的文化氛围。黄河的诗意文化通过丰富的艺术表达、神话传说、文学创作等多种形式，将黄河的壮丽和沿岸人民的情感融入诗歌之中。这些诗意文化表达激发了人们对美好生活的向往，使黄河不仅成为物质生活的支撑，更是心灵寄托的象征。

（一）古诗词中的"言象意"

1. 言——古诗中的精练语言

（1）古诗的语言艺术

"言"在古诗中是通过非常精练的语言表达作者的思想与情感的手段。古代诗歌，特别是中国古代诗歌，以其语言的凝练、节奏的鲜明而独具美学特征。黄河作为古代诗歌中常被提及的题材之一，通过精练的文字描绘，将黄河的壮美与浩渺展现得淋漓尽致。例如，"白日地中出，黄河天外来""黄河落天走东海，万里写入胸怀间"。等诗句通过简练的表达，将黄河的浩渺和时间的流转融为一体。

（2）音韵之美

音韵在古诗中占有重要地位。诗歌的美学价值之一就在于其音韵的和谐。通过对黄河的描绘，诗人在选择用词、排列句子时注重了音韵的统一，使诗句在语音上更具美感。这种音韵之美在诗歌的吟诵中能够产生共鸣，使黄河的形象更加生动。

（3）结构形式与平衡秩序

诗歌的结构形式在"言"的层面上得以体现。古代诗歌往往注重平仄、对仗等技巧，通过这些结构性的手法，将诗歌表达得有韵味。黄河作为古代诗歌中的题材，其描绘往往也遵循特定的结构形式，如《七言·听曲抒怀（八）》即为七绝结构，这种结构形式使对黄河的描绘更富有韵律感。

2. 象——黄河在古诗中的形象

（1）象形字的视觉元素

"象"最初指的是象形字，即以形状模仿事物的字形。在古诗中，黄河的描绘通过诗人的视觉感知得以具象化。通过描写黄河的景象，诗歌中呈现出黄河的形象，使读者能够在脑海中形成对黄河外观的具象。

（2）意象的审美观照

黄河在古诗中的"象"不仅仅是它本身的形象，更是诗人通过审美观照赋予的意象。黄河的形象在诗歌中不仅仅是简单的物理景观，更通过诗人的艺术表达，而富于深刻的内涵。在《夜泊牛渚怀古》中，"牛渚西江月"通过黄河夜色与月光的交相辉映，形成了一幅意境深远的画面。

（3）丰富与完整的象征

黄河在古诗中的"象"不仅仅是其外在形象，更是一个充满象征意义的符号。在古代诗歌中，黄河往往被赋予更为丰富的文化和历史内涵。通过对黄河形象的塑造，诗歌中展现出的并非仅仅是一条河流，更是一个承载着文化记忆、历史沉淀的象征。

3. 意——诗歌作品的内涵与意蕴

（1）内涵和意蕴的传达

"意"是诗歌作品中最深层的表达要素，是创作主体最想要表达的事物与情感。在古诗中，黄河的"意"体现为对黄河文化的丰富思考与情感表达。通过对黄河的描绘，诗人将自己的感悟、理解和情感融入其中，形成了作品中的内涵和意蕴。例如，《别董大·其一》中"千里黄云白日曛，北风吹雁雪纷纷"一句通过对黄河气象的描绘，传达了诗人对黄河广袤、澎湃的情感。

（2）标准与价值的多元体现

不同的环境中，"意"所表达的标准和价值也有所不同。古诗中的黄河之"意"不仅仅是对自然景观的赞美，更是对历史沉淀、文化底蕴的思考。在诗歌中，通过对黄河的描绘，诗人将自身的文化认同、价值观念融入其中，使黄河的形象在文学作品中具有了更为丰富的内涵。

（3）不朽艺术魅力的根本原因

诗歌作品的"意"不仅是作者个体情感的表达，更是文化传承、人类精神追求的凝练。黄河文化通过诗歌作品传达的"意"，承载着时代的风貌、文化的沉淀，具有超越时空的不朽性。这种不朽艺术魅力的根本原因在于诗歌通过"言"和"象"将个体情感与文化内涵相结合，形成了富有深度的艺术表达。

（二）历代黄河古诗词分析

黄河的名号在历史上也有较多变化。在历代有关歌颂黄河的诗词中，黄河曾被称为"上河""中国河""九河""大河"等，后期由于河水中泥沙增加变得浑浊，才有了"浊河"或"黄河"的说法。"黄河"此名称被世人熟知是在唐宋时期。以下是对不同时期部分黄河古诗词的分析。

1. 先秦黄河古诗词（见表 3-1）

表 3-1　黄河相关古诗词部分

古诗词		诗人	诗句	诗意
《诗经》	《周南·关雎》	佚名	关关雎鸠，在河之洲。窈窕淑女，君子好逑。参差荇菜，左右流之。窈窕淑女，寤寐求之。	一个男子在河边遇到一位美丽的女子，于是萌发了爱慕之情，男子对姑娘思念不止，以至梦寐以求，辗转反侧。
	《卫风·硕人》		河水洋洋，北流活活。施罛濊濊，鳣鲔发发。葭菼揭揭，庶姜孽孽，庶士有朅。	黄河之水白茫茫，北流入海浩浩荡荡，下水渔网哗哗动，戏水鱼儿唰唰响，两岸芦苇长又长，陪嫁姑娘身材高，随从男士貌堂堂。
	《陈风·衡门》		衡门之下，可以栖迟。泌之洋洋，可以乐饥。	横木做门简陋屋，可以栖身可以住。泌水清清长流淌，清水也可充饥肠。
	《九歌·河伯》	屈原	与女游兮九河，冲风起兮横波。乘水车兮荷盖，驾两龙兮骖螭。登昆仑兮四望，心飞扬兮浩荡。日将暮兮怅忘归，惟极浦兮寤怀。	河神遨游黄河，驾驭龙车溯流而上，一直飞到黄河的发源地昆仑山。来到昆仑，登高一望，面对浩浩荡荡的黄河，不禁心胸开意气昂扬。所遗憾的是天色将晚还忘了归去。

这些先秦时期的古诗词在描绘黄河文化时，通过对黄河边景物、水势、植物及河伯的描写，展现了当时黄河流域的自然风光和人文风情。这些古诗词不仅是文学艺术的表达，更是对黄河文化的独特见解和情感表达。通过阅读这些古诗词，人们可以感受到先秦时期文人对黄河的景仰、热爱，以及对生活的独特体验。

2. 秦汉黄河古诗词

秦汉时期黄河古诗词相对较少，但汉武帝刘彻创作的组诗《瓠子歌》在这一时期独树一帜。这组诗生动地记录了黄河瓠子河堤决口引发的洪水灾害，展现了汉武帝亲临黄河决口现场治河的壮举。

《瓠子歌》的第一首聚焦于黄河瓠子河堤决口后洪水肆虐的场景，深刻描绘了自然灾害带来的巨大威胁。第二首则主要描述了决口处的战斗，展现了人们为了抵御洪水而进行的激烈拼搏。这组诗不仅是对文学的表达，更是对当时黄河治理工程的真实记录。

汉武帝刘彻亲临黄河决口现场时，即兴创作了组诗《瓠子歌》，这在当时是一次罕见的现场创作。他通过诗歌表达了对治河事业的关切，展示了汉武帝在面对自然灾害时的果敢决策和紧急应对能力。这组诗在形式上叙述了自然灾害的严重性，同时也通过诗意的语言，表达了对治河英雄的敬意和对团结抗洪的呼吁。

这一时期的诗歌，尤其是《瓠子歌》，成为反映汉代治水事迹和黄河灾害的珍贵文献。这些诗作在描绘黄河治理的同时，也反映了当时社会对自然灾害的认知和对抗灾害的决心。

3. 唐朝黄河古诗词

唐代是中国古代诗歌的黄金时期，唐诗以其多样的形式和广泛的题材展示了当时的政治、生活、思想等多个方面。黄河作为中国文化的重要元素，也在唐代诗歌中得到了充分的表达。以下是对唐代黄河古诗词的总结：

例如，李白的《西岳云台歌送丹丘子》。李白的这首诗描绘了黄河奔腾万里的雄壮景象。该诗描绘了黄河的气势磅礴，展现了李白豪情壮志的一面。他以黄河的浩荡为背景，表达了自己追求的宏伟理想，使黄河成为他诗歌表达的重要意象。再如，李白的《将进酒（君不见）》。这首诗通过对黄河水的描绘，表达了李白对黄河的敬仰之情。他将黄河的水比喻为天上的仙水，强调了黄河的神圣和不凡。这首诗使得黄河不仅仅是地理上的存在，更成为精神上的象征。

诗圣杜甫从小就在黄河边长大，对黄河有着不一样的情感。在他一生的命途中，无论在朝为官还是客居他乡，黄河都承载着他家国天下的感怀。其笔下直接写到黄河的有《黄河二首》，这虽不是他的代表作，但也深刻反映出时代特征，体现出他忠诚正直忧国忧民的思想（见表3-2）。杜甫笔下的黄河，超越了对黄河流域外在美的歌颂，借黄河表达悲悯之情的同时，也侧面描绘出了黄河文化性格中的另一面。这些黄河诗作写出了黄河的特征，同时也表达出诗人内心的感情和感受，体现了他昂扬的民族精神和博大的民族胸怀，是黄河诗词中不可缺少的佳作。

表3-2　杜甫黄河相关古诗词部分

古诗词	诗人	诗句	诗意
《黄河二首·其一》	杜甫	黄河北岸海西军，椎鼓鸣钟天下闻。铁马长鸣不知数，胡人高鼻动成群。	作为威震天下的海西军驻地的黄河北岸，今天却成了吐蕃人耀武扬威之地。
《黄河二首·其二》		黄河西岸是吾蜀，欲须供给家无粟。愿驱众庶戴君王，混一车书弃金玉。	黄河西岸是我们蜀中，蜀中长期防御吐蕃，供给大量军需粮草，但是蜀中人民已到了没有食物的境况。

唐代黄河古诗词通过多样的题材和丰富的意象，展示了诗人对黄河的深刻理解和对大好河山的热爱之情。这些诗歌在形式上充分表达了对黄河景观的赞美，同时也传达了诗人对社会、人生、自然的感悟。

4. 宋代黄河古诗词

"派出昆仑五色流，一支黄浊贯中州。吹沙走浪几千里，转侧屋间无处求。"黄河泛滥，波涛汹涌，王安石以雄浑的黄河形象描绘出一幅波澜壮阔的画卷。他关注的不仅仅是河水的气势，更是黄河灾害给百姓带来的深重灾难。通过描绘黄河水势，表达了王安石对自然灾害的关切，体现了王安石对人民疾苦的关怀之情。

苏轼关注黄河的河患问题，通过对黄河河势的描绘，表达了对治理黄河的期望。他以平和的笔调，着眼于实际问题，呼吁人们共同努力治理黄河，展现了他对社会责任的担当。

晁端礼以"黄河清"为题，描绘了一幅清澈明亮的黄河画卷。这与一般人对黄河浑浊的印象形成了鲜明的对比，反映了晁端礼对美好黄河的向往。这种对清澈黄河的描绘，既是对现实的期盼，也是对美好未来的寄托。

这些宋代的黄河古诗词在形式上保持了宋代诗歌的平淡风格，但在内容上表达了对黄河的深情厚谊，凸显了诗人对社会、自然和人民的关怀之情。这些作品既有对黄河景观的细腻描绘，又抒发了对社会问题的关切，为宋代诗歌注入了独特的文学气息。

5. 元代黄河古诗词

（1）李流芳的《黄河夜泊》

李流芳的《黄河夜泊》是一首充满深意的诗篇，通过对黄河夜晚景象的描绘，以及对内心孤寂之感的表达，展现了诗人对黄河文化的深刻思考和对人生意义的探索。

诗中"明月黄河夜"一句，描述了明月高悬，照耀着滚滚黄河的壮观景象，这一景象不仅是对自然景观的描绘，更蕴含了对黄河文化的赞美和敬畏。作者用"寒沙似战场"形象生动地描述了黄河两岸的苍茫与肃穆，将黄河与历史上的战争场景相联系，突显了黄河文化的悠久历史和伟大气象。

黄河奔流不息，发出洪亮的声响，似乎在述说着历史的沧桑和河流的壮阔。这里的黄河不仅是一条普通的河流，更象征着中华文明的源远流长。诗人将黄河比作"奔流聒地响"的形象，表达了他对黄河的景仰和敬畏之情。

（2）谢榛的《渡黄河》

谢榛的《渡黄河》是一首描写黄河壮丽景象的五言律诗。在诗中，谢榛通过生动的描写和深刻的感悟，展现了对黄河文化的赞美和对人生境遇的深刻思考。

首联点题，以古朴雄阔的语言，直接揭示了诗歌的主题，即渡过黄河。这一点题极具气势，为后文的描写和抒发情感奠定了基础。

颔联描绘了日映波涛与风扫岸沙之景，突出了黄河的气势和壮阔。诗人通过描写黄河的自然景观，表现了其浩荡的气势和不可阻挡的力量，同时也暗示了自己人生的坎坷和挑战。

颈联由景而情，虽然慨叹一己之身世，但并不为愁情所困。诗人在面对人生的坎坷和挑战时，并没有沉湎于消极情绪，而是以坦然之心面对，展现出他豁达和坚韧的品质。

尾联则将其微妙的心境，化作一片浑茫而悠远的境界。诗人通过将内心的感悟与黄河的壮丽景象相结合，给人以回味无穷之感，展现了对生命的理解和对自然的敬畏。

整首诗充满了动态感和立体感，状物工妙，充满了豪迈奋发之气。谢榛通过对黄河的描写和对人生的思考，呈现了一幅壮阔而深刻的黄河文化画卷，为后人留下了宝贵的精神财富。

第三节 黄河文化的精神特质

作为中华民族的母亲河，黄河已经在时代的发展与变迁中构建起一种共通的意义空间，从而在文化传播与发展的进程中将大众的思想情感融合进黄河文化。可以说，黄河文化不仅包括黄河流域内人民的物质财富，还包括人民在生产实践中形成的各自的思想意识与价值观念，这些精神财富连同物质财富共同构成了源远流长的黄河文化，具有鲜明的精神特质。

一、坚韧不屈的精神体现

1. 黄河水患治理的长期历史经验

黄河流域长期以来频繁发生的洪水是韧性精神形成的重要历史背景。人们对于治理洪水的历史经验贯穿了整个黄河文化的发展过程。经历水患折磨、生存考验，人们逐渐形成了对抗自然灾害的不屈韧性。

2. 治水工程与防洪体系的建设

黄河文化中的韧性体现在治水工程和防洪体系的建设中。人们在长期的实践中积累了关于水利工程的经验，形成了一套相对完备的治水方案。这种对治水工程的持续努力体现了人们对自然灾害的抗争决心，同样也是人们表现出韧性的源起。

3. 韧性对现代社会的启示

首先，黄河文化的韧性在适应变革方面体现出强大的历史深度。长期以来，黄河流域居民频繁经历洪水、旱灾等自然灾害，这种环境压力促使他们形成了强大的适应能力。每一次灾害都是一次生存的考验，而人们通过对建造治水工程和防洪体系的不懈努力,形成了应对自然灾害的独特经验。这种历史深度为当代社会在面对快速变革的时代背景下提供了借鉴,使人们能够更深刻地理解并应对日新月异的挑战。

其次,韧性的适应性还体现在对科技进步和经济全球化的应对能力上。随着科技的不断发展和全球经济的联系日益紧密,社会结构、产业格局不断发生变化。黄河文化中的韧性使人们能够更好地适应这种快速变化的环境。通过研究黄河流域的历史,我们可以发现人们在面对不同的社会经济形势时,如何调整农业生产方式、发展新的经济支柱,从而维持社会的稳定。这为当代社会在科技进步和全球化潮流中找到了平衡点,为实现可持续发展提供了有益的借鉴。

再次,黄河文化中的韧性不仅仅表现为对外部环境的适应,更表现为对内部心理机制的塑造。人们通过历代的治水工程、祭祀仪式等方式培养了自身对抗自然灾害的不屈韧性。这种心理机制使得人们在面对困境时能够更为坚定、勇敢地应对,因而使他们具备更强的自我调节和心理适应能力。因此,黄河文化中的韧性对于培养当代社会个体的心理健康和适应能力具有积极的启示意义。

最后,黄河文化中韧性的适应性也反映在社会组织和制度的建设上。人们通过建设灌溉系统、开展农业合作等形式,逐渐形成了一套相对完备的社会组织模式,这种模式在面对自然灾害和社会变革时展现出了出色的适应性。在当代社会中,通过对这种社会组织的深入研究,我们可以借鉴其制度建设的经验,以建立更加灵活的和适应性强的社会机制。

二、大公无私的奉献精神

在社会生产与建设的发展中,黄河流域逐渐形成了竭诚为民、奉献社会的精神,这也是中国古代传承下来的重要文化精神,其思想内涵主要体现在以民为本,将民众作为社会生产实践的服务中心,从而在为民服务中实现黄河文化核心内涵的传承。黄帝在治国理政的过程中,主要针对民众的衣食住行等方面进行改造,注重提高民众的生产生活能力,将人文精神与民本主张落到实处。此外,还有古时大禹三过家门而不入,只为率领民众与洪水灾害作斗争的事迹等,这些传说都反映了中华民族自古以来"以民为本"的思想。特别是近现代以来,在鸦片战争、抗日战争及解放战争中,涌现出诸多为国家、为民众奉献自我的英雄事迹,这种一心为民、奉献自我的精神品质,已经成为黄河文化的重要内容。奉献精神在黄河文化中表现为对土地的深厚感情，农耕文化使人们与土地紧密相连，他们认为土地是生命之源，是农业繁荣的基础。因此，人们愿意为土地的肥沃、农业的繁荣而付出辛勤努力，从而展现了一种对土地的深切奉献。面对自然灾害，尤其是洪水和旱灾，黄河文化中的奉献精神得以深刻体现，其中社群的团结是奉献精神的重要表现之一。人们在灾害面前通力合作，共同面对挑战，展现出集体行动和互助奉献的价值观。这种奉献精神不仅体现在物质上的帮助，更表现为心灵上的共鸣和关怀。在这样的精神内涵的引领下，现代社会的奉献精神得到了进一步的发展。具体如下：

第一，奉献精神在黄河文化中扎根于对土地与农耕的深厚情感。黄河流域的农耕文明让人们对土地有着深厚的感情，奉献精神在农业生产的过程中得以体现。个体通过辛勤劳作、耕种土地，追求的不仅仅是自身的利益，更是对社群的奉献。这种奉献精神在黄河文化中被传承，使人们在面对自然灾害时能够更加团结一致，共同应对挑战。同时，在黄河文化中，人们通过共同面对洪水、旱灾等自然灾害，展现出了精诚团结、互助奉献的价值观。这种团结力量不仅在应对自然灾害时表现得淋漓尽致，也在社群生活中构建了和谐的人际关系。通过深入研究奉献精神如何在社群中激发团结与互助，我们能够为当代社会建设更具社会责任感和凝聚力的社群提供借鉴。

第二，奉献精神的传承对于构建社会责任感至关重要。在当代社会，个体主义的盛行导致了人们更加注重个人权益，而奉献精神则提醒人们关注社会整体利益。通过深入研究黄河文化中奉献精神的历史根源，我们能够了解个体如何通过奉献与社会相连，如何体现出个体对社会责任的担当。这对于构建当代社会强烈的社会责任感具有启示作用。

第三，奉献精神对社会和谐的积极作用也表现在对文化传统的继承与发展上。通过深入研究黄河文化中奉献精神在文化传承中的作用，我们能够了解奉献如何成为一种文化价值，如何通过世代相传的方式影响社会价值观念，从而促进社会和谐的发展。这种文化传统的延续为社会提供了稳定的精神支持，构建了更为和谐的社会氛围。

第四，奉献精神在全球化时代背景下具有超越地域的特质。黄河文化中的奉献精神源于对土地、社群的深厚情感，但在全球化的浪潮下，人们对奉献的理解逐渐超越了本土社群。个体意识到自己的行为和决策可能对全球产生影响，从而激发了更为广泛的奉献精神。通过深入研究奉献精神在全球化时代的发展,我们能够理解奉献如何从本土扩展到全球,成为应对全球性挑战的一种积极力量。

第五,全球化时代下的奉献精神对构建全球社会文化有着积极的启示。在黄河文化中,奉献精神通过农耕、社群互助等形式表达;而在全球范围内,奉献精神可以通过共享资源、跨国合作等方式实现。通过深入研究黄河文化中奉献精神的深层次解读,我们可以探讨如何在全球范围内建立相互关爱、共同奉献的社会文化。这种文化将超越国界,促进不同文明之间的融合与共赢,为构建更加和谐的全球社会提供新的思路。

第六,全球化时代下奉献精神的发展需要对文化多样性的尊重。通过深入研究黄河文化中奉献精神的深层次解读,我们就能够理解奉献如何在不同文化背景中表现出差异性。在推动全球奉献精神的发展过程中,应该尊重和保护各种文化的独特性,避免一刀切的全球标准。这有助于构建一个充分尊重多元文化的全球奉献共同体,以更好地促进全球社会的和谐共生。

第七,全球化时代下的奉献精神对解决全球性问题提供了新的视角。通过深入研究黄河文化中奉献精神的深层次解读,我们可以思考如何将奉献的理念应用于全球性问题的解决。例如,气候变化、贫富差距等问题需要全球范围内的合作与奉献。通过促进全球奉献精神的发展,我们可以为全球社会提供更为持续和综合的解决方案。

三、勇于开拓的创新精神

黄河奔流不息,哺育了亿万中华儿女。但是,在黄河流域的建设与发展中,也面临着诸多苦难与斗争。黄河的水患治理、水土流失等问题,都是黄河流域在建设与发展的进程中需要重点解决的问题。古代的大禹、欧阳修、王安石等都进行过黄河水患治理,都在与自然环境的斗争中体现了开拓创新、勇于进取的精神品质。现代的焦裕禄造林防沙,运用多种办法抵御风沙灾害,只为保持黄河流域的土壤。另外,从古代的夸父逐日、精卫填海、愚公移山等神话传说到如今的在以毛泽东为核心的新一代领导人的引领下所形成的井冈山精神、长征精神与延安精神等,都反映了中华民族自强不息、勇于斗争的民族精神。黄河流域孕育出的民族精神在革命先烈的带领下,已经实现了中华民族精神的价值引领,同时也激励着中华儿女不断前行。

四、顺应自然的和谐精神

长期生活在黄河流域的民众,已经逐渐将黄河渗透于日常的生产经营活动中,与黄河相伴相生,并且逐渐形成"天人合一""顺应自然""协调发展"的和谐思想。在中国古代的哲学思想中,老子主张"人法地,地法天,天法道,道法自然",朱熹在《四书章句集注》中提出了人与物是相统一的观点。这些哲学思想主要是针对人与自然的和谐相处所提出来的,主张通过人与自然的协调来实现社会的长效可持续发展。特别是在黄河流域诸多自然灾害频发的地区,在充分利用自然资源的同时需要强调人与自然和谐发展的思想,从而在满足人类生产生活的基础上保证资源的可持续发展。可以说,顺应自然、协调发展的思想是生活在黄河流域的人们在生产实践过程中形成的核心生态观念,这种生态观不仅能够提高我国认识自然、改造自然的能力,而且还能在发展中实现黄河文化的可持续发展。

第四节 黄河文化的参与主体

一、政府、企业、社会组织等在文化传承中的角色

黄河流域从地理范围来看涉及9个省区,其人口众多、地域广阔、风俗各异、诉求不同。这就需要由中央政府牵头制定专项规划、谋划重点项目、加强组织协调,将黄河文化转化为老百姓通俗易懂的故事,尤其是要将黄河文化核心要素凝练成为具有鲜明印记的文化符号,以及将黄河恢宏的史诗绘制成为文化图谱,夯实成为广泛宣传教育的丰厚素材。在加强顶层设计过程中,要挖掘黄河流域不同的文化历史遗迹,强化流域内不同层级的政政合作、政企合作,从而发挥不同地区内的文化优势和企业经济优势,联手打造黄河文化开发保护的有效格局。要建立区域内外相关高校学者联合攻关的智慧平台,丰富黄河文化研究的理论与实践基础,激活保护传承弘扬黄河文化的学理依据和现实回应;完善黄河文化保护体制机制,以政府主导多元参与的格局构建为指引,培育新兴黄河文化产业业态,积极引导慈善组织团体和个人参与黄河文化的保护传承

弘扬工作为抓手，进一步夯实价值转化的体系保障基础；联合开展以史料挖掘、故事呈现、语言文字、动漫、宣传片、舞台剧、城市地标等为主要表现形式的系列黄河文化新型文旅作品，构建历史与现代有关黄河的记忆载体。具体如下：

（一）政府的扶持与引导

1. 制定相关政策支持研究和保护

（1）文化专项资金的设立

政府可以通过设立专项资金，以用于支持黄河文化的研究、保护和传承工作。这种专项资金的设立能够提供财政支持，从而鼓励学者和机构投入更多精力进行深度研究，促进黄河文化的学术研究水平的提升。

（2）提供税收优惠政策

为鼓励更多的学者和机构参与黄河文化传承，政府可以制定税收优惠政策。例如，对从事黄河文化研究的机构和个人给予税收减免或奖励，以提高他们的积极性和投入度。

（3）财政支持的引导

政府的财政支持不仅可以体现在直接的经济资助上，还可以通过引导社会资本参与，建立文化产业基金，激发更多的社会资源融入到黄河文化的保护和传承中。

2. 组织文化活动推广宣传

（1）文化活动的策划与组织

政府可以成为文化活动的主要组织者，策划并组织黄河文化相关的各类活动，如文化节、展览、庙会等。这有助于为公众提供更直观、深入的了解黄河文化的机会，从而激发社会对文化传承更多关注。

（2）媒体宣传与数字化推广

政府可以通过媒体宣传，借助互联网和数字化手段，推广黄河文化。建立专门的数字平台，展示黄河文化的多个方面，包括历史、艺术、民俗等，以实现对黄河文化的更广泛传播。

（3）学校与社区的合作

政府可以与学校、社区合作，将黄河文化的知识融入教育体系和社区活动中，使更多的人能够在学习和生活中接触、了解和传承黄河文化。

3. 加大保护工作力度

（1）建立文物保护法规

政府需要建立健全的文物保护法规，明确黄河文化遗产的保护范围和标准。通过法规的制定，能够形成科学、严格的保护机制，可以有效防止文化遗产的非法开发和破坏。

（2）强化监管机构的职能

政府要强化文化遗产监管机构的职能，加大对黄河文化遗产的巡查和监测力度，确保文物的完好保存。此外，相关监管机构需要及时发现问题并进行干预，防范潜在的文化遗产损害。

（3）与地方社区的合作

政府与地方社区须建立合作机制，形成联防联控的保护网络。地方社区能够更深入了解当地文化特色，通过与政府的合作，实现对黄河文化的有效保护与传承。

（二）企业的赞助与合作

1. 赞助文化活动并提供资金支持

（1）赞助的战略性选择

企业在黄河文化传承中扮演了关键角色，其中赞助文化活动是企业参与的战略性选择之一。通过资金支持文化节、庙会等活动，企业能够积极参与黄河文化的传承，不仅为相关活动提供了资金保障，同时也将企业与文化传承紧密联系在一起。

（2）促进传承活动的顺利进行

企业的赞助可以促进黄河文化传承活动的顺利进行。通过资金的注入，活动得以顺利开展，不仅推动了黄河文化的传承，也为企业树立了社会责任形象，赢得了社会和公众的认可。

2. 与文化机构合作推动商业化运作

（1）文化创意产品的研发

企业可以与文化机构合作，共同开展文化创意产品的研发工作。通过整合企业的市场运作经验和文化机构的专业知识，可以推动黄河文化更好地融入市场，并形成具有商业价值的文化产品。

（2）文化产业的繁荣

合作推动黄河文化的商业化运作不仅有助于文化的传承，同时也促进了文化产业的繁荣。通过商业化运作，企业能够在推动文化传承的同时实现自身经济效益，形成良性循环。

3.提升社会责任形象

（1）社会责任的展示

企业通过参与黄河文化传承提升了自身的社会责任形象。积极投身文化传承活动，不仅是对传统文化的尊重，也是对社会责任的积极践行。这有助于企业树立良好的社会形象，增强社会对企业的认同感。

（2）公众关系的促进

企业参与文化传承不仅仅是通过单纯的资金支持，更是通过积极参与社会活动与公众建立更紧密的联系。这种积极参与有助于促进企业与社会之间的公众关系，增强企业在社会中的认知度和好感度。

（三）社会组织的组织与推动

1.参与并积极组织文化活动

（1）文化活动的策划与执行

社会组织在黄河文化传承中扮演着组织者和推动者的关键角色。通过积极组织文化活动，如展览、座谈会等，社会组织能够有效推动黄河文化的深度传播。同时，组织这些具有深度的文化活动有助于引发公众对黄河文化的浓厚兴趣，提高社会对其关注度。

（2）公众参与的引导

社会组织通过积极组织文化活动，能够引导公众更深度地参与其中。通过与公众互动，社会组织可以了解公众需求，促使文化传承更贴近社会需求，从而更好地推动黄河文化的传承。

2.专业优势推动文化保护

（1）专业讲座的举办

一些专注于文化保护的社会组织可以通过举办专业讲座，将专业知识传递给公众，以推动对黄河文化的深度传播。这有助于提高社会对黄河文化的认知水平，形成对文化保护的共识。

（2）展览和研究项目的推动

文化保护组织通过展览和研究项目的推动，能够深入挖掘黄河文化的内涵，同时通过专业手段推动对文化遗产的保护。这有助于确保黄河文化得以更好地传承，减缓文化遗产的流失和破坏。

3. 促进文化项目合作

（1）合作平台的搭建

社会组织可以促进文化项目的合作，通过搭建合作平台，整合政府、企业等各方资源，形成合力推动黄河文化的可持续传承。这种合作机制有助于资源共享，有助于提高传承工作的效率和深度。

（2）社会组织的协同作用

社会组织在推动文化项目合作中发挥协同作用，通过与不同领域的合作共同推动文化传承工作。这有助于形成跨领域、全方位的文化传承合作，从而推动黄河文化在多个层面上的传承和发展。

（3）社区文化节庆的举办

作为黄河文化传承的重要载体，社区参与是推动文化传承的关键一环，社区的活动不仅仅是文化的传递者，更是文化传承的互动平台。通过社区参与，可以将黄河文化融入当地居民的日常生活，实现文化传承的地方化和贴近性。组织社区活动，如传统节庆、民俗表演等，有助于激发社区居民对黄河文化的兴趣和参与欲望。通过这些活动，居民能够更加直观地感受到文化的魅力，从而主动参与到文化传承的过程中。

首先，社区文化节庆作为将文化传承融入人们日常生活的有效途径，具有深远的意义。在当代社会，文化传承已经不再是孤立的历史遗产，而是与人们的生活息息相关。通过社区文化节庆，我们可以将黄河文化融入人们的日常生活中，让文化传承成为一种生活方式。这种文化融入有助于增强社区居民对文化的认同感，使文化传承更加贴近人心。

其次，社区文化节庆的成功举办需要多样化的文化活动设计。这包括传统的文艺演出、手工艺品展示、文化讲座等形式。通过多元化的文化活动，能够吸引不同年龄层次、不同兴趣爱好的居民参与，使文化传承活动更具包容性。例如，可以组织传统音乐与现代流行音乐的融合演出，或开设古代传统手工艺品制作的工作坊，让居民在参与中体验到文化传承的乐趣。

再次，社区文化节庆强调社区居民的参与性。通过鼓励居民参与文化活动的策划与组织，可以激发他们的主人翁意识，增强对文化传承的责任感。社区居民可以通过展示自己的才艺、分享家族传统等方式参与其中，形成一种群策群力的文化传承模式。这样的参与性活动不仅能够激发创造力，也有助于形成更加丰富多彩的文化景观。

最后，社区文化节庆需要建立长效机制，确保文化传承活动的持续影响。通过建立文化节庆档案、设立文化传承基金等方式，保障活动的长期进行。同时，定期评估和调整文化节庆的组织形式，根据居民的反馈意见进行改进。社区文化节庆的长效机制不仅有助于巩固文化传承成果，还能够为社区居民提供一个稳定的文化参与平台，培养他们对黄河文化的浓厚兴趣。

当前，保护传承弘扬黄河文化已经成为落实黄河流域生态保护和高质量发展国家战略的重要内容，既要立足当下更要着眼未来。为此，应坚持"着眼大局、立足长远、围绕根本、抓实当前"的原则，统筹做好"十四五"时期黄河文化品牌的战略规划布局，在高度上积极拓展、开放视野，不断扩大"朋友圈"，整合跨空间文化资源构建国际化格局；在宽度上从黄河文化中汲取创新动力，打造良好运营环境，整合零散文化资源向产业化发展转型；在深度上强化同根同源的民族认同，充实黄河文化内涵促进品牌化进程；在维度上积极打好组合拳，借助文旅深度融合拓宽艺术化载体。大数据时代为传递黄河声音、展示河南形象提供了便利条件，更为用黄河故事打动中国，用"河南流量"引领世界，提升黄河文化的全球吸引力、辐射力和感召力提供了新的机遇，对于以数字化、国际化、时尚化、品牌化的方式保护传承弘扬黄河文化发挥着重要作用。

二、公众参与互动的重要性

（一）公众教育与文化认知

1. 黄河文化宣传的重要性

首先，通过举办讲座、展览、培训班等形式的公众教育，使社会大众更直观地接触和了解黄河文化。这些活动旨在有效提高公众对黄河文化的认知水平，将文化传承任务引入公众的视野。

其次，采用专业的传授方式，如由学者、文化专家主讲的讲座等，向公众传递关于黄河文化的深度知识。通过专业性的传播，公众能够深入了解黄河文化的历史渊源、精髓内涵，从而形成对这一文化传统的深刻认知。

2. 学校教育的关键性

学校教育在公众教育中扮演着关键性的角色，应加强对黄河文化的课程设置，使学生在成长过程中建立对这一文化的深刻理解。黄河文化应融入学科体系，形成全面的文化课程，以确保学生在学业中全面认知和体验这一丰富的文化。在此过程中，我们需要明确在学校教育中强调黄河文化的地位。黄河文化作为中华文明的源头，对于让下一代了解中国传统文化有着不可替代的重要性。因此，学校教育应当将黄河文化融入相关的教学内容中，使学生在学习的过程中对这一文化有更深入的认识。同时，学校教育应当实现黄河文化的多层次教学。从小学到高中，逐渐深入，将黄河文化渗透到各个学科中，包括历史、地理、文学、艺术等。通过逐级递进的教学设计，使学生在不同阶段对黄河文化的理解更加深入。此外，学校教育可以通过实地教学与文化体验的结合，使学生更直观地感受到黄河文化的魅力。组织学生参观黄河流域的历史遗迹、博物馆，亲身体验传统手工艺，通过这些实际活动激发学生的学习兴趣，使他们对黄河文化有更加深刻的认知。学校教育应当注重培养学生的文化传承责任感。通过开设相关的文化传承课程，引导学生认识到自己是中华文明的传承者，由此激发他们对传统文化的热爱和责任感。同时，通过参与文化传承项目、社区活动等方式，使学生能够在实际中发挥作用，将学到的知识转化为实际行动。此外，培养新一代对文化传统的兴趣是学校教育的目标之一。通过激发学生对黄河文化的兴趣，学校能够在灌输学科知识的过程中，培养学生对这一文化的浓厚兴趣和热爱。这种文化情感将为未来的文化传承奠定坚实基础。

3. 志愿者队伍的建设

首先，我们需要关注青年志愿者队伍的组建。通过在学校、社区等地设立黄河文化志愿者招募站点，吸引并组建青年志愿者队伍。这可以通过校园招募、宣传推广及线上线下招募活动等方式来实现。建立一个充满活力的志愿者团队是推动黄河文化传承的重要力量。

其次，我们需要精心策划和实施志愿者服务活动。这包括组织参与考古挖掘、博物馆讲解、文化节庆活动等，使青年志愿者亲身参与到黄河文化传承的实践中。这样的服务活动不仅可以让志愿者深入了解黄河文化，还能够激发他们的爱国情怀和文化自信。

再次，我们要注重培养青年志愿者的专业素养。为志愿者提供系统的培训，包括黄河文化的历史、艺术、考古等方面的知识，使他们在服务过程中能够更全面、深入地理解和传播黄河文化的内涵。通过专业培训，青年志愿者们可以更好地胜任文化传承的工作。

最后，我们需要建立持续的激励与评价机制。通过建立志愿者服务时长、服务质量等评价标准，并设立奖励机制，激励青年志愿者更加积极主动地参与到黄河文化传承的工作中。同时，定期开展经验交流会及表彰先进个人，可以建立起一个良好的志愿者文化氛围，促使更多青年积极投身到文化传承的事业中。

（二）数字化互动与文化传播

1. 互联网时代的新机遇

（1）数字化平台的建设

在数字化时代，互联网为传承黄河文化提供了新的机遇。通过建设数字化平台，如在线博物馆、文化论坛等，可以为公众提供便捷的获取和分享文化资讯的途径。这些平台不仅可以展示黄河文化的丰富内涵，还能够借助现代技术手段，使文化传承更具趣味性和互动性。

（2）全球性传播的拓展

互联网使信息传播的范围不再受限于地理位置。黄河文化通过数字化平台可以实现全球性传播，吸引更广泛的受众参与文化传承。不同地域、文化背景的人们都有机会深入了解黄河文化，形成跨文化的交流与互动，为文化传承注入新的活力。

2. 社交媒体的推动作用

（1）多样性和魅力的展示

通过社交媒体平台，可以展示黄河文化的多样性和魅力。以图片、视频等形式的展示能够直观地呈现文化的风采，激发公众对文化传承的兴趣。因此，社交媒体的传播方式更加轻松、易于传播，能够快速引起关注。

（2）跨越时空的传播

社交媒体的传播力量使文化传承不再受限于地理位置和时间。通过社交媒体平台，可以实现文化传承的跨时空传播。即人们可以随时随地通过手机、电脑等设备参与文化活动，加深对黄河文化的理解，形成全时段、全方位的文化传播。

3. 实现文化传承的跨时空传播

（1）满足不同层次、不同地域的需求

数字化互动不仅能够满足不同层次、不同地域的公众需求，还能够适应不同年龄、文化背景的参与者。通过多样化的互动方式，可以吸引更广泛的人群参与到黄河文化的传承中，形成多元化的参与格局。

（2）全球性传播的促进

数字化互动为实现文化传承的全球性传播提供了有力支持。通过在线互动、虚拟展览等形式，可以让更多的国际受众了解和参与黄河文化的传承。全球范围内的参与者可以通过数字平台共同交流，促进不同文化间的相互了解，推动黄河文化的国际传播。

第四章

保护传承弘扬黄河文化的基本现状

第一节 保护传承弘扬黄河文化的顶层设计

一、黄河国家战略的制定背景

2017年10月党的十九大报告提出的"要推动中华优秀传统文化创造性转化、创新性发展"为文化建设提供了新的指向。2019年9月召开的黄河流域生态保护和高质量发展座谈会,以及2021年10月发布的《黄河流域生态保护和高质量发展规划纲要》等举措,对保护传承弘扬黄河文化作出了具体部署,也标志着黄河文化保护传承弘扬有了"路线图""时间表"。从历史传承看,黄河文化孕育了厚重的中国国家文明,承载着中华民族精神生生不息的根脉,凝结着深沉的人文情怀与哲学理念,是中华文化源远流长、向外延展的精髓。从现代发展看,构建黄河文化保护传承弘扬的历史与现代体系,是不断坚定文化自信,增强国家综合竞争力的关键。

(一)现实依据

一是从资源重要性角度看,黄河作为中国第二长河,自古以来一直是中华文明的摇篮,孕育了丰富的文化和历史资源。国家逐渐认识到黄河流域的战略地位，它不仅仅是丰富的自然资源，更是中国传统文化的代表。

二是从经济发展角度看，黄河流域涵盖了多个省份，对于国家的经济发展有着重要的支撑作用。因此，国家层面迫切需要制定一项战略来推动黄河流域的高质量发展，实现经济可持续增长。

三是从生态环境角度看，黄河流域的生态环境问题一直备受关注，尤其是加强对黄河的治理及保护水资源成为国家环保战略的一部分。黄河战略的制定在一定程度上也是为了实现生态平衡。

四是从自然灾害防范角度看，黄河流域常年面临水患、干旱等自然灾害的威胁，为了更好地应对这些灾害，需要制定全面的战略来规划河流的治理和水资源的合理利用。

五是从文化传承角度看，黄河流域承载着丰富的历史文化，为了保护和传承这一宝贵的文化遗产，需要有系统的战略来推动黄河文化的传承。

（二）战略定位

一是实现高质量发展。黄河战略将流域内的经济、社会、环境等各个方面的发展纳入考虑，强调高质量发展的理念，而非简单的经济增长。

二是促进多方合作。通过多方参与，包括政府、企业、社会组织等，共同制定战略，实现各方的合力发展，推动黄河流域全面进步。

三是完善相关政策，主要涉及生态环境保护政策和经济激励政策。制定生态环境保护政策，旨在加强对黄河流域生态系统的保护，解决水土流失、荒漠化等问题，实现流域的可持续发展；提供支持黄河流域经济多元化的政策，旨在鼓励创新，推动产业结构的优化，提高流域内居民的生活水平。

四是实现黄河文化传承与弘扬。要指定专门的文化遗产保护政策，加强对黄河流域内历史文化遗迹、传统手艺等的保护，确保这一珍贵的文化宝藏能够传承下去；要推动黄河文化的教育工作，从学校层面加强对黄河文化的教育，培养新一代对传统文化的认同感和热爱。

（三）预期效果

首先，通过制订详细的实施计划，对关涉黄河的相关内容进行科学的规划，确保各项措施能够有序实施，有计划地将战略分阶段实施，推动各个项目有序展开。特别是涉及生态保护、经济发展、文化传承的项目等都需要有具体的推进计划和实施方案。

其次，建立健全的数据监测体系，对黄河流域的生态状况、经济指标、文化传承等方面的数据进行实时监测。通过对数据的分析，及时调整战略的实施方向。

再次，在实施的过程中建立评估机制，对每个阶段的实施效果进行评估。要重点关注生态环境的改善、经济发展的效果、文化传承的成果等方面，及时总结经验、调整战略。

最后，通过一系列的计划性推动，旨在：①改善生态环境，在水土保持、植被恢复等方面取得显著成效，黄河地区生态系统逐渐恢复平衡；②促进黄河流域的经济实现高质量发展，新兴产业的发展带动就业增长，居民生活水平明显提升；③使黄河文化得到有效保护、传承和弘扬，文化遗产得到合理利用，各类文化活动蓬勃开展，成为推动当地文化繁荣的重要力量。

因此，黄河战略的制定不仅是对黄河流域发展的全面谋划，更是对国家文化传承、生态保护、经济发展的整体战略部署。通过科学规划、项目推进、监测与评估等环节的有机衔接，黄河战略的实施有望实现多方共赢，从而促进流域的全面发展，推动中国在经济、文化、生态等各个方面取得更加显著的成就。

二、相关政策体系的不断完善

（一）制定黄河文化发展的相关政策

近年来，国家对黄河流域的发展制定了一系列政策，如2021年10月中共中央、国务院印发的《黄河流域生态保护和高质量发展规划纲要》，也出台了一系列促进文化发展的文件等，都为黄河文化保护传承与弘扬创造了新的机遇（详情见表4-1）。

表4-1 国家层面出台的文化发展相关政策文件（部分）

时间	文件名称	主要内容
2016.5	《关于推动文化文物单位文化创意产品开发的若干意见》	重视文化、科技、旅游等各类产业的融合，开发更加具备自身特色的文创产品
2017.5	《国家"十三五"时期文化发展改革规划纲要》	开展优质休闲娱乐消费活动，发展现代高端服务业

续表

时间	文件名称	主要内容
2018.3	《国务院办公厅关于促进全域旅游发展的指导意见》	加大旅游产业融合开放力度,增加创意产品、体验产品、定制产品,发展融合新业态,增加有效供给
2019.8	《关于促进文化和科技深度融合的指导意见》	把握文化科技发展趋势,激发各类主体创新活力,创造更多文化和科技融合创新性成果
2022.12	《关于开展国家文化产业和旅游产业融合发展示范区建设工作的通知》	弘扬革命文化,传承中华优秀传统文化,鼓励开发文化主题旅游线路和产品,提升旅游产品和服务的文化内涵
2023.2	《关于推动非物质文化遗产与旅游深度融合发展的通知》	坚持以文塑旅、以旅彰文,推动非物质文化遗产与旅游在更广范围、更深层次、更高水平上融合,让旅游成为弘扬中华优秀传统文化的重要载体

黄河沿线9个省、自治区亦纷纷出台相关政策,提出具体举措,为全面推进黄河流域高质量发展提供了重要保障(详情见表4-2):

表4-2 沿黄9省、自治区相关政策条例及开发举措(部分)

省份/自治区	相关政策条例	黄河文化特色开发措施
青海	《关于挖掘青海黄河文化资源推动文旅产业发展的提案》《海东市河湟文化保护条例》《保护传承弘扬黄河文化海东宣言》	建立并完善黄河文化的协同联合机制;建立共同体保护机制;深刻挖掘黄河文化的内涵,加大资源转化文旅产业的力度;建设文化博物馆等重点文旅项目
四川	《四川省黄河文化保护传承弘扬专项规划》《四川省黄河国家文化公园建设保护规划》	举办黄河文化旅游节;建设黄河国家文化公园;打造黄河流域文化遗产线路;建设"黄河天路"国家旅游风景道和黄河大草原文化旅游区
甘肃	《甘肃省非物质文化遗产条例》《甘肃省黄河流域非物质文化遗产保护规划》	鼓励支持黄河、长城、长征国家文化公园建设;构建黄河上游生态保护"一带四区多点"空间布局;着力构建黄河文化标志性场馆群
宁夏	《黄河流域宁夏非物质文化遗产保护传承弘扬专项规划》《宁夏回族自治区非物质文化遗产保护条例》	将旅游路线融入黄河流域非物质文化遗产与文化中,重点突出黄河文化主题;开展文物保护利用工作和非物质文化遗产传承保护工作,建设黄河国家文化公园

续表

省份/自治区	相关政策条例	黄河文化特色开发措施
内蒙古	《内蒙古自治区黄河流域生态保护和高质量发展规划》	推动黄河国家文化公园建设；扩建内蒙古黄河文化博物馆；整合黄河流域馆藏文物数字化信息构建智慧博物馆体系
山西	《山西省黄河流域非物质文化遗产保护传承弘扬专项规划(2021—2035年)》《黄河长城太行三大品牌建设年行动方案》《关于加强黄河文化遗产保护的实施意见》	建设山西段黄河国家文化公园；打造山西特色的黄河流域非物质文化遗产品牌；推出山西黄河文化特色的主题旅游线路、旅游产品；围绕黄河品牌、编辑出版系列宣传册、图册及系列丛书
陕西	《陕西省黄河文化保护传承弘扬规划》《陕西省关于加强黄河文化教育工作的实施意见》《陕西黄河文化保护传承弘扬三年行动计划(2022—2024年)》	开展黄河文化研究和品牌建设；每年推出6~8项高质量研究成果，组织编撰"黄河文化研究丛书"；加强黄河国家文化公园建设；培育"四大"黄河IP
河南	《黄河国家文化公园（河南段）建设保护规划》《河南省"十四五"文化旅游融合发展规划》	建设黄河国家博物馆；黄河悬河文化展示馆；发展黄河主题民宿，培育沿黄精品民宿带
山东	《山东省黄河流域生态保护和高质量发展规划》《山东省非物质文化遗产条例》	打造"黄河入海"品牌；建设"黄河故道"生态文化旅游协作区；培育黄河故道旅游精品；办好黄河文化旅游节等节会

（二）依据各自优长出台分类举措

黄河流域是一个泛地理概念，其线路长、涉及地域广、人口众多、环境复杂，覆盖我国东、中、西三大板块。具体包括山西、内蒙古、山东、河南、四川、陕西、甘肃、青海、宁夏等9大省、自治区。从经济水平看，涵盖"十三五"时期上、中游脱贫攻坚主战场、下游人口聚集大省，以及少数民族集聚区、革命老区和高寒山区，是区域协调发展的重要战略要地。这些省份拥有不同特色的文化遗产，为黄河文化的保护、传承与弘扬提供了丰富的灵感和素材。

山西省是黄河流域研究探索人类起源、农业起源、文明起源的重要地区，是研究三晋文化的核心地区。山西省出台的《关于加强黄河文化遗产保护的实施意见》明确提出对黄河文化遗产的分类保护和综合保护措施，致力于将地域文化与黄河文化相结合，有效地保护黄河文化遗产的完整性。

黄河孕育了5大古都，其中有4座位于河南省，这为打造创意文化产品提供了源源不断的历史遗迹和文化底蕴，在挖掘历史记忆和传承文明方面有着得天独厚的优势。河南省颁布的《河南省"十四五"文化旅游融合发展规划》提出了发展黄河文化旅游、黄河文化体验和黄河文化艺术等方面的措施。这些政策为当地的文化产业发展提供了有力支持，使旅游成为当地经济发展的新动力。

陕西省是黄河文化的核心地区之一，以关中地区为中心形成了黄河流域古代城市轴带。这里有丰富的地域文化，为文化发展提供了丰富的历史元素。

宁夏回族自治区是多民族聚居的地方，有着丰富的黄河文化遗迹。其引黄古灌区甚至入选了世界灌溉工程遗产名录。这种丰富多元的文化背景为黄河文化发展提供了多样性和独特性。

内蒙古自治区拥有珍贵的古城遗址、长城遗址、游牧文化遗址等，为国家考古遗址公园建设提供了丰富的资源。这为黄河文化发展提供了广阔的发展空间。

九曲黄河奔腾入海，留下了丰富的文化遗迹，为齐鲁文化的形成作出了巨大贡献，山东的文化传承为黄河文化发展提供了深厚的历史积淀。

以四川盆地为中心的巴蜀文化区深受黄河文化的影响，这里有丰富的文化资源，可以推动文创产品在地域特色和文化内涵上的发展。

青海省与宁夏回族自治区相同，是多民族聚居的地方，拥有着丰富的黄河文化遗迹。其文化多元性为文化产业提供了多样性的素材，并在突显不同民族、不同地域文化的交融和共生基础上使其更具独特性。

甘肃省内黄河流域不可移动文物占全省76%，这为黄河文化产业提供了丰富的历史遗产。

第二节 保护传承弘扬黄河文化的具体行动

一、黄河文化保护传承的实际进展

(一)文化保护的战略布局

1. 设立专项机构

黄河文化的保护离不开专业机构的支持和协调。国家层面可以设立专门的黄河文化保护传承机构,其任务包括:

(1)责任明确

确保机构的责任和任务明确,使其成为统筹黄河文化保护工作的核心力量。机构须负责协调各级政府、企业、社会组织等各方面资源,推动文化保护传承的有序进行。

(2)政策支持

机构可制定并推动相关政策,通过激励措施、奖励机制,推动黄河文化保护工作。同时,建议机构与相关领域的专业人才密切合作,制定可行的政策和措施。

2. 文化资源整合

(1)文化资源库建设

建立黄河流域的文化资源库,将各地丰富的文化遗产、文物等整合入库,以便更好地进行保护、研究和传承。文化资源库的建设需要利用现代科技手段,实现对文化资源的数字化管理,方便更多人了解和利用这些宝贵资源。

(2)整合机制

建立流域范围内的文化资源整合机制,促使各地协同开展保护和传承工作。整合机制不仅包括实物文化遗产的整合,还须考虑到非物质文化遗产,如语言、传统工艺等。

（二）文化传承的实践项目

1. 项目展示

（1）历史研究项目

启动黄河文化的历史研究项目，聚焦黄河流域各时期的文化特点、演变过程等。通过考古发掘、文献整理等手段，还原黄河文化的历史画卷，为后续的传承工作提供有力支持。

（2）文物保护项目

重点推动对黄河流域内重要文物的修复和保护工作，确保这些宝贵的文物能够得以完整传承。此外，保护项目须充分考虑科技手段的应用，提高文物保护的科技含量。

2. 吸引专业人才

（1）人才引进计划

建立人才引进计划，吸引具有文化保护、历史研究等专业背景的人才参与黄河文化传承工作，包括考古学家、文化遗产保护专家、历史学者等，这些人才为黄河文化传承注入新的思想和动力。

（2）专业培训机制

设立专业培训机制，通过与高校、研究机构等合作，开展与黄河文化传承相关的培训课程。其培训内容涵盖文物保护技术、考古发掘方法、非物质文化遗产的传承等多个方面，通过培训来提升从业人员的专业水平。

二、黄河文化主题公园及文化产业发展

黄河国家文化公园作为一项国家级文化工程，在促进沿黄省、自治区实现经济转型、产业升级和乡村振兴方面扮演着关键角色。这体现了国家在大江大河文化生态保护发展领域的卓越综合治理能力和现代化治理水平，是推动黄河文化可持续发展、实施文化强国战略的战略性举措。

（一）黄河国家文化公园建设的时代价值

国家文化公园是基于新时代中国特色社会主义各项事业取得巨大成就的大背景而适时提出的，既是新时代中国特色社会主义全面繁荣兴盛的表现，也是进一步促进中华文化繁荣发展、推进中华民族伟大复兴进程的一项国家级的文

化工程，具有重要的时代价值（如图4-1）。

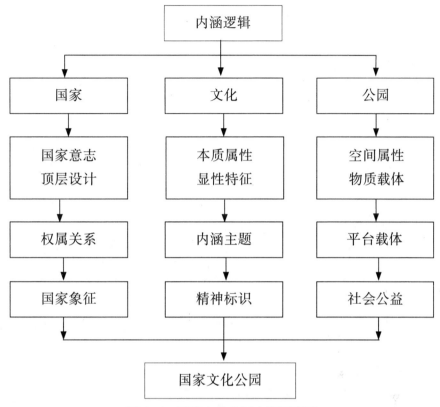

图 4-1　国家文化公园内涵示意图

1. 经济价值：黄河国家文化公园是沿黄省、自治区实现经济转型、产业升级和乡村振兴的有效抓手

黄河国家文化公园作为一项国家级文化工程，不仅在促进沿黄省、自治区实现经济转型、产业升级和乡村振兴方面发挥着有效作用，同时也成为推动黄河流域生态保护和高质量发展的关键支撑。当前，黄河流域经济社会发展整体滞后，面临产业结构滞后、资源环境压力大等问题，而黄河国家文化公园的建设为该区域提供了全新的发展路径。

在产业结构方面，黄河流域主要以第二产业为主体，其中初级加工业占比较高，而第三产业比重相对较低。这种结构使得沿黄各省、自治区在面临自然资源能源的不可再生性和生态环境治理等压力时，亟须进行经济结构的调整和产业升级。而黄河国家文化公园的建设为这一转型提供了契机，通过依托丰富的历史文化和生态景观资源，可以推动全域旅游的壮大，同时也能够打造国家公园品牌型旅游产业，从而促使文化旅游产业与农业、水利、制造业等深度融合，实现区域产业结构的调整和经济的转型升级。

此外，黄河国家文化公园的建设也涉及海量文化文物资源的挖掘与利用。目前，尽管黄河流域拥有丰富的文化遗产，但其潜力和优势尚未得到充分发掘。通过文化公园的建设，可以更好地挖掘这些资源，推动文物资源的数字化保护传承和新业态的培育。这不仅有助于加强地域文化的传承，还能够为文化旅游业的发展提供更为丰富的内容，吸引更多游客，进而推动相关产业的蓬勃发展。

黄河国家文化公园建设的经济效益不仅仅体现在旅游业的发展，更关乎沿线贫困地区的发展。通过释放政策红利，如在园内允许符合条件的本地居民从事相关生产经营活动，或对土地、农田、牧地进行生态补偿等，文化公园建设为当地居民提供了就业机会和收入来源。同时，公园建设也促进了沿线村庄基础设施、公共服务等方面的完善，为乡村振兴提供了有力支持。

因此，黄河国家文化公园的建设不仅有助于经济的可持续发展，也为沿黄地区提供了实现高质量发展、产业结构调整和乡村振兴的战略路径。在这一推进过程中，我们需要充分考虑沿线村庄居民的利益，通过科学规划和有效治理，确保公园建设和地方居民的共同繁荣。

2. 政治价值：黄河国家文化公园体现了我国在大江大河文化生态领域的治理体系和治理能力

黄河国家文化公园的建设体现了我国在大江大河文化生态领域的治理体系和治理能力的现代化水平，是对黄河流域生态保护和高质量发展战略的重要实践。这一战略作为我国大江大河治理的新标杆，涵盖了对自然生态和文化生态的全面保护和治理。

在国家发展战略中，文化被视为国家和民族的魂，是治理国家的重要组成部分。建立国家公园体制是推动自然生态保护领域治理体系和治理能力现代化的关键举措，而建立国家文化公园体制则在文化生态系统领域实现治理体系和治理能力现代化中提供了有效手段。文化生态系统包括文化、自然环境、生产生活方式、经济形式、语言环境、社会组织、意识形态、价值观念等多个方面，具有动态、开放、整体的特点。黄河国家文化公园作为一个系统性治理工程，旨在对黄河文化生态系统进行整体性、科学性、创新性的治理。

整体性治理涉及多个方面，包括自然生态保护、文旅产业发展、文化生态系统保护、城镇化建设、园区治理等。为平衡各方关系，需要处理好中央和地方、政府与市场、政府与民众，以及当地居民与外来游客之间的多重矛盾。科学性治理要求对黄河国家文化公园进行科学化、智慧化、精准化、数字化、现代化的治理，以充分发挥现代科技手段在管理中的作用。创新型治理则需要根据国情和地方特色，构建适应黄河国家文化公园治理的新体制、新机制、新模式，来考验政府治理能力的现代化水平和综合治理能力。

同时，黄河国家文化公园的治理也涉及认定标准、管理机构、运行机制和法律保障等方面的问题，是对国家治理水平的全面考验。在推动治理体系和治理能力的现代化过程中，政府需要不断创新管理理念，提高对复杂多变情况的应对能力，从而确保文化生态系统的可持续发展。

因此，黄河国家文化公园的建设既是对我国在文化生态领域治理的重要实践，也是对国家治理水平的全面挑战，需要政府以先进的治理理念和手段，推动黄河文化生态系统的保护与发展，实现文化治理的现代化。

3. 文化价值：黄河国家文化公园是实现文化可持续发展和文化强国战略的重要举措

黄河国家文化公园的建设体现了我国在文化领域实现可持续发展和文化强国战略的战略性举措。随着全球化的深入，各国之间文化多样性面临着威胁，因此保护和传承本土文化显得尤为重要。黄河文化作为中华民族的母亲河文化，具有悠久的历史和博大精深的内涵，是中华传统文化的重要组成部分，也是世界文化宝库的一部分。建立黄河国家文化公园旨在通过国家层面的保护和发展，实现对黄河文化的可持续发展。

黄河国家文化公园的建设是对黄河文化资源进行全面挖掘、保护、传承、发展的手段。当前，黄河沿线的省市虽然拥有丰富的黄河文化资源，但部分文物资源尚未被充分发掘、认识和研究，存在保护不足、宣传不到位、利用不足、传承不够等问题。通过建设黄河国家文化公园，可以调动全国的力量，对黄河文化资源进行全面的梳理、研究和保护，进一步强化文化传承，使中华传统黄河文化得以完整、完好地传承下去，实现文化的可持续发展。

此外，黄河国家文化公园的建设也是我国实施文化强国战略的一项重要战略举措。由中共中央办公厅、国务院办公厅印发的《"十四五"文化发展规划》

提出了建设黄河国家文化公园的目标，旨在打造具有国际影响力的文化遗产廊道和文化旅游带。黄河作为中华民族的象征，在国际上具有较高的声誉。因此，通过国家层面对黄河文化的保护和传承，有助于更好地展示中华民族文化的独特魅力、革命文化的丰富内涵，以及社会主义先进文化的时代价值。这一战略举措将进一步提升中华文化在国际上的传播力和影响力，为实现文化强国战略奠定坚实基础。

因此，黄河国家文化公园的建设既是对黄河文化可持续发展的有力推动，也是实现文化强国战略的关键路径，体现了我国对文化资源的全面保护和对国家文化软实力的提升的战略性重视。

（二）黄河国家文化公园建设的实施路径

针对黄河国家文化公园建设中存在的诸多问题，从推进国家文化公园管理体制机制改革、强化数字化技术支撑等方面提出了相应的对策。

1. 管理机制：形成"中央统筹+省负总责+市县抓落实"工作机制和多元管理体制

（1）组织管理机制

目前，世界各发达国家在公园管理机制上主要采取三种不同的模式，分别是中央垂直管理型（以美国为代表）、地方管理型（以德国为代表）及混合管理型（以韩国为代表）。鉴于黄河国家文化公园项目的复杂性——其涵盖省市众多、涉及范围广泛、工程规模大、区域环境及社会经济环境异质性强、项目类型繁多、资金需求庞大等基本情况，建议采用"中央统筹+省负总责+市县抓落实"的中央垂直型组织管理模式。

在这一管理模式下，"中央统筹"指在党中央、国务院层面进行全局设计，并负责整体规划和总体部署黄河国家文化公园的人、事、财、物。这涵盖了对国家级文化工程项目建设的质量监督、评估和考核，从而保障国家文化公园的建设、管理和运营具备持久性和专业性。为此，建议在国务院文旅部下设国家文化公园管理局作为常设机构，全面协调和管理全国各地的国家文化公园建设工作，取代国家文化公园建设工作领导小组办公室的职能。

"省负总责"则是指各沿黄省份的党委对本省内的黄河国家文化公园建设工作负总责，发挥政府的主导作用。在这一模式下，各省要设立省级黄河国家文化公园管理厅，成立黄河国家文化公园管理委员会，负责规划政策、法规制定、资金分配、项目规划、人员配置等省级层面的管理工作,并统筹协调省内市县、部门之间的建设工作。

"市县抓落实"是黄河国家文化公园建设的最重要保障机制,各市县级别需要成立黄河国家文化公园管理中心作为常设机构,专门负责政策文件的实施、项目规划的具体执行、公园建设管理的实际工作,确保建设和管理的责任分工明确、清晰,责任到人。

这种中央垂直型的组织管理模式,旨在通过中央的整体规划与协调,省级的总负责与统筹,以及市县级的具体实施,形成高效的管理机制,确保黄河国家文化公园的建设能够有序进行。

(2)联合协调机制

首先,建议建立部级黄河国家文化公园联席会议制度。由文旅部主导,联席会议应包括国家发展改革委、财政部、自然资源部、住房和城乡建设部、生态环境部、应急管理部、农业农村部等相关部门,形成一个跨部门的合作机制,以协调推动黄河国家文化公园的整体建设工作。

其次,要在黄河国家文化公园主管部门(文旅部)和各省人民政府之间建立黄河国家文化公园工作协调机制。这一机制的目标是共同承担责任,实现对黄河国家文化公园保护管理工作的统筹协调,确保各级政府在保护管理方面形成合力。

再次,提议成立沿黄九省、自治区黄河国家文化公园建设联盟,以综合协调各省间的建设事宜。此联盟可借鉴"黄河之旅"旅游联盟的成功经验,致力于加强文化旅游产业在资源、信息等方面的共享与互通。这样的联盟有助于整合黄河流域的文化旅游资源,促进合作共建,提升整个地区的旅游发展水平。

最后,建议各独立省份在本省内建立协作机制。以山东省为例,可以效仿山东省沿黄文旅产业合作联盟的做法,建立省内各市的合作机制,签署合作协议,并设立联席会议工作机制,以共同推动山东省区域旅游发展共同体的建设。这样的协作机制对于提升省内各地的旅游合作水平将起到积极的作用。

(3)多元参与机制

首先,应充分利用专家学者和社区居民以及第三方群体的智慧。在黄河国家文化公园的规划和建设中,要考虑到非官方遗产的重要性,确保这些非官方遗产在当地居民心中的实际意义得到充分尊重。因此,政府在项目规划中,应广泛听取和采纳当地居民的意见和建议。

其次，建议积极引入相关社会组织的力量。借鉴国际经验，通过与民间社团组织的合作，将社区居民、社会组织、地方政府、专业人才等多方联结起来，形成一个齐心协力的网络，为黄河国家文化公园的建设和管理提供有力支持。同时能够吸引非遗产业、文化创意、金融投资、影视演艺、旅游民宿、高校科研等领域的社会组织积极参与，为文化公园注入新思路和新动力。

最后，应完善社会动员机制，调动社会公众的积极性。作为全民公益性项目，黄河国家文化公园需要建立健全的社会参与机制。这包括在制度上保障普通公民的参与权利，通过公示文件和与公众的互动，确保公众能够了解并参与到文化公园的建设中。同时，通过举办各类特色活动，如展览展陈、实地探访、文创比赛、综艺节目等，鼓励广大民众积极参与，增强公众对文化公园建设的关注和支持。在此过程中，还可以借鉴北京中轴线的经验，通过特色活动吸引更多人的参与。

2. 技术创新：引进前沿数字技术，创新黄河文化保护、传承、利用方式

文化资源并非消极且毫无生机的，它是生动活泼的。黄河国家文化公园对黄河文化资源的保护、传承、利用的方式、手段在给游客带来美好观赏体验的同时，也传递着本民族特有的文化价值观。

（1）借助数字技术，创新黄河文化保护传承方式

从传播学角度来看，数字技术在改变文化传播方式的同时，也改变了人们的文化体验方式。在传统媒体时代，文化传播受到时空限制，导致文化记忆的共享存在时空限制性。然而，在当前互联网媒介技术高度发达的时代，数字化手段可以使人们突破时间与空间上的限制，更加便利地获得观赏体验。

科技的发展能够赋予文化全新的生命力，通过数字化手段可以丰富和拓展文化的表现方式和内容。例如，借助增强现实技术（AR）、虚拟现实技术（VR）、混合现实技术（MR）、5G、大数据、人工智能及区块链等先进数字化技术，可以对文物进行数字化保护和传承。在黄河国家文化公园，可以通过数字化手段将石窟、古建筑、壁画、墓葬等不可移动文物进行数字化，或者对可移动文物如古籍文献、馆藏文物进行数字化。例如，利用无人机航拍航测进行720°全景漫游，结合VR技术实现多人互动和虚拟漫游，以及利用数字化采集技术对文物本体进行虚拟展示，都是数字化保护传承的方式。此外，还可以进行3D文

物复制和打印,通过数字技术实现文物的再生产。

当前,我国的数字化技术已经在多个领域实现了上述要求。以山西省大同市云冈石窟为例,通过数字技术实现了多窟的1∶1等比例复制、多人VR互动展示、等比例3D打印复制等,为文化保护传承提供了有力的技术支持。这些数字化技术的引入将为黄河国家文化公园的建设和文化传承注入新的活力。

(2)借助数字技术,创新黄河文化利用方式,培育黄河国家文化公园沉浸式文旅产业等新业态,促进文化、旅游、农业、教育等行业与科技深度融合

随着虚拟技术与混合现实技术的发展,以及在当前数字技术的助力下,各省在黄河国家文化公园建设中可以结合本地特色文化,培育多种沉浸式文旅业态。以河南省洛阳市为例,该市借助虚拟现实、混合现实等技术,立足本地河洛文化,推动了多个沉浸式项目的建设,培育了多个沉浸式业态,包括"行走洛阳,戏中人生"娱乐剧本产业、"行走洛阳,浸浴田园"乡村旅居产业、"行走洛阳,集市兴乐"城市实景演艺产业、"行走洛阳,读懂历史"研学产业、"行走洛阳,亲子童悦"家庭游乐产业。这些沉浸式业态丰富了游客的文旅体验,同时也为本地产业发展注入了新的动力。

此外,打造沉浸式文旅场景是建设黄河国家文化公园的重要抓手。例如,位于陕西省西安市的长安十二时辰主题街区作为中国首个沉浸式唐风市井生活街区,通过文化精耕、多方联动,以及文、旅、商、地与光影科技的深度融合,成功为市民带来了沉浸式的文旅体验。这种结合传统文化与先进科技的方式为文旅产业注入了新的活力,为黄河国家文化公园的建设开创了新的可能性。

(3)借助数字技术,建立黄河国家文化公园数字中心,对黄河国家文化公园进行数字化管理

通过运用遥感、大数据、人工智能等高新技术,对黄河国家文化公园的重点建设段、关键项目及国家级文旅示范区实施数字化、智能化、精细化的管理和监控。例如,长城国家文化公园已经成功搭建了数字云平台,该平台对长城国家文化公园的重点工程、精品线路、长城史话、文化遗产、文化影像等进行了数字化管理。在未来,黄河国家文化公园也需要建立相应的数字中心,以数字技术实现对黄河文化资源的全面数字化监管。

这一数字化管理的举措将有助于更高效、更精准地监测和管理黄河国家文化公园的各项工作。数字中心可以通过实时数据采集、监测和分析,提供全面

的信息支持，帮助管理者更好地了解公园内的资源状况、游客流动、文化活动等方面的情况。同时，数字化管理还有助于制定更科学的规划和决策，提升管理的智能化水平，更好地平衡文化遗产保护、旅游开发、生态环境保护等多重目标。通过数字中心的建设，黄河国家文化公园将能够更好地应对复杂多变的管理需求，为文化资源的可持续发展提供有力支持。

三、黄河文化主题的博物馆案例

陕西历史博物馆作为一个重要的文化机构，积极倡导以黄河文化为主导，以周、秦、汉、唐文化为核心，推动文创产品的开发与设计。该案例首先探讨黄河文化的精神内涵及在文创产品设计中的意义，其次分析陕西历史博物馆文创产品开发现状，最后从战略、产品、文化和传播四个层面出发，以产品三层次结构理论为基础，围绕核心层并结合陕西历史博物馆资源，探索陕西历史博物馆文创产品开发与设计的方法和策略。

（一）基于黄河文化博物馆文创产品开发设计的意义

博物馆作为文化教育机构，不只是文物的存储场所，更是一个地区文化的象征，承载着人们对于历史的认知和对传统文化的热爱。陕西历史博物馆作为西安市的文化代表，其文创产品的开发与设计，尤其基于黄河文化的创新，不仅具有实质性的经济价值，更承载着深刻的时代意义和文化使命。

1. 文化传承与认同

陕西历史博物馆文创产品的开发，基于黄河文化，是对地区历史文脉的延续和传承。通过文创产品，将博物馆所收藏的珍贵文物呈现给公众，使得这些文物不再局限于博物馆的展厅内，而是进入人们的日常生活。这种文创产品的开发不仅使得历史文化得以传承，同时也强化了人们对本土文化的认同感，塑造了地区独有的文化自信。

2. 黄河文化的创新与发展

黄河文化是中国文明的重要组成部分，其深厚的历史底蕴和独特的文化符号为文创产品的创新提供了丰富的源泉。通过深入挖掘黄河文化元素，博物馆可以创造具有独特主题的文创产品，使传统文化焕发出新的时代气息。这种创新不仅能够吸引更多的观众，还有助于推动黄河文化的当代发展，为文化的创新注入新的活力。

3. 国家战略的时代使命

文创产品的开发是中国文化产业发展的重要组成部分，也是国家文化软实力提升的重要途径。陕西历史博物馆文创产品基于黄河文化的研究，不仅是对国家文化产业发展战略的积极响应，更是承担起传承中华文明的时代使命。这种文创产品的开发不仅有助于文化产业的繁荣，还能够通过商品化的方式将文化推向国际舞台，为国家的文化自信赢得更多的认可。

4. 塑造独特品牌形象

基于黄河文化的文创产品开发有助于陕西历史博物馆塑造其独特的品牌形象。因而通过突出黄河文化的主体，使得文创产品具有独特性和辨识度，成为代表陕西历史和文化的符号。这不仅有助于吸引更多游客和文化爱好者，还能够提升博物馆在文创领域的品牌影响力。

基于对陕西历史博物馆中有关黄河文化的文创产品开发研究，不仅是一项经济活动，更是对历史文脉的传承、文化认同的凝聚及文化创新的推动。在这个过程中，博物馆不仅是文化的守护者，更是文化的传播者和创新者。这样的文创产品开发既具有深刻的历史内涵，又与时代紧密相连，为陕西历史博物馆注入了新的文化活力。

（二）陕西历史博物馆文创产品开发现状

1. 陕西历史博物馆文创产品的用户群体及产品分析

（1）文创产品用户群体分析

根据阿里大数据的统计，博物馆文创产品的消费呈现出一系列明显的特征。其中线上购买的用户占比高达49.5%，表明了现代消费者更倾向于通过互联网平台获取博物馆文创产品。另外，50.9%的用户愿意为博物馆文创产品支付溢价，显示了他们对于具有文化内涵和特色的产品的价值认同。[1]

首先，都市高消费青年女性客户群是博物馆文创产品的主力消费群体。这一群体在消费中占据主导地位，且该群体有52.7%的用户属于高消费群体，尤其是30岁以下的年轻人，占据了主力军的半壁江山。这些年轻人更愿意追求时尚、新颖，注重个性展示，因而对于文创产品的消费需求更为旺盛。

---

[1] 任丽. 陕历博的"唐妞"为何能脱颖而出？[N]. 中国旅游报，2021-06-04（3）.

其次，从年龄分布来看，不到一半的消费群体主要集中在 30 岁至 45 岁之间。这个年龄段的人群通常处于事业发展的黄金期，拥有相对稳定的经济收入，且更容易接受高品质的文创产品。这也反映了文创产品的消费群体在年龄上的相对广泛性。

此外，从消费心理学的角度来看，青年群体消费心理表现出追求时尚和新颖、强调个性表达、愿意接受新鲜事物、容易冲动和感性消费等特征。这些特征使得他们更容易被博物馆文创产品所吸引，因为这些产品通常具有独特的文化内涵和设计特色。

最后，《当代青年消费报告》显示，"90"后与"00"后逐渐成为消费主力，他们的年龄分布在 18 岁到 32 岁之间，正值职业发展的初期。这一新生代消费群体展现出了巨大的消费力，对于具有文化内涵和创新设计的文创产品有着强烈的兴趣。①

（2）文创产品分析

通过对陕西历史博物馆在天猫平台的文创产品销售情况进行统计和分析，可以看出不同主题系列的产品在市场上均取得了一定的成功。以下是对销售情况的详细分析：

a. 主题系列销售情况

总体情况：销售额过千的主题系列产品有 24 件，销售过千比达到 29.7%。

国宝系列：国宝系列有 4 件产品，销售过千比达到 40%。

文房四宝：文房四宝系列有 12 件产品，销售过千比达到 35.2%。

家居日用、服装配饰：家居日用、服装配饰系列有 2 件产品，销售过千比达到 36.7%。

书籍日历：书籍日历系列有 8 件产品，销售过千比达到 50%。

b. 产品特点及分析

精美文化收藏价值：产品制作精美，且具有文化收藏价值，适合作为礼物。例如，《丝路辉煌》展现了中华文明通过丝绸之路与世界文明交流互鉴的历程，《花舞大唐》收录了何家村遗宝中的 74 件精品，图录不仅解说了遗宝制作工艺，更展示了细部花纹和形制。

---

① 金华. 中银消费金融联合时代数据发布《当代青年消费报告》[EB/OL]. [2021-10-29]. (2022-5-11) https://www.163.com/dy/article/GNG920H30512Do3F.html.

科普与娱乐并重：部分产品以插画形式对博物馆馆藏文物进行再开发，既具有科普性质，又富有娱乐性。例如，《趣唐朝》儿童图册绘本以漫画形式讲述唐朝故事，是益智早教阅读的好选择。

主题鲜明、实用性强：产品主题鲜、包装简洁、小巧而精致，符合年轻人的审美需求。例如，"唐妞"IP形象以卡通形式再现唐代美女风采，成功地将传统元素和现代审美结合，随之开发出书签、耳坠、方巾、手账等实用产品，深受消费者喜爱。

陕西历史博物馆的文创产品在市场上取得了良好的销售表现。产品的精美制作、文化内涵、科普性质及实用性等方面的特点，使得消费者对其产生浓厚兴趣，也为博物馆文创产品的进一步开发提供了有益启示。

2. 陕西历史博物馆文创产品开发存在的问题

陕西历史博物馆文创产品的开发经过近几年发展，成功地塑造了一些具有代表性的 IP 形象，比如"唐妞"和"花舞大唐"等。但与国内外成熟的博物馆文创产品开发和设计相比，还存在一定的差距，主要表现在以下几个方面：

（1）市场调研不充分，部分产品定位不准确

a. 市场调研不充分

市场调研是产品开发设计过程中的重要环节，能够帮助博物馆精确定位消费人群、塑造产品特色、提高产品成功率。然而，陕西历史博物馆在文创产品开发中存在市场调研不充分的问题，具体表现在以下几个方面：

未准确定位消费人群：部分产品未准确定位目标消费人群，导致产品与潜在消费者的需求不匹配。例如，一个创意蚕丝笔袋售价高达 168 元，而面对的主要消费群体是中小学生，这个年龄段的消费者通常没有如此高的消费能力。

产品个性或特色不明显：一些产品在塑造个性或特色方面不够突出，缺乏与其他竞品的差异性。这使得消费者难以区分陕历博的产品与市场上其他相似产品之间的差异。

b. 产品调整建议

准确定位消费人群：更深入地了解目标消费人群的年龄、收入水平、消费习惯等信息，以便更好地满足他们的需求。

强化产品个性和特色：注重产品的独特性，可以通过与陕西历史文化相关的元素、创新设计等方面来突出产品的个性，提高其在市场上的竞争力。

合理定价：对于面向中小学生的产品，应该更注重产品的实用性和亲民性，确保价格在符合消费者预期的范围内。

精准选择面向对象：针对高价产品，须精准选择面向的消费群体，并在产品特色、材质、工艺等方面体现更高的附加值，以吸引潜在消费者。

（2）主题系列开发不够深入，产品种类太过单一

a. 主题系列开发不足

主题系列数量较少：陕西历史博物馆文创产品共有5个主题系列，以"花舞大唐"为主的系列产品占据了大部分，其他3个系列产品数量有限，其中"彩陶文化"系列仅有1件产品。相比之下，主题系列的数量较少，不足以展现出博物馆丰富的文化内涵和历史底蕴。

产品构图方式相对单一：针对"唐妞IP"系列，产品的构图方式以独立式为主，呈现方式相对模式化。这种构图方式可能使得产品在视觉上缺乏新颖感，从而限制了系列产品的创意表达。

b. 产品种类过于单一

主题系列内产品种类过于集中：虽"花舞大唐"系列产品数量众多，但产品种类相对集中，其主要以书签、公仔、钥匙链等小饰品为主。这种过于单一的产品种类可能导致消费者的选择受限，降低了产品的覆盖面和吸引力。

相比竞品缺乏产品丰富性：与大英博物馆文创产品相比，陕西历史博物馆产品的种类相对较少。大英博物馆以11个主题系列，包括不同类型的小饰品、服饰、家居电器等，形成了较为完善的产品线。相比之下，陕西历史博物馆的产品丰富性较为欠缺。

（三）陕西历史博物馆文创产品开发设计方法与策略

在激烈的市场竞争背景下，陕西历史博物馆文创可以立足于本土，侧重于"价值、文化和个性"，深度挖掘馆内文物的价值，讲好产品背后的故事，从战略、产品、文化和传播四个层面出发，打造具有核心竞争力的品牌。

1. 以周、秦、汉、唐文化为核心，塑造独具特色的IP形象

首先，周、秦、汉、唐代作为中国历史上最为重要的几个朝代，承载着丰富的历史内涵和文化传承，为陕西历史博物馆文创产品的设计开发提供了独特而宝贵的资源。这四个朝代在中国历史进程中各具特色，为中华文明的发展提

供了重要的历史遗产。周代奠定了中华礼乐文明的基础；秦始皇统一六国，开创中央集权制度，对后来的政治格局产生深远影响；汉代独尊儒术、开辟丝绸之路，为中国文化的繁荣奠定了基础；唐代则以其独特的文学、艺术和科技成就成为中国历史上最为鼎盛的时期之一。

其次，这些朝代所留下的大量文献、艺术品、器物等丰富的文物资源为陕西历史博物馆文创产品的设计提供了丰富的创作素材。这些文物既有历史的痕迹，又蕴含了深厚的文化内涵，为IP形象的塑造提供了丰富的文化符号和元素。例如，以周代为核心，可以挖掘周文化的礼乐体系、农业文明等方面的元素，创造出富有仪式感的IP形象；以秦代为核心，可以从秦始皇统一六国的历史事件中提炼元素，打造富有权威感的IP形象；以汉代为核心，可以突出儒家文化、丝绸之路的元素，创造充满人文关怀的IP形象；以唐代为核心，可以强调唐文学艺术的瑰丽风采，打造富有时代感的IP形象。因此，通过深入挖掘每个朝代的特色，结合陕西历史博物馆的馆藏，可以使IP形象更加栩栩如生，具有强烈的历史感和文化共鸣。

最后，为了加深受众对陕西历史博物馆文创的品牌印象，需要在产品设计中注重战略、产品、文化和传播四个层面的综合考量。首先，在战略层面，需要明确IP形象的定位、目标受众及品牌愿景。这包括确定IP形象所要表达的核心文化价值，如历史传承、文化创新等。其次，在产品层面，要根据每个朝代的特色设计多样化的文创产品，可涵盖文具、服饰、饰品、家居用品等多个品类，以满足不同受众的需求。同时，要注重产品的质感和设计感，使之既具有实用性，又具备艺术性。在文化层面，要深入挖掘每个朝代的历史典故、文学作品、艺术表现形式等，将其注入产品中，使产品更具文化深度。最后，在传播层面，通过线上线下的多渠道推广，借助社交媒体、博物馆展览等平台，加强对IP形象的宣传，提升品牌知名度和美誉度。通过这一综合策略，可以使陕西历史博物馆文创产品在市场上脱颖而出，深刻影响受众，实现文创产品的推广与传承。

2. 围绕产品的核心层，拓展产品的使用价值

首先，在陕西历史博物馆文创产品的设计中，理解产品的核心层次至关重要。核心层次是产品的灵魂，是消费者购买某种产品时所追求的价值或使用该产品的动因。对于陕西历史博物馆文创产品而言,核心层次是指产品的使用价值和能够满足消费者精神、情感需求的集合。

其次,以陕西历史博物馆的文创产品——扇子为例,消费者购买扇子的核心动机可能是为了扇风祛热、纳凉解暑。然而,随着文化的繁荣和社会的变迁,产品的核心层次可以进一步拓展。在设计上,可以在扇面上加入绘画或装饰,使扇子不仅具有实用性,还具备一定的艺术价值。这样的设计不仅满足了消费者基本的功能需求,还为其提供了一种欣赏和收藏的价值。此外,考虑到文创产品的时尚性和文化内涵,扇子的设计可以融入古代君子谦谦之风和儒雅之气,使其成为一种文化符号,引导消费者通过使用扇子来表达对历史文化的热爱和追溯。

最后,在产品的拓展中,可以考虑扩展产品的使用场景和功能。除了作为纳凉工具,扇子还可以设计成一种具有情感共鸣的礼品,例如在节庆、纪念活动中赠送。此外,可以结合现代科技,设计具有智能化功能的扇子,例如,搭载温度感应器、音乐播放器等,提升产品的趣味性和实用性。通过这样的拓展,陕西历史博物馆文创产品可以更好地满足不同消费者群体的需求,使产品更富有创新性和多样性。

综上所述,在整个产品设计过程中,需要深入了解目标消费者的需求和文化追求,通过市场调研和用户反馈不断优化产品。同时,建立与艺术家、设计师等合作的渠道,引入专业的创意团队,以确保产品在设计上既具有独特性和艺术性,又能够切实满足消费者的使用和收藏需求。通过这样的深入思考和设计策略,陕西历史博物馆文创产品可以在市场上形成独特的品牌形象,为消费者提供更丰富、更具有文化价值的产品体验。

3. 以黄河文化为主导,助推陕西历史博物馆文创的发展

首先,以黄河文化为主导的陕西历史博物馆文创产品开发中,理解并深入挖掘黄河文化元素至关重要。黄河文化作为中华文明的发源地,蕴含着丰富的历史、传统、信仰和生活方式,为文创产品提供了丰富的创意灵感。在产品开发中,需要通过深入研究和挖掘,从黄河流域的地理特征、历史传承、民俗风情等方面抽象出文化元素,包括形象、符号、图形、图像,以及建筑、传说、生活场景等各种文化载体。这些元素可以成为产品设计的基础,赋予产品独特

的文化内涵和地域特色。

其次,通过对陕西历史博物馆现有文创主题的分析,可以大力开发"黄河文化"主题的衍生产品。即在原有主题基础上,通过引入黄河文化的元素,拓展产品线,使文创产品更加多样化。以黄土高原、黄河九曲十八弯、泾渭分明、信天游、河清海晏等为灵感来源,将这些独有的风貌、习俗和地域特色有机融入产品的造型设计、图案设计或包装设计中。例如,可以设计以黄土高原为主题的陶艺手工品,以黄河九曲十八弯为灵感的画册或手绘明信片,以信天游、河清海晏为主题的香囊系列等。通过这样的创意设计,不仅能够突显黄河文化的独特之处,还能够吸引更多消费者的兴趣,提升产品的市场竞争力。

最后,在产品的设计和开发过程中,需要注重保持文化元素的原汁原味,避免过度商业化导致文化失真。这需要通过团队内部的专业人才、文化学者、艺术家等多方合作,确保对黄河文化的理解和呈现具有深度和广度。同时,在产品的营销和推广中,注重讲好黄河文化的故事,通过产品背后的文化内涵引发消费者的共鸣。通过这样的综合策略,陕西历史博物馆的文创产品将更好地以黄河文化为主导,吸引更广泛的受众,推动文创事业的发展。

4. 结合陕西历史博物馆资源,举办丰富多彩的宣传和体验活动

首先,针对馆内的文化宣传和体验活动方面,陕西历史博物馆可以精心设计以黄河文化为主题的不同年龄阶段的体验区。为中小学生设置互动式的活动,如涂鸦、手工、陶艺等,让他们通过亲身参与感受黄河文化的魅力。这些活动不仅能够激发学生对传统文化的兴趣,还可以加深他们对文创产品背后文化内涵的理解。对于成年人,可以开展一系列具有参与性的活动,如文创产品的制作、文化知识答题竞赛、陶艺工坊等,通过实际操作和参与互动,让消费者更深入地体验到黄河文化的丰富内涵。

其次,针对馆外的宣传和体验活动方面,陕西历史博物馆可以以黄河文化为主题,结合中国传统节日如春节、元宵节、端午节、中秋节等,融合陕西地区风土人情,举办各种丰富多彩的文化活动。这些活动可以包括传统文化表演、手工艺品展示、文创产品体验区等,以吸引更多的参与者。例如,在春节期间,可以组织传统文化表演,如舞龙舞狮、传统戏曲演出,同时设立文创产品的展示和销售区域,让游客在欢乐的氛围中了解并购买相关的文创产品。通过这样的活动，可以将黄河文化与传统节日相结合，形成浓厚的文化氛围，提高博物馆和文创产品的知名度。

最后，陕西历史博物馆可以举办文创产品的体验活动，通过举办一系列的工作坊、讲座和展览，深入传播黄河文化的内涵。这些活动可以包括文创产品的设计制作工作坊，邀请相关领域专家进行文化讲座，以及举办黄河文化展览等。通过这些活动，不仅可以提升消费者对文创产品的认知度，还可以加深他们对黄河文化的理解和感受。同时，这些活动也为文创产品提供了更多的展示和销售机会，从而进一步推动文创事业的发展。

第三节 保护传承弘扬黄河文化的主要困境

一、黄河文化内涵界定不清晰，保护对象和范围模糊

从文化语义来看，主要停留在"源远流长，灿烂辉煌"的意识层面，或者从"一方面与另一方面""广义与狭义"等多种视角探讨黄河文化的内涵，尚未形成统一的概念界定或者参照界定标准。然而，中国5 000年的历史长度与厚度所形成的黄河文化体系，即使按照广义上的黄河文化内涵来理解其本质，仍纷繁复杂且缺乏条理，黄河文化所对应的对象与边界识别仍面临极大的挑战。从《保护世界文化和自然遗产公约》中关于遗产类型的划分我们不难发现，其中关于文化遗产中的"文物、建筑群、遗址"，以及自然遗产都很难完美地定义黄河文化，这进一步证明了界定黄河文化内涵、确定其保护对象和范围的难度之大。不同领域有其各自的理念，如同教育领域提出的"立德树人""德智体美劳全面发展"等理念，以及在现有黄河文化保护研究体系中有关于"文化保护一张图"的整体保护思想等。不过，文化本身就是多样和复杂的，黄河文化自然也涉及同样问题，这就决定了在保护对象范围边界上存在混乱性和不同地理空间中存在紧密关联缺失性等问题，导致黄河文化所涉及的对象和范围相对模糊，对精准施策造成不小的阻碍。

（一）黄河文化内涵的多维度解读

1. 多重视角下的黄河文化

黄河文化的内涵在文化语境中多元而丰富，常被表述为"源远流长，灿烂辉煌"。然而，这种意识层面的描述涉及了多种视角，包括历史、文学、艺术等方面，使得黄河文化的实质较为模糊。

2. 黄河文化的广义与狭义辨析

黄河文化的广义内涵包括了中国 5 000 年的历史演变，但这种宽泛的理解使得黄河文化的内涵缺乏清晰的条理。黄河文化的广义与狭义区分需要更深入的研究，以明确不同范畴中的内涵和价值。

3. 对黄河文化的概念框架建构的需求

尚未形成统一的概念界定或参照界定标准，使得黄河文化在学术研究和实际保护中缺乏明确的指导。建构一个明晰的概念框架是理解黄河文化内涵的关键，为后续的保护工作提供了基础。

（二）保护对象和范围的界定挑战

1. 黄河文化边界的识别困难

黄河文化所对应的对象与边界识别受到历史演变和文化多样性的影响，使得在地理和文化上进行精准的边界划定面临重大挑战。

2. 对《保护世界文化和自然遗产公约》的审视

文化遗产的传统定义无法完美适用于黄河文化，因其极具复杂性和多样性。这反映了在国际框架下黄河文化保护的复杂性，使得确定保护对象和范围变得更加困难。

3. 不同领域理念的碰撞

教育、文化保护、地方政府等不同领域对黄河文化有各自的理念，这使得对保护对象和范围的共识难以达成，影响了协同保护的效果。

二、黄河文化保护理念陈旧，保护主体间存在利益冲突，合力不足

历史经验告诉我们，文化作为一个精神符号，需要借助载体表达出来。文字是文化最基础的载体；除此之外，典籍、文物、遗迹等有形符号也都是文化的重要载体。保护传承弘扬一种文化必须借助于各种各样的文化载体，并使其

深入到社会生活的各个领域，以推动广大人民群众了解、热爱并深入其中，保护传承弘扬黄河文化亦是如此。长久以来，在黄河文化的保护传承弘扬方面凝聚了一定的共识、积累了一些经验。加之近年来随着人口素质的不断提高，公众参与黄河文化保护的自觉性有所增强，但仍存在参与层次较低、介入深度浅显、作用形式单一等问题，特别是在涉及决策层面的工作，普通公众难以企及。通常情况下，政府在黄河文化治理中发挥主导作用，公众在政府的政策传播与教育引导下开展工作，或协助政府开展公众调查和征集等活动。如此看来，上述活动系统性和可持续性相对较弱，公众缺乏参与文物保护的权利依据，致使他们的话语权得不到有效体现。这就意味着突破原有思维定式、鼓励多元主体参与黄河文化保护的理念更新较慢，一定程度上阻碍了黄河文化的高质量发展。久而久之，各类保护主体之间的隐性利益冲突逐渐形成，多元参与形成合力的格局构建难度不断加大。

（一）文化保护理念的陈旧与更新挑战

1. 保护政策僵化

保护黄河文化长期以来秉持传统理念，未能及时适应社会变革和文化认知的更新。这使得保护策略相对僵化，难以满足当代社会对文化传承与弘扬的多元需求。

2. 保护手段缺乏创新性

在黄河文化的保护中，缺乏创新性的理念导致保护手段相对陈旧，无法有效吸引更广泛的社会参与。

3. 社会认知与文化保护理念的脱节

随着社会的发展，公众对文化保护的期望和认知发生了变化，而保护黄河文化的理念却未及时跟进，导致社会认知与保护理念之间的脱节，影响了对黄河文化的全面理解和有效保护。

（二）保护主体之间的利益冲突及合作不足

1. 政府的主导作用与公众的被动参与

当前黄河文化保护中，政府扮演主导角色，而公众通常处于被动参与状态。这导致了保护活动的系统性和可持续性相对较弱，公众缺乏深度参与的机会。这限制了文化保护工作的系统性和广泛性。

2. 公众参与层次与深度的问题

公众参与黄河文化保护的层次较低，介入深度不足，活动形式单一。这使得公众在文化保护过程中的作用有限，难以真正发挥其潜在的推动力。

（三）多元主体参与黄河文化保护的理念更新与挑战

1. 原有思维定式的阻碍

原有思维定式下，多元主体参与黄河文化保护的理念更新缓慢。由于传统的政府主导模式仍占主导地位，因而阻碍了多元主体参与的可能性。

2. 公众参与权益的缺失

公众在文物保护中缺乏权益的依据，致使话语权难以体现。这使得黄河文化保护体系中缺乏对公众需求和意见的有效反馈，制约了其全面性和包容性的发展。

3. 制约高质量发展的瓶颈

由于理念陈旧，形成的多元主体参与合力不足。这制约了黄河文化保护的高质量发展，使得保护工作难以与社会的快速发展相匹配。

三、黄河文化保护机制不健全，制约文化保护效果及效益转化

目前，我国文化保护以公约、地方性法规、规章为主，采用的是文旅主管部门牵头、其他部门分工协作参与的格局，但仍存在真空地带或重叠交叉扯皮现象。从整体性法律保障机制来看，由于黄河流域沿线线路较长，涉及省份较多，各区域之间缺乏对黄河文化的整体线性共识，没有统一标准的专项法规、技术规范、管理制度等，容易造成不同地域文化遗产展示利用的相对碎片化。从分散性立法内容上看，尽管已有诸如《长城保护条例》（2006），《大运河遗产保护管理办法》（2012），以及《大运河文化保护传承利用规划纲要》（2019年）等文本文件，为保护传承弘扬黄河文化提供了方向指引，但不同法律条文之间存在重复立法、协调性不足、标准不一的现象，因此难以产生实质性约束效力，通过健全一系列的机制体制来确保黄河文化效果的难度较大。

（一）文化保护机制的现行格局存在问题

1. 机构分工不明，存在真空地带

当前文化保护机制以文旅主管部门为主导，其他部门分工协作，但存在机

构分工不明确的情况。这导致在一些领域存在真空地带，相关职责不明确，难以形成高效协同的现状。

2. 重叠交叉扯皮现象普遍存在

文化保护机制中存在重叠交叉扯皮现象，即各部门在实际操作中可能出现职责重叠、协同不畅等问题。这影响了保护工作的协调性和效率。

3. 缺乏整体性法律保障体系

针对黄河文化的法律层面保护，目前缺乏具体的制度设计，尤其是对于黄河流域沿线地区联动宣传推广黄河文化的权利义务、组织机构、奖惩措施等，均没有专门的法律条文、规章制度等，一定程度上缺乏法理依据，容易导致黄河文化保护显得相对零散和碎片。

（二）分散性立法内容存在问题

1. 缺乏统一标准的专项法规

黄河文化保护缺乏统一标准的专项法规，不同地区的文化遗产展示利用存在较大的差异。这导致黄河文化的整体性和一致性受到威胁，制约了保护效果的提升。

2. 立法内容存在重复与协调性不足

尽管已有相关文本文件，但不同法律条文之间存在重复立法、协调性不足的问题。这使得法律体系中的保护措施难以形成有效的衔接，阻碍了保护工作的协同推进。

3. 标准不一影响实质性约束效力

不同的法律条文制定标准存在差异，缺乏一致性，影响了这些法律文件的实质性约束效力。这使得黄河文化保护难以形成有力的法律保障，效果不尽人意。

（三）机制体制健全难度较大的原因

1. 缺乏整合各方利益的机制

现行机制中缺乏整合各方利益的机制，导致不同部门之间难以形成有力的合作，因而制约了黄河文化保护效果的最大化。

2. 需要统一的管理规范和技术规范

黄河文化的保护涉及多个领域，需要统一的管理规范和技术规范。目前的机制中，这方面的缺失使得保护工作缺乏一致性和科学性。

3. 地区间缺乏整体性共识

由于黄河流域涉及众多省份，地区之间缺乏对黄河文化的整体性共识。这导致相关保护机制难以在不同地区形成一致性的执行力，限制了效果的持续性和协同性。

第五章

黄河文化的产业化发展

保护传承弘扬黄河文化,需要在物质生产实践和精神交往实践的基础上建构理论遵循,深入挖掘人类社会有关黄河的共同资源,结合现代人类对黄河文化保护传承弘扬的客观要求,构建一种勾连历史与现代的有效路径,实现中华文化根脉的有效延续与持续辉煌,为提升国家文化软实力注入充足的内生动力和活跃元素。

第一节 黄河文化产业化的概念

一、文化产业与文化经济的关系

(一)文化产业的定义

1. 文化产业的概念界定

文化产业是一种以文化、创意、知识为核心的经济活动,其本质是在市场经济体系下,通过文化内容的创作、生产、传播、管理等一系列环节,实现以经济效益为目标的产业形态。

2. 文化产业的核心特征

（1）文化、创意、知识的核心驱动力

文化产业的核心资源主要包括文化、创意、知识等，这些元素在推动经济增长、社会进步，以及满足人们精神文化需求方面发挥着关键作用。

（2）市场导向与经济效益

与传统文化事业相比，文化产业更注重市场导向，通过满足公众需求，实现经济效益和社会效益的双赢。

3. 文化产业的分类

（1）文化创意产业

包括设计、广告、影视、动漫、游戏等，该产业以创意为核心，通过融合不同领域的文化元素创造独特的文化产品。

（2）文化传媒产业

涵盖报纸、杂志、广播、电视、互联网等媒体形式，是信息传递和文化表达的载体。

（3）文化旅游业

以历史文化、自然文化为基础，通过旅游活动传播文化，推动经济发展。

（二）文化经济的内涵

1. 文化经济的整体概念

文化经济是以文化为核心资源的经济形态，是经济与文化相互融合的产物，旨在实现经济可持续发展和文化价值的传承。

2. 文化经济的主要领域

（1）文化创意产业

文化创意产业是文化经济的重要组成部分，涵盖了设计、广告、影视、动漫、游戏等领域。其核心在于通过创意思维和文化元素的融合，创造具有独特文化价值和市场竞争力的产品。

（2）文化旅游业

文化旅游业作为文化经济的支柱之一，以城市、景区的历史文化和自然文化为资源，通过旅游活动实现文化的传播、推广和经济的增长。

（3）文化传媒产业

文化传媒产业通过不同媒介传递文化信息，包括报纸、杂志、广播、电视、互联网等，是文化经济中信息传播的关键环节。

3. 文化经济的推动因素

（1）创新驱动

文化经济的发展离不开创新，创新推动了文化产业的不断升级和转型，为经济注入新动力。

（2）全球化趋势

文化经济在全球化浪潮中蓬勃发展，各国之间的文化交流与合作促进了文化产品的国际化。

（3）科技进步

科技的不断进步推动了文化经济的数字化、虚拟化发展，新兴技术的应用为文化产业创造了更广阔的发展空间。

4. 文化经济的社会价值

（1）文化传承与创新

文化经济的发展既弘扬传统文化，又促进文化创新，为文化的传承与发展提供了平台。

（2）就业机会创造

文化经济的发展为社会创造了大量就业机会，吸纳了广泛的从业人员，推动了就业市场的繁荣。

（3）社会文明进步

文化经济的繁荣促进了社会的文明进步，提高了公众的文化素养，从而推动社会向更高层次迈进。

文化产业与文化经济相辅相成，共同构筑了一个融合了经济活动和文化价值的体系。通过对文化产业和文化经济的深入了解，可以更好地指导相关政策和产业布局，以推动文化与经济的良性互动，实现经济可持续增长和文化的繁荣发展。

二、黄河文化产业的定义与范畴

（一）黄河文化创意产品制造

1. 文化创意产品的概念

文化创意产品是以黄河文化为核心元素，通过创新设计、生产制造等环节，形成具有独特文化价值和市场竞争力的产品。

2. 文化创意产品的分类

艺术品制造：利用黄河文化的艺术元素，制作具有艺术性和收藏价值的作品，如绘画、雕塑等。

手工艺品生产：结合黄河文化的传统工艺，生产具有地域特色和文化内涵的手工艺品。

（二）文化旅游开发

1. 文化旅游的概念

文化旅游是以黄河文化为背景，通过开发旅游线路、景区，使游客深度体验黄河文化的旅游活动。

2. 文化旅游的分类

（1）历史文化旅游

引导游客沿着黄河流域，参观历史悠久的文化遗址和古代建筑，感受黄河文化的历史底蕴。

（2）生态文化旅游

利用黄河沿岸的自然资源，开发生态旅游线路，强调黄河文化与自然的融合。

（三）文化传媒推广

1. 文化传媒的概念

文化传媒是指通过各种媒介手段，包括电视、互联网、报纸等，向公众传递黄河文化的相关信息。

2. 文化传媒的方式

（1）影视作品制作

制作以黄河文化为题材的纪录片、电影等，通过视觉媒体向广大观众展示黄河文化之美。

（2）网络传播

利用互联网平台，通过文章、视频等多种形式，向大众传递关于黄河文化的知识和故事。

(四)科技与黄河文化的结合

1. 虚拟现实技术应用

利用虚拟现实技术,打造黄河文化虚拟体验,使人们能够身临其境地感受黄河流域的壮丽景色和文化底蕴。

2. 数字化展览

通过数字化手段,建设黄河文化数字展览馆,将文物、遗址等以数字化形式呈现,方便公众进行线上学习和参观。

黄河文化产业作为文化经济的重要组成部分,不仅承载着中华文明的瑰丽历史,也为经济的可持续发展提供了丰富的文化资源。通过文化创意产品、文化旅游开发、文化传媒推广等多方面的努力,黄河文化产业将更好地为社会经济的繁荣和文化的传承贡献力量。

第二节 黄河文化产业化的前景

一、产业化对文化传承的促进作用

(一)文化传承的新模式

1. 传统与现代的结合

通过产业化,可将黄河文化融入现代经济发展中,挖掘其商业价值和市场潜力。传统的文化元素可以通过现代技术和手段进行创新和传播,让更多人了解和接触到黄河文化。

2. 产业与文化的融合

将黄河文化与相关产业进行深度融合,建立起文化产业链条。通过文化旅游、文化创意产品、文化艺术表演等形式,将黄河文化与旅游、饮食、手工艺等产业相结合,实现互利共生,从而推动文化产业的发展。

3. 知识与技术的传承

在产业化过程中,要重视知识和技术的传承,提升从业人员的专业素养和技能水平。通过培训机制和技术交流，使新一代从业人员能够受益于前辈的经验，从而可以更好地继承和发展黄河文化。

（二）农业与黄河文化的深度融合

1. 农耕文化的传承

黄河流域一直是中国农业的重要发源地之一，农耕文化深深融入其中。通过产业化，可以将黄河文化与农业生产相结合，保护和传承传统农耕文化的精髓，培养新一代农民对农业文化的认同和传承意识。

2. 农业创新驱动

通过产业化，引导和支持农业创新，推动黄河流域的农业在技术、种植方式、农产品加工等方面的转型升级。结合黄河文化，发掘黄河流域农业的独特性，培育黄河文化农业品牌，提高农产品的附加值和竞争力。

3. 生态农业的实践

黄河流域具有丰富的自然资源和生态环境，产业化可以推动农业向生态农业的转型。通过黄河文化的引导，倡导绿色种植、生态循环等先进农业实践，实现农业与自然、农民与环境的和谐共生。

（三）文化产业链的畅通

1. 创意与创新的结合

产业化为文化创意提供了广阔的发展空间。通过挖掘和整合黄河文化资源，创造性地将其转化为具有市场竞争力的文化产品和服务，激发创作者的创意和创新能力，从而推动文化产业链的畅通发展。

2. 文化与旅游的融合

黄河文化作为重要的旅游资源，可以通过产业化打造具有独特魅力的文化旅游产品。将黄河文化和旅游景点、旅游服务、旅游活动等相结合，以吸引更多游客，推动旅游业的发展。

3. 文化教育的延伸

将黄河文化与教育相结合，促进文化传承与教育培养的有效衔接。通过开展黄河文化教育活动，如文化讲座、书法绘画培训等，让更多人了解和体验黄河文化，从而培养他们对文化的参与和传承意识。

通过产业化的推动，可以促使黄河文化得到更广泛的传播和传承，实现文化的创新与发展,并为经济增长和社会进步注入新的动力。同时,产业化也要注重保护和传承黄河文化的根基,平衡经济效益和文化价值,确保文化传承工作的可持续发展。

二、经济效益与社会效益的平衡

(一)整合区域资源,实现高质量发展

1. 文化产业作为新发展理念的引擎

沿黄9省、自治区拥有丰富的文化遗产和自然景观,通过黄河文化的产业化过程,这些资源可以得到更加充分的整合。文化产业作为新发展理念下的引擎,为区域发展提供了新的动力。

(1)资源整合的战略意义

黄河流域的文化遗产和自然景观是区域经济发展的重要支柱。通过整合这些资源,可以形成具有竞争力的文化产业链,推动区域实现高质量发展。因此,文化产业的涌现成为区域战略发展的重要组成部分。

(2)文化产业对区域发展的动力贡献

文化产业的兴起为区域带来新的动力,不仅创造了经济价值,更为区域文化和创新注入了新的活力。通过整合区域资源,文化产业为高质量发展提供了丰富的文化内涵和支持。

2. 推动新发展理念下的创新实践

文化产业化的过程是推动新发展理念下创新实践的有效途径。整合区域资源的过程,不仅是对资源的简单开发利用,更是通过文化产业的创新引领,实现资源的多元化价值转化。

(1)文化产业的创新动能

文化产业本身就是一种创新动能,通过不断创新,可以推动文化产业向更高水平发展。这种创新动能不仅体现在技术层面,更涉及文化产品、产业链条和经营模式等多个方面。

(2)新发展理念下的实践路径

新发展理念强调"创新、协调、绿色、开放、共享",而文化产业作为新兴产业,正是这一理念的有力实践者。通过整合区域资源,文化产业能够有效实践新发展理念,推动区域迈向更高质量的发展阶段。

（二）绿色低碳现代化发展

1. 推动经济结构的绿色转型

黄河文化的产业化是推动经济结构绿色转型的重要举措。引入高科技、新创意的文化产业，使得区域经济实现更为绿色、低碳的现代化发展。

（1）绿色低碳的现代化理念

绿色低碳的现代化理念是新时代经济发展的必然趋势。通过文化产业的绿色发展，可以有效减少资源消耗、环境污染，推动区域实现可持续发展。

（2）文化产业对经济结构的影响

文化产业的引入改变了传统产业结构，使得经济更加注重创意、环保和可持续性。这种结构性的调整有助于文化产业实现绿色低碳现代化发展目标。

2. 资源全面节约和循环利用

（1）文化产业的循环经济模式

文化产业的发展可以借鉴循环经济的理念，实现资源的全面节约和循环利用。即通过提升文化产品的附加值，延长文化产业链条，减少资源浪费。

（2）实现经济与环保的双赢

绿色低碳现代化发展要求在经济发展的同时减少对环境的负面影响。文化产业的绿色发展正是实现经济与环保双赢的有效途径，它能够促使区域走上可持续发展的道路。

三、提升人民的文化获得感的现实路径

（一）文化产业作为国民经济支柱性产业

随着社会经济的发展和人民生活水平的提高，文化产业逐渐崭露头角，成为国民经济的支柱性产业。黄河文化产业化的推动将为人民提供更广泛、更深入的文化体验，从而提升人们的文化获得感。

（二）文化产业的全面发展

1. 文化事业与文化产业的协同发展

为了提升人民的文化获得感，必须推进文化事业和文化产业的协同发展。文化事业的繁荣为文化产业提供源源不断的创作和内容支持，而文化产业的兴

盛则为文化事业注入强大的经济动力。

（1）文化事业的基础作用

文化事业是文化产业的基础。投资和支持文化事业将为文化产业提供更为丰富的原材料和内容资源，从而保障文化产业的可持续发展。

（2）文化产业的经济推动作用

文化产业作为经济支柱将为文化事业提供更多的经济支持。这种相辅相成的关系使得文化事业和文化产业可以在共同发展中提升人民的文化获得感。

2. 提升文化产业的软实力

文化产业不仅仅是一个经济支柱，更是国家软实力的象征。通过提升文化产业的软实力，可以增强国家的文化影响力，从而提升人民的文化自豪感和认同感。

（1）文化产业软实力的内涵

文化产业软实力包括文化产业的国际竞争力、品牌价值和文化输出等方面。通过塑造具有国际竞争力的文化品牌，可以使更多的国家认同和接受黄河文化。

（2）软实力的国际传播

通过文化产业的国际传播，可以将黄河文化推向国际舞台。这不仅有助于提升国家形象，更能够通过国际文化交流提升国内人民对文化的认同感。

第三节　黄河文化产业化的路径

一、创意产业的发展

通过挖掘黄河文化的创意元素，推动创意产业的发展，以提供更具文化内涵的产品和服务。

（一）面向开发应用

1. 研发黄河系列产品

"黄河文化档案"文创产品在开发时应当打造体系完备的全链条文化产业。纵观当前我国"黄河文化档案"文创产品的开发现状，大多数产品是形式简单的衍生品,尚未形成系列产品。系列产品的开发从规划设计到生产,均需要人力、物力等支持,因此需要明确产品定位。

首先,为了研发全链条的"黄河文化档案"文创产品,需要从沿黄9省、自治区整合相关档案资源。这一步需要尽可能完整地挖掘"黄河文化档案"元素,包括历史文书、影像资料、实物档案等。为了达到更全面的效果,各文化部门,如档案馆、博物馆、图书馆和艺术馆等,应加强协作,形成合作框架。以沿黄9省、自治区博物馆联合推出的考古盲盒为例,这一合作模式成功地以"黄河文化档案"为基础,引导大众探索黄河流域博物馆的精神内核。

此外,与企业、教育科研机构的合作也是关键。通过与社会力量的合作,档案馆能够得到更多的支持,从而拓宽市场。例如,苏州市工商档案管理中心与当地丝绸企业合作共建传承基地,成功推出了具有丰富文化内涵的产品。这些合作基地与企业研发的产品成功地融合,为"黄河文化档案"文创产品的开发提供了成功经验。

其次,作为档案资源的管理者和保护者,档案馆需要与文化创意设计公司、新媒体公司等社会力量加强合作,共同开发和推广"黄河文化档案"文创产品。这种合作关系是优势互补的,档案馆可以提供丰富的档案资源和专业知识,而文化创意设计公司和新媒体公司则可以提供创新的设计理念和先进的技术手段。这样的优势互补关系有助于拓宽"黄河文化档案"文创产品的开发范围与资金来源,实现黄河文化、档案资源、产品市场的开放和共享。在双方合作中,须明确各自的角色和责任,以确保合作的顺利推进。此外,还需要考虑知识产权的问题,明确双方在合作中的权益,以建立长期稳定的合作关系。

再次,为了更好地满足市场需求,档案馆应该根据市场需求和消费者喜好,打造商都文化、少林文化、河洛文化、炎黄文化等系列主题产品。这种特色系列文创商品的开发需要紧密关注市场趋势和用户需求,通过不断获取用户反馈,调整和优化产品设计。例如,可以针对商都文化开发与青铜器相关的产品,针对少林文化则可以推出武术用品,针对河洛文化可以设计皮影戏相关产品,针对炎黄文化则可以打造祭祀器具。这样的系列产品不仅能满足不同层次和类型消费者的需求,提高市场竞争力,还能更好地传达黄河文化的丰富内涵。

最后,档案馆在开发"黄河文化档案"文创产品时要重视档案元素的特殊性。深入研究黄河文化相关的文书、影像和实物档案等,设计推出内涵丰富的文创产品。例如，苏州市档案馆以丝绸作为其城市名片，构建属于苏州市档案馆专属的"丝绸"IP品牌文化。这种特殊的IP文化可以发挥品牌效应，扩大市场影响力，以更好地实现档案文创产品的经济价值。

在产品设计中，需要注重档案元素的保护，确保产品既能传达文化信息，又能符合市场的需求。此外，产品的包装和宣传也需要体现档案元素的独特性，吸引消费者的眼球，提升产品的竞争力。档案馆可以通过与设计师、市场营销专业人员的合作，更好地突显档案元素的特殊性，使产品在市场中脱颖而出。

2. 依托数字技术开发

首先，在开发"黄河文化档案"文创产品时，需要对档案资源进行深度识别，并应用现代数字技术进行呈现。黄河文化作为丰富而庞大的文化遗产，需要通过数字技术进行全方位展示，以适应现代社会人们对信息接收的习惯。利用元宇宙、三维建模、3D、全息、VR、人工智能等技术，可以构建云展览馆、无实体展厅等新颖形式，实现"黄河文化档案"内容的多维度、多样式数字展示。通过虚拟成像和动态展示，将静态的文化产品赋予生命，使其更加贴近用户的感知和认知。

其次，数字技术可以应用于打造叙事性文创场景，通过虚拟现实、数字孪生技术等手段，重现历史真实情境，激发档案的情感价值。例如，利用数字孪生技术可以将档案信息资源进行立体可视化呈现，构建虚拟文创空间。以嵩山少林寺档案馆为例，他们使用VR技术让用户沉浸式体验达摩祖师的修炼经历，使用户能够亲身感受历史的真实情境。这样的数字展示不仅让档案内容更具吸引力，同时也提升了用户的参与感和沉浸感。

再次，数字技术的应用不仅局限于视觉方面，还涉及听觉、触觉、嗅觉等多种感官，增强观众感官体验。通过数字化技术，可以活化人物形象、景观场景、故事情节等，使黄河文化以更丰富的形式呈现在大众面前。例如，有关黄河主题的纪录片《档案里的黄河故事·河南篇》通过数字技术实现用档案讲好"黄河故事"，使黄河文化以生动的方式传达给观众，让他们更好地理解和感知黄河文化及其内涵。

最后，数字化技术也在推动非物质文化遗产（以下简称"非遗"）传承方面发挥了积极作用。以河南非遗数字馆"老家河南黄河之礼"官方微信小程序为例，通过数字技术，用户可以在云端开启"黄河宝藏"之旅，畅游河南省沿黄地区的非遗世界。这种数字化的传承方式使得非遗文化更好地融入现代生活。同时,通过互联网平台传播,也实现了非遗文化的数字展示与传承。

通过以上数字化技术的应用,"黄河文化档案"文创产品能够更好地适应当代社会的需求,提升文化产品的吸引力和影响力。因此,数字技术不仅是呈现形式的创新,更是对黄河文化的一种全新传播方式,使其更具活力和时代感。

(二)面向平台建设

1. 建设黄河文创商店

首先,档案馆应在已有的网站基础上增设电子商务功能,以实现档案产品的在线购买。可以通过在档案馆官方网站上建设专门的购物页面,以展示各类"黄河文化档案"文创产品,提供详细的产品信息、价格及购买方式。用户可以通过档案馆网站方便地浏览、选择并购买心仪的文创产品。这种方式既保留了档案馆的在线形象,又为用户提供了更为便捷的购物通道,从而提高了他们的购物体验。

其次,档案馆可以开发官方应用软件,设立专门的销售板块,开展会员优惠活动。通过建立会员制度,档案馆可以吸引更多的用户成为会员,享受专属的购物优惠和服务。同时,在应用软件中建立评价反馈机制,让用户对购买的产品进行评价,档案馆可以根据用户反馈及时调整产品策略,提高产品的质量和受欢迎程度。此外,建立完善的售后服务政策也是必不可少的,以切实保障消费者的权益,增强用户对档案馆的信任感。

最后,为规避档案馆自主开发的成本风险,可以借助已有的第三方平台,如天猫、京东、抖音、微信公众号等,实现精准营销。通过这些平台,档案馆可以前端分享新品动态,后台分析用户信息,实现更为精准的广告投放和推广。同时,借助第三方平台的巨大用户基础,档案馆能够更迅速地扩大受众范围,提高产品曝光率,从而增加销售量。此外,第三方平台也提供了完善的销售管理体系和售后功能,减轻了档案馆的运营压力,从而更有利于打开市场。

在当前情况下,沿黄9省、自治区的档案馆可以考虑建立一个实现资源整合与共享的统一集成平台。该平台将各地档案馆的文创产品汇聚在一起,形成一个"黄河文化档案"文创产品的"超市"。这种集成平台的建设可以减轻单独管理的成本与负担,实现资源的共享。各档案馆只需在自己的官方网站中开设在线商店栏目,大众点击之后可直接进入第三方平台网店,其余购买、付款、售后等流程均在第三方平台操作完成。这种方式既减少了运营成本,又扩大了消费者的选择范围,提升了整体的竞争力。使用共享统一集成平台能够更好地保障消费者的购物体验,使档案文创产品更容易被市场接受。

2. 融合线上线下渠道

首先,档案馆可以通过实体商店来增添更为浓厚的文化气息。实体商店既可以作为产品的展示和销售场所,又能够更好地营造档案馆的文化休闲氛围。在实体商店中,可以设计专题展览,以重要历史事件或黄河文化的特定主题为主题,开发相关文创产品,作为主题活动的延伸。这样的实体展览既能够吸引更多游客和观众,深化他们对档案的印象,也能够为"黄河文化档案"文创产品提供更为有趣和生动的背景。此外,产品还可以推广至书店、电影院、旅游景点等营业场所,以增加产品的曝光度,吸引潜在受众。

其次,线上商店应当充分利用新媒体平台的多样性、及时性和互动性等特点,通过文字、图片、视频等多种形式进行宣传,以增加产品的曝光度。在线上商店的宣传中,可以利用新媒体直播的形式,通过网络直播激发消费者的购买欲望。此外,自媒体平台如抖音、小红书等也是推广产品的有效渠道,可以通过自媒体直播销售、自媒体橱窗销售等方式,充实线上产品的展示渠道。这样的全方位宣传可以让更多的消费者了解"黄河文化档案"文创产品,从而提高产品的认知度和受欢迎程度。

再次,档案馆在产品营销方面应当实现市场差异化营销。即档案馆可以采用饥饿营销策略,限定产品的销售时间和数量,刺激消费者的购买欲望,以提升销量和增加收入。对于销售火爆的产品,可以进行重新组合包装,并限量发售,使其形成稀缺性和独特性,以吸引更多消费者的关注。定期选择新设计的产品进行概念包装,推出限量商品,以提高品牌知名度。这种市场差异化营销策略有助于在激烈的市场竞争中脱颖而出,吸引更多目标消费者的注意。

最后,为解决消费受众不足的困境,档案馆可以借助线上引流的方式,将线上积累的消费市场转化为线下的销售。通过线上线下双运营的模式,实现产品的双渠道销售。线上线下的联动可以带动消费者在不同渠道之间的转化,提高整体销售效益。线上引流可以通过线上推广、社交媒体等方式吸引用户,将他们引入线下实体商店购物,以实现线上线下的无缝衔接。这样的运营模式不仅能够满足不同消费者的购物习惯,还能够提高产品的整体销售水平,实现更好的市场覆盖。

通过以上策略,"黄河文化档案"文创产品可以在线上线下两个维度充分发挥优势,扩大市场份额,提高产品的知名度和美誉度,从而实现更好的商业效益。

二、文化旅游的开发

黄河流域经过漫长的历史发展,孕育了丰富的黄河文明;黄河更是中华文明的发源地,对黄河文化进行深入研究具有重大的历史和文化价值。以河南省开封市段为例,该区域位于黄河中下游,拥有独特的自然景观和深厚的人文内涵。其中,开封市段黄河以其特有的"悬河"奇观而著称,为这一地区增添了独特的自然韵味。而开封市更是历史上多次经历黄河水患的城市,地下淤积了六座城池,形成了世界罕见的"城摞城"景观。这一独特景观成为开封市古城的独特标志,同时也见证了历史上人们对黄河水患的顽强抵抗。黄河文化在这一地区为开封市古城的旅游发展增色不少,为游客呈现了具有独具魅力的历史画卷。

实施黄河文化与旅游的协同发展,需要深入挖掘黄河的文化价值,培育和整合这两者的核心思想和卓越成就。这一举措不仅可以推动旅游品牌的升级,传播黄河文化,还能够为旅游业发展注入新的动能,促进社会经济的稳定增长。

(一)开封段黄河文化与旅游发展现状

开封市,作为一个历史悠久且拥有丰富人文旅游资源的城市,面对自然景观相对匮乏的现状,对其黄河文化旅游资源的充分开发显得尤为重要。目前,已经建成的黄河游览风景区为开封市提供了一个旅游资源的平台;然而,经专家实地调研后发现该区域在目前的发展中还存在一些不足之处。

第一,游览区内道路崎岖,基本的指示标识系统缺乏,导致游客在游览过程中可能会迷失方向;而且景区内停车不便利,给游客的出行带来一定的不便。

第二,常见的休息设施如椅子、凉亭等相对匮乏,游客在游览过程中缺乏合适的休息场所,影响了游览的舒适度。

第三,游览区内环境卫生水平有待提高,如马粪未得到及时清理,这些问题都影响了游客对于景区的整体印象。

第四，娱乐设施相对破旧，栏杆等存在安全隐患，这可能会对游客的安全造成潜在的威胁。此外，服务人员相对较少，游览区入口处管理不到位，这也在一定程度上影响了游客的游览体验。

第五，专业从事黄河文化的人才相对不足，代表黄河流域文化特色的旅游纪念品不足，满足游客基本需求的能力有待提高，这些问题都严重制约了开封市黄河文化旅游的发展水平，需要得到进一步改善。因此，通过系统性的改进和管理，可以全面提高开封市黄河文化旅游的品质和水平。

（二）开封段黄河文化与旅游协同发展路径

开封市段的黄河文化旅游发展潜力巨大，开封市的众多古迹或景区都与黄河有着密切的联系。开封市作为沿黄流域的重要古城，具有丰富的黄河文明、黄河故事等文化资源，开封市的黄河文化与旅游协同发展具有得天独厚的优势，其与旅游协同发展的路径分析如下：

1. 开发"研学 + 文化 + 旅游"路径

将黄河文化与研学、旅游相融合，致力于塑造开封市段黄河文化研学的独特品牌。充分发挥开封市的文化和资源优势，将该地的黄河文化、历史文化及红色文化等旅游资源有机结合，开展特色产品的开发与示范线路的建设，努力打造知名的研学旅行目的地。在整合开封市段黄河文明的旅游资源方面，需要对当地的黄河文化地标进行资源整合，强化对黄河文化的历史、价值、资源内涵等方面的挖掘与整理工作，以提供更好的传承与弘扬黄河文化的平台，最终塑造出一个知名的黄河文化研学旅游品牌。

2. 开发"产品 + 文化 + 旅游"路径

黄河文化与旅游、产品开发相结合，可以生产符合开封市现有旅游形象并融入当地黄河文化特色的旅游纪念品，从而加深开封市文旅融合的深度与广度。通过特色旅游纪念品的开发，能够提升游客对开封市文化的认同感和归属感，从而进一步推动旅游产业的发展。

目前，在特色旅游纪念品开发方面，开封市还存在对文化元素利用较少、文创产品缺乏的现状。特别是开封市段的黄河文化元素未得到充分的挖掘与利用，缺乏具有黄河文化特色的地理标志产品，使得开封市的旅游纪念品存在着同质化和特色不突出的问题，因而产品质量也需要进一步提升。

为了解决以上问题,开封市需要切实打造具有黄河特色的地理标志性产品,以彰显黄河文化旅游的地域特色。

首先,可以将黄河文化元素和当地特色景点相结合,设计制作具有地理标志意义的纪念品,如黄河沙画、黄河风筝等,以唤起游客对黄河文化的兴趣和热情。

其次,可以通过挖掘黄河文化的相关历史故事和传说,设计独特的文创产品,如黄河漂流纪念品、黄河龙舟模型等,以为游客提供更加丰富多样的选择。

再次,还可以加强与当地手工艺品制作者和文化创意团队的合作,通过传统工艺和现代设计相结合的方式,打造具有创新性和独特性的黄河文化旅游纪念品。同时,在产品开发过程中,须注重提高产品质量和文化内涵,使得旅游纪念品的设计和制作既满足市场需求,又能展示独特的黄河文化魅力。

通过将黄河文化与旅游、产品开发相结合,可以实现旅游产业增值和文化传承的双重目标。不仅能够提升开封市作为旅游城市的吸引力和竞争力,也能够丰富游客体验,深化对黄河文化的认知和感知。最终,推动黄河文化旅游的可持续发展和地域文化的传承。

3. 开发"演艺+饮食+文化+旅游"路径

加强开封市段黄河文化与旅游、饮食和演艺项目的结合,能够进一步增强黄河文化的辐射力与影响力。作为具有丰富饮食文化的地方,开封市拥有众多特色小吃,而开封市的小吃夜市可追溯到北宋时期,这些特色美食成为吸引游客来开封市旅游的重要因素,并促进了开封市夜间旅游的发展。同时,通过旅游演艺的开展,能够展现开封市的文化特色,增强游客对开封市文化的认同感和感知度,从而不断提升开封市作为旅游目的地的竞争力。

目前,开封市的旅游演艺活动还较少,夜间娱乐项目也相对缺乏。对针对黄河文化特色的旅游演艺活动也未充分重视,对黄河文化的宣传与推广还较少。因此,需要将黄河文化与旅游、饮食和演艺相结合,采取综合多种手段,以烘托演出氛围,拉近游客与黄河文化的距离。

首先,可以组织开展以黄河文化为主题的旅游活动,如黄河文化展览、黄河文化论坛等,通过展示黄河文化的历史、传统与现代发展,让游客更加深入地了解和体验黄河文化的魅力。

其次，可以在开封市的旅游景点和特色街区设置黄河文化表演场所，开展具有黄河特色的旅游演艺活动，如黄河水上演艺、黄河故事剧等，通过精彩的演出烘托黄河文化的艺术氛围，以吸引游客参与和欣赏。

再次，充分利用开封市特色饮食文化，可以组织开展黄河美食节等相关活动，推广和宣传开封市特色小吃和美食文化，使游客在品尝美食的同时，感受黄河文化的独特魅力。还可以策划开展黄河文化与传统民间习俗相结合的氛围营造活动，通过举办黄河传统婚嫁展示、民间艺术表演等活动，让游客亲身体验和参与其中，从而使他们深入了解黄河文化的深远影响和价值。

通过加强黄河文化与旅游、饮食和演艺活动的结合，能够充分展示开封市的独特魅力和黄河文化的辐射力与影响力。同时，这也有助于提升开封市作为旅游城市的吸引力和竞争力，从而促进旅游业的健康发展。

4. 开发"博物馆+文化+旅游"路径

博物馆作为展示地区文化的重要场所，具有独特的文化优势，因而成为地区旅游的重要资源。挖掘博物馆等文化展示区域的旅游资源，是文化与旅游协同发展的重要方向。目前，开封市的博物馆和开封市文化客厅等场所多以展示和体现开封市的历史、民俗和文化活动为主，涉及黄河文化主题的内容较少。对黄河的演变历史、治理过程、诗词文学，以及历史人物等方面的介绍与展示也较少。因此，对于博物馆，黄河文化旅游资源的开发力度有待提升。

同时，增强博物馆等相关场所的知识性、娱乐性和体验性，对于提高游客对博物馆的了解和认知具有重要意义。可以通过多样化的展示手段和交互式的展览方式，让游客参与其中，亲身体验黄河文化的魅力。例如，在博物馆中引入虚拟现实技术，打造虚拟黄河漂流体验，让游客如身临其境般感受黄河的磅礴气势。同时，可以组织丰富多彩的文化活动和展览，如黄河历史研讨会、黄河文化艺术展等，以加深游客对黄河文化的了解和兴趣。

此外，博物馆还可以加强与学校和社区等机构的合作，开展教育推广和社会培训。通过举办讲座、工作坊等形式，普及黄河文化知识，提升公众参与度和认知度。同时，可以设计开发具有黄河文化主题的文创产品或纪念品，方便游客将黄河文化"带回家"，并提升开封市作为旅游城市的知名度和吸引力。

通过以上措施的实施，能够充分利用博物馆等文化场所的地位和影响力，提升黄河文化旅游资源的开发水平，增强游客对黄河文化的认知和体验。这不仅可以促进地区的旅游业发展，也为黄河文化的传承和弘扬提供了重要的平台和机遇。

（三）开封市段黄河文化与旅游协同发展对策

1. 挖掘黄河文化内涵，开发黄河研学旅游产品

充分发掘开封市的文化旅游资源优势，将黄河文化旅游与教育紧密融合，致力于将开封市打造成河南研学旅行的新典范。通过整合古都、黄河等文化旅游资源，推动黄河文化与旅游的协同发展。

首先，创建开封市段黄河文化研学旅行的精品线路是关键任务。以黄河黑岗口、柳园口为基础，让游客亲身感受"悬河"和"城摞城"奇观，同时兴建黄河悬河和城摞城文化展示馆。根据黄河独特的自然旅游资源特色，策划以黄河生态廊道、沿黄湿地、沿黄生态农业为主题的研学产品，强调保护生态和休闲观光。研学旅行可以结合自然环境，展开多种集体活动，让游客充分放松身心，欣赏黄河风景，歌唱黄河歌曲，聆听黄河故事，同时也可以为同班同学提供一个加深友谊的集体活动的机会。

其次，在研学旅游产品的开发过程中，要满足不同群体的需求，不要仅局限于学生群体。应该从多个角度对黄河文化进行研学旅行产品的开发，细致挖掘市场需求，结合"寓教于乐"的理念，设计独具特色、差异化明显的研学产品课程。这样可以更好地推动黄河文化的传承和发展，为广大游客提供丰富而独特的研学旅游体验。

2. 结合黄河文化元素，打造特色旅游纪念品

在满足便携性和实用性等条件的前提下，旅游纪念品的开发应更注重植入一定的文化元素。通过与黄河文化相结合，将新颖的旅游纪念品融入开封市文化旅游的发展中，对黄河文化进行新的演绎与表达，以不断丰富开封市文化旅游的内涵，推动文化旅游的繁荣。在黄河文化旅游纪念品的开发过程中，可以将多种文化元素与黄河文化相融合，制作出具有开封市特色且方便携带的旅游纪念品，用这些精美的纪念品提升游客对开封市旅游的认知。

例如，北宋时期的开封市以其丰富的陶瓷文化而闻名，可以将黄河文化与北宋的诗词、书法及陶瓷相结合，对陶瓷产品进行巧妙装饰，打造出具有开封

市陶瓷特色的旅游纪念品。同时，根据开封市的黄河文化特色进行深入挖掘，开发具有黄河特色的绿色环保纪念品。通过这些特色旅游纪念品，拉近游客与开封市及黄河文化的距离，从而提高游客的满意度。

依托具有文化和经济效益的黄河地理标志性旅游产品，延长产业链，拓展市场规模，形成黄河文化品牌效应，全面促进黄河文化的旅游发展。这样的举措不仅可以为游客提供独特而有深度的文化体验，也有助于推动当地旅游产业的长期繁荣。

3. 依托黄河文化，建设旅游演艺项目

通过建设开封市黄河演艺项目，可以有效增强游客对黄河文化的认知。目前开封市的黄河文化娱乐体验项目相对较少，无法充分满足游客对黄河文化旅游体验的需求。因此，开封市需要深入挖掘黄河文化遗产，利用黄河文化资源内涵，突出文化遗产这个"活化石"。在黄河文化资源的特色基础上，建设相应的黄河文化演艺项目，从而不断提升黄河文化的影响力。

开封市还可以推出黄河系列的相关文学作品或短视频，通过将黄河故事与图片、文字相结合，增加游客对黄河文化的了解途径，使黄河文化的表现形式更加多姿多彩。为了增加游客及居民的参与度，可以鼓励开展相应的放风筝活动。同时，需要加强对餐饮的管理，增强地方饮食特色。合理管制开封市的饮食环境，保证游客就餐的卫生环境，并解决垃圾箱、桌椅板凳等基础设施方面的问题，规范市场秩序，防止欺客、宰客现象的发生。在打造开封市饮食质量与品牌方面，应融入黄河地域特色，做强做大开封市特色餐饮业，以独特的饮食文化留住更多的游客，同时也为开封市旅游的发展提供坚实保障。

4. 融入博物馆场所，全面展示黄河文化

博物馆长期以来给人以死板、枯燥的印象，使得游客在选择休闲娱乐场所时经常会放弃对博物馆的参观游览，更没有形成到博物馆参观和学习的习惯，因此必须对博物馆进行合理规划与管理。建立特定文化展示场所，对开封市的历史文化分不同板块不同分区域展示，如对开封市的剪纸、汴绣、木版年画等黄河文化进行集中展示，打造独特且具有吸引力的场所。也可根据不同区域适当开展相关的文化活动，增强其影响力，使游客充分感受开封市的文化魅力。黄河文化与博物馆建设相结合，根据黄河文化的旅游资源特点，通过遗迹、文物感受开封古城的发展历程、黄河的孕育与演变。在完善博物馆基础设施的基

础上，增加对陈列物品信息的介绍，完善语音导览系统，增强游客对相关展示物品的了解程度，吸引游客兴趣，使游客获得知识体验。此外，还可以运用虚拟现实等现代技术手段还原黄河的足迹，展现悬河景观，带领游客游览各个时期的黄河和黄河文化的形成，使游客切身感受黄河的魅力；还可以充分利用多媒体等技术，创新表现手段，推出一系列动画、漫画等文化产品，让黄河文化及其蕴含的时代价值以活灵活现的方式走向大众，全面提升游客对开封市黄河文化的了解与体验。

5. 充分运用科学技术，加强旅游宣传效果

为充分开发开封市的黄河文化资源，加强对科技的应用，以提高文化旅游的宣传效果，需要在文化与旅游发展中更好地利用互联网等科技手段。目前，游客对开封市科技文化、黄河文化等资源的了解相对较少，因此宣传工作亟待加强。针对开封市段黄河文化资源，应深度挖掘其内涵，运用现代技术手段如大数据、在线课堂、VR、全息投影、激光造型等进行创新，以提升黄河文化的展示方式，增强游客对开封市段黄河文化旅游的了解与认知。

同时，需要完善基础设施建设，加强对黄河文化的宣传与推广。在黄河文化与旅游协同发展的过程中，应加强吃、住、行、游、购、娱等配套设施的建设，完善交通体系，提高游客的可进入性。利用抖音、微信、微博等新媒体平台，推送与开封市文化相关的文章或拍摄景区景点的相关视频，加强对开封市文化资源、景区景点及相关活动的传播力度，提高目的地旅游的宣传效果，全面提升游客对目的地文化的认知与了解。

同时，加强开封市智慧旅游城市的建设，提高游客对景区景点的了解程度，为游客来开封市旅游提供更大便利。通过科技手段，将开封市的文化和旅游信息智能化地呈现给游客，使其更便捷地了解和体验开封市的黄河文化。

6. 加强专业人员队伍建设，提升服务质量与水平

在旅游与文化协同发展的过程中，必须树立起"人才是第一资源"的理念，尤其是面对开封市丰富的文化资源，必须对旅游从业人员提出更高的要求。这些从业人员不仅需要具备丰富的历史和文化知识，还需要对建筑和民俗等方面有一定的了解。为此，应加强对旅游专业人员的培训，提升其自身素质与专业水平，构建一支高素质的文化旅游专业人才队伍，以满足游客多样化的需求。这样的团队将不断增进游客对开封市历史文化的了解，深化其对开封市旅游的认知。

专业人才队伍的建设也要针对黄河文化进行培训，开展相关课程，使他们更好地了解开封市段黄河文化的历史、资源、意义和价值等方面，从而更好地传承和弘扬黄河文化。作为八朝古都，开封市以宋文化和古城形象著称，但在与其他类似旅游目的地的客源竞争中相对较弱。因此，加强对开封市黄河文化旅游资源的开发，不仅有助于增强文化自信，更为开封市的旅游发展开辟了新的方向，提升了开封市旅游的竞争力，同时也为开封市的旅游目的地形象注入新的元素。

三、推进黄河文化遗产的系统保护

成体系的维护工作能够高效地保证新时代黄河流域生态保护和高质量发展任务的顺利进行，并且保护黄河事关中华民族伟大复兴的千秋大计，因此新时代促进黄河文化遗产的系统保护工作至关重要。

（一）明确黄河文化遗产的内涵和类别

黄河文化遗产分布范围极为广泛，涉及各个区域与民族。种类繁多的黄河文化遗产包含了人类文化遗产的各个层次。大部分黄河文化遗产都拥有自身特有的性质，就像中医正骨技能、雀金绣技巧及唐三彩等，正因为自身的独特性质名重天下。黄河文化遗产涉及范围相当广阔，理论层面上来看，黄河流域全部文化遗产皆可被称作黄河文化遗产，并将其看作以下五个方面：

1. 黄河历史文化演进过程中的相关遗产

（1）上游遗址

喇家遗址、马家窑遗址、大地湾遗址：这些上游遗址承载着黄河文化的早期历史，为人类文明的发展提供了关键的线索。

（2）中游遗址

半坡遗址、姜寨遗址、西坡遗址、庙底沟遗址、双槐树遗址：中游地区的这些遗址见证了黄河文化的繁荣时期，揭示了当时社会的结构和发展。

（3）下游遗址

西山遗址、大河村遗址、大汶口遗址：这些遗址在下游地区展示了黄河文化的演进，为该地区的历史进程作出了巨大贡献。

2. 黄河文化盛行阶段的城址遗产

二里头夏都遗址、郑州商代遗址、安阳殷墟遗址：这些城址代表了黄河文化在盛行阶段的繁荣，反映了当时社会的城市化和文化发展水平。

3. 拥有重大成就的遗产

长城、大运河、秦始皇兵马俑：这些遗产标志着黄河文化在军事、交通和文化方面的宏伟成就，对中国古代历史产生了深远的影响。

4. 黄河演变和治理形成期间的遗产

黄河豫东故道和黄河豫北故道、大伾山的改道遗产、汉朝金堤遗址、玲珑塔、武陟御坝：这些遗产代表了黄河的演变和人类对其治理的历史过程，是中国水利工程发展的重要标志。

5. 相关非物质文化遗产

大禹治水、河神祭祀：这些非物质文化遗产是黄河文化传承的重要组成部分，反映了人们对自然力量的崇敬和对水文化的深刻理解。

总体而言，黄河文化遗产以其丰富多彩的内涵和多层次的类别，为我们了解中国古代文明提供了深刻的历史印记。

（二）规划布局黄河文化遗产保护区域

1. 黄河文化遗产保护区域规划与布局

（1）黄河流域的特殊地理情况

频繁的决口与改道：黄河流域具有善淤、善决、善徙等特征，导致地区频繁决口，形成大型改道，对当地文化造成深远影响。

下游改道历史：古代下游改道现象使得遗产保护区域不仅限于黄河干道，还包括黄河历史上流经的地区，如大沽口、渤海、海河等。

当前流经区域：当前黄河主要流经区域，如四川省、河南省、山东省等，也应成为保护的关键区域。

（2）黄河文化区域的特性与特点

黄河流域分区：从西到东横跨青藏高原、内蒙古高原、黄土高原和黄淮海平原四个地貌单元，流经青海、四川、甘肃、宁夏、内蒙古、陕西、山西、河南、山东9个省、自治区，最后于山东省东营市垦利区注入渤海。上、中游分界点：内蒙古河口镇；中、下游分界点：河南省桃花峪。

文化资源整合：重点整理9个省、自治区的传统文化资源，明确黄河文化区域的基础和本质特点。

区域划分调整：分析调整黄河文化遗产综合利用区间，以更合理的布局服务保护事业。

2. 黄河文化遗产保护区域的具体规划与布局

（1）沿黄地区划分

中心区域规划：构建以郑州市、洛阳市、开封市、新乡市、焦作市、济源市为核心的中心区域，涵盖郑汴洛区域，成为黄河文化核心展示区。

景观路线规划：环绕黄河河道展示民间传统风情区域，太行山、伏牛山等山水区域，以及洛阳龙门石窟和少林寺等文化景点路线。

（2）西延文化展览区域

代表性遗址展示：延文明文化展览区域以仰韶村遗址、庙底沟遗址、虢国墓地等为代表，展示黄河文化的早期历史。

（3）北、东、南、延文化开发重点展区

北延文化展区：以濮阳为主要展示区域，聚焦安阳、鹤壁遗址，构建珍贵文物遗产发展区。

东延文化展区：以商丘为主要文化代表，建设早期上古文明、殷商之源的综合展示区。

南延文化展区：以许昌、周口、漯河为主要代表，形成一个整体性综合运用的地方文化遗产资源聚居集群。

（4）"两极"划分

汉文化与楚文化以"两极"划分，强化大型遗址与墓葬的宣传和管理保护工作，增强其社会影响力。

3. 持续增强保护力度

重要文旅规划项目：充分利用泰山济渎庙、王屋山等重要文旅规划项目，促进黄河文化遗产的保护与利用。

综上所述，以上规划与布局使得黄河文化遗产在广大区域内得到综合而有序的保护与发展，既能充分展示其独特的历史价值，又为社会文化的传承与创新打下了坚实的基础。

（三）以文旅融合让黄河文化遗产"活起来"

利用文旅融合作为推动黄河文化遗产的系统保护发展途径，是新时代保护、传承和弘扬黄河文化的使命与责任。经过各产业、职能和资源等方面的交融，在推动文旅融合中促进生态保护，使相关文旅活动能够实现新时代黄河文化遗产的传承和弘扬。在此期间,要体现高品质、高质量发展,更加需要把黄河文化遗产里存在的精华思想与精神力量散播给游客,使黄河文旅工作在推动文化交融、提升文化自信与汇聚精神力量中呈现出积极面貌。

1. 推动公共文化服务系统的建设

(1) 国家优秀文化复验标准的推动

第一,公共文化服务体系升级。为促进黄河文化的传承与弘扬,需根据国家优秀文化的复验标准,致力于公共文化服务系统的建设。通过深化经营形式与公益形式的文化生产工作,实现文化产业的创新与发展。在此过程中,需要集中力量提升文化产业的创新力,加强文化图书馆的建设,以黄河为主题,打造新的品牌文化优惠活动,如"黄河记忆"文学活动,吸引优秀文学作品。

第二,艺术作品创新推动。在推动文化融合的同时,通过推动艺术作品的创新发展,使其紧密结合黄河文化特色。政府可以规划公共文化服务形式,打造更多优秀文艺演出活动,为游客呈现黄河文化的独特魅力。同时,可积极开展非物质文化遗产保护项目,推动黄河地区的民俗艺术,如行鼓、秧歌等,从而使其得到更广泛的传承与发扬。

(2) 旅游发展良好态势的巩固

第一,国家级景区创建与质量管理。黄河文化的保护与发展需要在旅游业中发挥关键作用。为此,应加快推进国家旅游区和国家级5A景区的创建,强化景区质量管理体系建设。通过提升旅游景区的硬件设施,确保功能配套达标,创造更好的游客体验。例如,在黄河源头地区创建国家级5A景区,强化其生态环境保护。

第二,文旅资产运营与项目优质资产整合。在推动文旅融合的过程中,需要强化文旅资产的运营。政府应坚持市场化改革方向,提升投资融资水平,支持文旅公司,整合核心景区资源资产。通过整体出让或授权经营,实现黄河文化相关项目的效益闭环。例如,通过授权经营黄河文化体验馆、黄河漂流等项目,吸引更多游客。

2. 加强文化遗产保护利用

(1) 文物保护发展规划的科学编制

第一,安全是底线、学术是核心。为保护黄河文化遗产,首要任务是确保文物的安全。政府应依托长城、黄河国家文化公园建设的机遇，包装文物保护项目，建立科学的文物保护发展规划。其次，学术是核心，通过科学的规划确保文物保护的长期稳定性。

第二，考古工作基地的建立。黄河文化的丰富历史为考古工作提供了丰富的资源。政府可以与省考古院和高等院校合作，建立持久性的考古工作基地，推动"三国一城"考古工作等项目。通过合作，更好地发掘、保护、展示黄河文化的考古成果。

（2）古城的保护利用和提升

第一，平安古城创建活动。在文化遗产的保护与利用中，需要积极开展"平安古城"创建活动。通过这一活动，政府可以规划古城的保护与利用，提高古城的保护利用水平。例如，在平安古城创建过程中，对古城进行修缮、照明、规划等多方面的提升工作。

第二，申请世界文化遗产的机遇。政府可以借助黄河文化的独特性，积极申请世界文化遗产。通过这一活动，提高古城的国际认知度，从而进一步推动对文化遗产的保护和利用。例如，对新郑黄帝故里进行文化遗产的全面整理，强化其历史地位，为其申请世界文化遗产提供有力支持。

3. 研发优质文化产品与创造独有特点

（1）文化脉络的寻找与整合

第一，文化遗产的相互联系。推动文旅融合需要根据文化脉络，找到文化遗产内在的成分。通过文化遗产之间的相互联系，形成文化遗产集群，实现整体运用。比如，挖掘黄河文化中的关键元素，将其作为各种文化遗产单元之间相互联系的桥梁，形成连贯的文化脉络。

第二，创建以黄河为主题的品牌文化优惠活动。政府可以围绕黄河这一主题，创建品牌文化活动，如"黄河文化之旅"等。通过这些活动，吸引游客深度体验黄河文化，提高游客对黄河文化的认知度和喜好度。这种文化活动既是对传统文化的传承，也是对文旅融合的重要实践。

（2）创新发展的黄河文化产品

第一，全新的考古与旅游文艺融合之路。在文化遗产保护利用中，需要实施创新发展的策略。政府可以依托世界级物质文化遗产、国家重要历史文物重点保护工作单位等资源,推动考古与旅游文艺的深度融合。通过全新的项目,如考古主题展览、古城夜景游等,构建独有的文旅模式。

第二,打造拥有自身特色的考古与旅游项目。政府应重视考古发掘项目,以黄河文化为基础,打造拥有自身特色的考古与旅游项目。通过对考古成果的深度挖掘,形成具有独特魅力的文化产品。例如,以发掘的历史名人文化遗址为中心,打造丰富多彩的考古与旅游融合项目,使游客更好地融入黄河文化的历史底蕴。

第三,民族文化历史的传承。在整体开发文化遗产资源的同时,政府需要着力传承民族文化历史。通过挖掘民族文化的精髓,建立与黄河文化相融合的文旅项目。例如,重点挖掘黄河流域的民族文化,弘扬民俗艺术,打造具有浓厚地方特色的民族文化体验馆,使游客更深入地感受黄河流域的多元文化。

第四,提高文物与文旅融合的品质。政府可以通过提高文物与文旅融合的品质,吸引更多游客。通过数字化展览、互动式体验等手段,使文物更生动、接地气。例如,推动文物与文旅深度融合,将文物故事融入旅游线路,通过虚拟实景展示等方式,使游客更直观地感受文化遗产的魅力。

四、传统手工艺品的传习与推广

首先,传统手工艺品作为黄河文化的重要组成部分,具有深厚的历史和文化底蕴。这些手工艺品承载了丰富的技艺传统,反映了古代社会的生活方式、审美观念等方面的特点。传统手工艺品既是物质文化的体现,也是技艺传承的载体,因此其传习与推广对于保护和传承黄河文化至关重要。

其次,为了有效传承传统手工艺品,可以举办手工艺品制作的培训班。通过邀请有经验的手工艺匠人担任讲师,向学员传授传统手工艺品的制作技巧和工艺流程。这样的培训班既可以吸引对手工艺品感兴趣的年轻人参与,也可以为手工艺匠人提供展示和传授自己技艺的平台。同时,还可以借助现代科技手段,如线上直播、在线视频教学等方式,扩大培训的覆盖范围,让更多人有机会学习传统手工艺品制作。

再次,传统手工艺品的传习与推广需要注重培养新一代手工艺匠人。通过挖掘年轻人的兴趣,引导他们学习传统手工艺品制作。例如,可以在学校、社区等场所设立手工艺课程，提供系统的培训。此外，可以设立手工艺品制作的实践工作室，为有志于从事手工艺品制作的年轻人提供展示和交流的平台。因此，通过培养新一代手工艺匠人，可以确保传统手工艺品制作技艺得到有效传承。

最后，为了更好地推广传统手工艺品，可以采取商品化推广的策略。将传统手工艺品制作成具有现代设计感的商品，通过线上线下销售渠道推向市场。可以与设计师合作，结合传统工艺与现代审美，创造出更符合当代消费者需求的手工艺品。同时，可以借助电商平台、文创市集等渠道，将传统手工艺品推广至更广泛的受众群体，提高其知名度和市场竞争力。

第六章

黄河文化的品牌化建设

第一节 黄河文化品牌化的相关概述

一、文化品牌对地方文化的价值与意义

（一）文化品牌的概念与作用

1. 文化品牌的定义

文化品牌是对地方文化进行有效宣传和传播的一种战略，旨在通过标识、口碑、视觉元素等形成一种在公众心目中具有独特地位和价值观的文化形象。针对黄河文化，文化品牌是对其丰富历史和文化内涵的有机提炼，也是对其独特性的集中展示。

2. 文化品牌的作用

（1）传承与弘扬历史文化

文化品牌不仅是一种市场推广手段，更是对历史文化的传承与弘扬。在黄河文化中，文化品牌的建设通过标志性元素、核心价值的梳理，使其历史文化更具有可识别性，更易于传递给后代。

（2）塑造地方文化独特形象

文化品牌有助于形成地方文化的独特形象。通过挖掘和强化黄河文化的特色，构建富有辨识度的品牌形象，使其在各类文化活动、旅游推广中都能够突显独特魅力，形成独具一格的地域形象。

（3）增强社会认同感

文化品牌，能够增强一个地方社群居民的社会认同感。通过参与文化品牌建设，社区成员更能深刻地感受到黄河文化的底蕴，形成对本土文化的自豪感和身份认同感。

（4）产生文化共鸣

一个成功的文化品牌能够引起公众的文化共鸣，使其与文化元素产生共振。在黄河文化品牌的构建中，可以通过与当地人的生活方式、信仰、传统节庆等相关联，使品牌故事更具共鸣力，引发公众对黄河文化的浓厚兴趣。

（二）品牌化对地方文化的推动作用

1. 全国和国际传播

（1）提升文化价值和认知度

通过文化品牌的打造，黄河文化可以更好地传播到全国和国际舞台。通过标志性的品牌元素和具有吸引力的品牌故事，黄河文化可以跻身全球文化关注焦点，从而提升在公众心中的文化价值和认知度。

（2）推动旅游业繁荣

文化品牌的形成有助于推动当地旅游业的繁荣。通过品牌化建设，可以吸引更多游客前来感受、体验黄河文化的独特魅力。这对于地方经济的发展，特别是旅游业、餐饮业、手工艺业等相关产业的兴盛具有积极的促进作用。

2. 地方经济发展的推动

（1）激发文创产业潜力

文化品牌化有助于激发文创产业的潜力。通过构建具有地方文化特色的文创产品，可以推动相关产业的发展。比如，推出黄河文化主题的手工艺品、纪念品、文创设计品等，形成产业链，为当地带来可观的经济效益。

（2）提升地方形象吸引投资

一个成功的文化品牌可以提升地方形象，吸引更多投资。在品牌的影响下，黄河文化将更容易获得企业、机构和个人的支持，从而推动当地产业的多元发展，实现全方位的地方经济推动。

3. 文化品牌与社会互动

（1）增加社会参与度

文化品牌的建设可以增加社会参与度。通过推动各类文化活动、节庆庆典，鼓励社区居民参与品牌建设，促进社会共建共享。例如，组织黄河文化节庆，吸引各方力量共同参与，使品牌的影响更加深入人心。

（2）促进文化传承

通过文化品牌建设，可以促进当地文化的传承。在推广黄河文化的过程中，注重挖掘和传承当地的传统文化，形成品牌故事，使当地年轻人更加深刻地理解和传承黄河文化。

二、黄河文化品牌的内涵与特点

（一）凸显地域特色

1. 挖掘地方传统

（1）民俗文化元素的提取

黄河文化品牌要凸显地域特色，首先需要深入挖掘当地的传统民俗文化元素。这包括地方特有的节庆活动、民间传说、习俗礼仪等，通过这些元素打造独具特色的品牌形象。

（2）地理环境的表现

地理环境也是地域特色的一部分，黄河文化品牌可以通过展现黄河流域独特的地理景观，如黄土高原的苍凉、黄河九曲十八弯的壮美等，使品牌在形象上突显地域特有之美。

2. 体现民俗风情

（1）民族服饰与建筑风格

品牌的独特性可以通过采用当地的传统民族服饰和建筑风格，使品牌形象更贴近当地文化。例如，结合黄河文化的特色，可以设计独具特色的服装，并将其作为文化符号在品牌宣传中广泛使用。

（2）地方美食与手工艺品

黄河流域各地都有独特的地方美食和手工艺品，可以将这些元素巧妙融入产品设计中，不仅展示了地域特色，也能激发消费者对品牌的兴趣。

（二）强调历史传承

1. 深入挖掘历史文化内涵

（1）文化符号的提取

品牌的独特性体现在对历史文化内涵的深入挖掘上。通过提取具有代表性的文化符号，如古老的器物、历史人物、传统工艺等，形成品牌独有的文化符号，为品牌建设奠定深厚的历史底蕴。

（2）历史故事的传承

通过讲述当地的历史故事，可以将这些故事融入品牌宣传中，使消费者更好地了解和认同品牌所代表的历史传承。这可以通过文字、影像、展览等多种方式展现。

2. 形成鲜明的品牌个性

（1）文化创意的注入

品牌独特性的形成需要在历史传承的基础上进行文化创意的注入。通过对历史元素的重新演绎和创新，使品牌在传承的同时呈现出鲜明的个性，以吸引更多消费者的关注。

（2）艺术与科技的结合

利用现代艺术和科技手段，可以将历史文化以更具创意和时尚的方式呈现，使品牌形象更富有现代感，与时俱进。

（三）品牌的传承性

1. 时代创新与传统传承的平衡

黄河文化作为中国悠久历史的象征，承载着丰富的传统文化元素，但随着时代的变迁，如何找到在创新与传统的平衡，成为品牌发展的关键问题。

首先，传承黄河文化品牌需要深入挖掘古老的文化元素。黄河文化源远流长，蕴含着丰富的历史、民俗和艺术内涵。品牌应首先在传统元素中找到灵感，通过深入研究古老的文献、艺术品和建筑，挖掘并理解其中的精髓。这不仅有助于品牌建立深厚的历史底蕴，也为后续的创新提供了有力的文化支持。

其次，品牌在传承的基础上必须进行创新，以适应现代社会的审美需求。时代变迁导致了人们对文化的不同理解和期待，品牌需要灵活地运用创新手法，将传统文化元素与现代审美相结合。这可能包括在产品设计中融入现代元素，采用新颖的营销策略,还可以与当代艺术家合作,以赋予传统文化新的生命。这样的创新不仅有助于品牌在激烈的市场竞争中脱颖而出,还能吸引更广泛的受众。

最后,科技的发展为传统文化的传承和创新提供了新的可能性。品牌可以利用现代科技手段,如虚拟现实、人工智能等,将传统文化体验引入数字化的领域。通过建立在线平台或应用,品牌可以为消费者提供更丰富、多样的黄河文化体验,使传统与现代在数字时代得以交融。这不仅有助于品牌与新一代年轻人建立联系,也提升了品牌在数字化时代的影响力。

2. 社会责任的担当

黄河文化品牌的传承性不仅仅体现在对古老文化元素的传承上,更表现在其对社会责任的担当上。

首先,品牌的建设不仅仅是商业活动,更应当成为社会责任的重要一环。在传承黄河文化的同时,品牌需要通过明确的社会责任框架,将社会、环境责任纳入品牌核心价值体系中。这需要品牌明确其社会责任的范围,包括但不限于环境保护、公益慈善、文化教育等领域;并建立相应的管理机制,确保社会责任与品牌运营紧密相连,形成有机的整合。

其次,品牌举行公益活动是实现社会责任担当的有效途径。品牌可以策划并执行与黄河文化相关的公益项目,如文化传承培训、历史文物保护等。这不仅有助于加深品牌与社会的联系,还能为传统文化的传承提供实质性支持。同时,公益活动应当具有针对性和可持续性,与品牌的核心价值相契合,使得社会责任不仅是一时的行为,更是品牌可持续发展的一部分。

再次,品牌在履行社会责任时需要找到与商业利益的平衡。社会责任不仅仅是一种义务,更应当成为品牌的战略选择。通过对社会责任的担当,品牌不仅提升了企业形象,还能获得社会的认可与支持。在担当社会责任的同时,品牌也应当寻找与之相匹配的商业机会,形成社会责任与商业利益的良性循环,从而实现共赢。

最后,品牌的社会责任需要通过透明的报告机制向公众展示。品牌应建立透明的报告机制,定期向社会公布相关信息,接受社会监督,并制定详尽的社会责任报告标准,包括公益活动的执行情况、社会影响评估等方面内容。透明的社会责任报告不仅能增强品牌的公信力,也为其他企业提供了可借鉴的经验,从而推动整个行业朝着更加负责任的方向发展。

三、黄河文化品牌塑造与传播的价值意义

（一）促进黄河文化产业高质量发展的客观要求

1. 满足文化产业发展的需求

塑造和传播黄河文化品牌是推动文化产业高质量发展的客观要求。通过深入发掘和展示黄河文化的独特内涵，不仅能为产业提供文化资源，还能为文化创意产业注入新的创作灵感，推动黄河文化产业迈向更高水平。

2. 促进市场占有率的提升

品牌的塑造和传播能够为黄河文化产业开拓更广阔的市场。通过建立有吸引力的品牌形象，来提升品牌知名度和美誉度，增加产品和服务的市场占有率，促使黄河文化在市场竞争中取得更大的成功。

（二）弘扬黄河文化的必然要求

1. 推动核心价值观的传播

塑造和传播黄河文化品牌有助于推动其核心价值观的传播。通过深化文化内涵、突显独特性，品牌将成为传播黄河文化核心思想的媒介，使更多人了解、认同并参与其中。

2. 文化自信与文化输出

通过品牌的国际化传播，可以使黄河文化成为中华文化的重要代表，以彰显出中国文化的自信。这对于增进国际社会对中华文化的认知，帮助黄河文化树立文化自信心具有积极的推动作用。

（三）将黄河文化和现代生活联结起来的有效途径

1. 搭建历史记忆与现代生活的桥梁

通过塑造和传播黄河文化品牌，可以找到历史记忆与现代生活的有机联结点。这有助于构建黄河文化蕴含的历史记忆与当下生活的有效联结，从而实现黄河文化在当代的传承和创新。

2. 让"黄河故事"融入当代

通过讲好"黄河故事"，可以使黄河文化在现代生活中得以体现。这种有

效途径可以让人们更好地理解并融入黄河文化,从而使其在当代社会焕发新的生命力。

(四)保护和利用黄河文化资源的创新性探索

1. 挖掘丰富的精神文化价值

通过品牌的塑造和传播,可以深入挖掘黄河文化所蕴含的丰富的精神文化价值内涵。这不仅有助于推动文化资源的创新利用,还能为相关产业的发展提供源源不断的动力。

2. 探索多样化文化传播和保护手段

塑造和传播黄河文化品牌需要通过多样化的文化传播手段,如数字化展览、虚拟实境等,来保护和传承黄河文化。这种创新性探索有助于黄河文化在当代社会中得到更好的保护和传承。

(五)增强民族文化认同感和提升文化自信的有效举措

1. 唤醒人们对黄河的文化记忆

通过品牌的塑造和传播,可以唤醒人们对黄河的文化记忆。这种情感寄托有助于增强人们对黄河文化的认同感,使黄河文化成为中华民族共同的文化符号。

2. 强化社会个体的民族文化认同感

通过品牌的塑造和传播,可以激发社会个体对其价值和情感的认同,进而强化社会个体的民族文化认同感。品牌在传播过程中,通过深入挖掘黄河文化的历史记忆和情感元素,使社会个体更加自觉地认同自己与黄河文化之间的联系,从而加强社会个体的民族文化认同感,形成更为紧密的共同体。

3. 增进文化自信

通过品牌的建设和传播,黄河文化可以成为民族文化的自信体现。这种文化自信来源于对自身文化传统的认同。将品牌化的文化形式展现给社会,可以引导社会更加自信地面对自身文化的传统与现实。

四、黄河文化品牌塑造和传播的SWOT分析

(一)优势分析

黄河文化品牌的优势主要体现在以下几个方面:

1. 丰富的文化资源

黄河流域沿线拥有丰富的文化资源，其涵盖了悠久的历史、丰富的艺术传统、深厚的哲学思想等多个方面。这些文化资源为黄河文化品牌提供了丰富的内涵和表现力，有助于品牌在建设中形成独特的文化符号和精神标识。例如，黄河流域的古代文明遗址、传统乐器、戏曲艺术等都是丰富的文化资源，为品牌的多元化传播提供了丰富的素材。

2. 地理位置和区位优势

黄河文化品牌的塑造离不开其地理位置和区位的独特性。黄河流域连接了多个省份和自治区，形成了一个综合性的文化区域。这使得黄河文化可以充分利用地域的多样性，吸纳不同地区的文化特色，以形成更为丰富和多元的品牌形象。此外，地理位置和区位的独特性也为黄河文化品牌的推广提供了广泛的空间，使其更容易被辐射到周边地区和更广泛的受众中。

3. 现代化科学技术的支撑

在当代社会，科技的发展为文化传播提供了新的手段和平台。黄河文化品牌可以充分利用现代化科学技术，通过互联网、社交媒体、虚拟现实等多种渠道，将品牌信息传递给更多的受众。通过数字化的手段，黄河文化品牌可以更生动、更直观地呈现其丰富的内涵，使传统文化与现代科技相互融合，从而更好地适应当代社会的需求和审美。

4. 地方示范城市的成功经验

以黄河流域沿线城市兰州市为例，其成功借助黄河文化资源打造山水城市形象的经验为其他城市提供了示范。通过建设城市文化旅游品牌，兰州市不仅提升了城市形象，还成功吸引了游客和投资。这为其他地方在黄河文化品牌的塑造和传播中提供了宝贵的经验和参考。

5. 区域合作的潜力

黄河流域横跨多个省份和自治区，这为不同地区在黄河文化品牌建设中进行合作提供了机会。通过区域合作，可以整合各地的文化资源，形成更大的合力。地区之间的互补性和协同性将有助于推动黄河文化品牌在更广范围内的传播和认知。

（二）劣势分析

当前黄河文化品牌塑造和传播所面临的劣势主要包括以下几个方面：

1. 创新意识和宣传力度不足

黄河文化品牌在塑造和传播过程中存在创新意识不足的问题。部分品牌的宣传力度相对较弱，缺乏差异化和创意性的传播活动。当前的品牌营销方式和策略相对单一，缺乏对新媒体、社交媒体等现代传播渠道的充分利用。这限制了品牌在目标受众中的知名度和认知度，影响了品牌的核心竞争力。

2. 融资渠道单一

黄河文化品牌在融资方面存在渠道单一的问题。由于文化产业的特殊性，资金投入对于品牌塑造和传播至关重要。然而，目前融资途径较为狭窄，主要依赖于政府支持或传统文化机构的资金注入，这限制了品牌在市场上更大范围的推广和宣传，制约了其创新和发展的速度。

3. 品牌影响力不足，区域内发展不均衡

黄河文化品牌的影响力相对较低，区域内的发展存在不均衡的问题。根据品牌研究机构的数据，与其他经济聚集地相比，黄河流域的文化品牌数量相对较低，缺乏具有国际竞争力的知名品牌。这可能与区域内文化产业发展的深度和广度不足有关，因而需要加强对优势产业的推动，提升品牌的国际竞争力。

（三）机遇分析

当前，随着对黄河流域生态保护和高质量发展战略目标的全面推进，以及社会经济的持续增长，人们对于生活品质和休闲娱乐的需求日益增加。这种趋势为文化消费需求提供了广阔的空间，同时也推动了文化产品服务模式和生产形式的转变，促使其向智能化、品牌化、个性化方向发展。在这一大背景下，黄河文化品牌的塑造和传播面临着高质量发展的机遇。

首先，生态保护和高质量发展战略的推进为黄河文化品牌提供了发展的坚实基础。通过加强生态保护，黄河文化得以更好地融入自然环境，形成独特的自然人文景观，为品牌建设提供了丰富的素材和内涵。高质量发展战略的实施将带动当地经济的繁荣，为文化产业的发展提供了良好的市场环境。

其次，随着科技的不断进步，信息技术、新媒体技术等先进科学技术在文化产业中得到广泛应用。这为黄河文化品牌的塑造和传播提供了全新的可能性。通过创新制作技术和呈现形式，黄河文化得以以更富创意和更多元化的方式呈现，吸引更多受众的关注。同时，多样化的传播形式也使得文化品牌能够更广泛地覆盖不同群体，提升影响力。

（四）挑战分析

当前，全球一体化发展趋势日益明显，我国文化产业在不同文化思潮的碰撞和交流中既获得了新的发展机遇，也面临着一系列的挑战。这种全球性的文化交流和冲击也给黄河文化品牌的塑造和传播带来了一定的挑战。

其次，在文化创意的视角下，黄河文化品牌的发展缺乏创新驱动。塑造和传播黄河文化品牌的本质在于挖掘、开发、利用和传承其精神内涵，而创新则是推动黄河文化品牌高质量建设的关键因素。然而，现状显示，黄河文化品牌的建设和推广缺乏前瞻性的谋划和创意性的策划设计。对黄河文化隐性资源的深度开发不足，影响了黄河文化资源开发利用的效率，使其难以满足多层次、多样化的文化消费需求。

最后，黄河文化品牌塑造和传播的协调合作能力亟待提升。黄河横贯九个省市辖区，拥有丰富的文化资源。然而，目前黄河流域沿线省区之间的文化交流和合作仍不够深入，存在碎片化的传播现象。这使得黄河文化品牌难以形成统一的塑造和传播合力，影响了黄河文化资源的有效利用、全面保护和高质量发展。

因此，要应对这些挑战，需要加强创新意识，深化对黄河文化内在资源的挖掘和利用；同时加强沿线省区之间的协作合作，形成更为有力的文化品牌塑造和传播体系，以更好地迎接全球文化发展的挑战。

第二节　黄河文化品牌化的运营模式

一、明确黄河文化品牌的市场定位与受众目标

（一）市场调研与受众定位

1. 市场调研的重要性与方法

市场调研是黄河文化品牌塑造和传播的第一步，它有助于品牌全面了解潜在受众的需求、文化认知水平以及消费习惯。可以采用新媒体平台、在线调查和实地走访等多种方法，以获取全面、准确的市场信息。通过市场调研，可以

明确受众群体的特征，为后续品牌策略的制定提供有力支持。

（1）新媒体平台的运用

可以利用新媒体平台，如社交媒体、网络问卷等，对受众进行广泛的调查。通过在线社群和讨论区，获取受众的文化兴趣、关注点，以及对黄河文化的了解程度。通过这样的调研方式可以快速获取大量数据，有助于建立初始的受众画像。

（2）实地走访与深度访谈

在市场调研中，实地走访和深度访谈可以更加贴近实际、深入了解受众。通过走访黄河流域的不同地区，与当地居民和文化爱好者进行面对面的交流，深入了解他们对黄河文化的认知和期待。这种方式更有助于捕捉到受众真实的、深层次的需求和反馈。

2. 受众定位的关键因素

在市场调研的基础上，受众定位成为品牌塑造和传播的核心。黄河文化品牌的受众可能包括地方居民、游客、文化爱好者等。受众定位需要考虑以下关键因素：

（1）地域性特点

要综合考虑黄河流域的地域性特点，定位主要受众群体。比如，对于黄河上游地区，其受众可能更注重传统的文化元素，而黄河下游地区的受众可能更倾向于现代化和创新。

（2）年龄层次

要根据不同年龄层次的受众需求差异，精准定位目标受众。年轻一代可能更倾向于时尚、创新的文化元素，而中老年受众可能更注重传统文化的传承。

（3）文化兴趣和需求

了解受众的文化兴趣和需求，有助于塑造更符合他们期望的品牌形象。通过调查了解受众对文化艺术、历史传承等方面的兴趣，可以有针对性地进行品牌定位。

二、优化创新黄河文化品牌传播形式

（一）引入创新意识与技术支持

黄河文化品牌传播的创新需要引入信息技术和新媒体手段，以提升传播效果。通过利用虚拟现实技术，打造虚拟黄河文化体验，使受众能够如身临其境般地感受黄河的壮丽和文化的深厚。同时，新媒体平台如社交媒体、短视频等成为传播的重要途径，通过创意的视频、图片等形式，将黄河文化形象生动地展现给受众，以吸引更多关注。

1. 虚拟现实技术的应用

通过运用虚拟现实技术，可以使受众沉浸式体验，让受众仿佛穿越时空，亲身感受黄河的历史变迁和文化底蕴。例如，通过虚拟博物馆，呈现黄河流域的历史文物、文化遗产，使受众在家中就能够参与到文化传播中。

2. 创意内容的制作

通过新媒体平台发布创意内容，可吸引受众的关注。例如，可以制作具有艺术感的微电影，通过故事情节将黄河文化融入其中，引发观众情感共鸣。此外，可以利用短视频平台展示黄河文化的美景、民俗，以简短而有趣的形式传递文化信息。

（二）强调文化历史传承与延续

黄河文化品牌在创新传播形式的同时，也要注重强调文化历史传承和延续。通过挖掘黄河文化的历史文脉，将古老的文化元素与现代传播手段相结合，使受众在品牌传播中感受到黄河文化的生命力。这可以通过举办文化活动、展览、演出等方式实现，从而弘扬黄河文化的精髓。

1. 文化活动的策划与推动

（1）文化节的定期策划

为突显黄河文化的历史传承，可以制定并实施定期的黄河文化主题文化节。这一文化活动应包括多个层面的内容，如历史、艺术、文学等方面，通过不同形式的活动来展示黄河文化的博大精深。活动内容可包括历史讲座、艺术展览、文学演出等，以吸引不同年龄层次和兴趣爱好的受众。

（2）专家学者的参与

为提升文化活动的学术性和深度，可以邀请专家学者参与。专家学者可以通过讲座、研讨会等形式，分享对黄河文化的深刻理解和研究成果，为受众提供更加系统和专业的文化传承知识。他们的参与将使文化活动更具权威性和学术价值。

（3）互动体验的设计

为了使受众更深刻地理解和体验黄河文化，在文化活动中可以设计互动体验环节。例如，设置传统手工艺品制作的工作坊，让参与者亲自体验传统工艺的魅力；或者通过虚拟现实技术，为受众呈现黄河流域古代文明的场景，增加活动的趣味性和参与感。

2. 博物馆的建设与展览的举办

（1）黄河文化博物馆的建设

为延续文化历史，建设黄河文化博物馆是关键的一步。博物馆应充分运用现代化的展示手段，通过多媒体、虚拟现实等技术，生动展示黄河文化的演变历程。博物馆还可以通过场景再现、实物陈列等方式，使受众沉浸于丰富的文化历史之中。

（2）主题展览的举办

除了博物馆，举办主题展览也是弘扬文化历史的有效方式。这可以包括定期轮换的临时性展览，宣扬特定主题，如黄河流域古代城市的兴衰、黄河文学艺术的发展历程等。通过展览，向受众呈现更为细致和深刻的黄河文化内涵。

（3）数字化展示的应用

随着科技的不断发展，数字化展示成为文化博物馆展览的新趋势。通过数字技术，可以将文化展品更生动、直观地呈现给受众。虚拟现实、增强现实等技术的运用，能够为观众提供更为丰富的感官体验，使黄河文化的传承更加生动有趣。

通过以上的文化活动策划与推动，以及博物馆的建设与展览的举办，可以在强调文化历史传承与延续方面取得实质性的进展。这些努力将有助于黄河文化更好地融入当代社会，让受众更深入地了解和体验黄河文化的博大精深。

（三）促进黄河文化与其他文化的创新交流

在黄河文化品牌的塑造和传播中，要借鉴其他文化品牌的成功经验，促进黄河文化与其他文化之间的创新交流。这需要建立文化合作平台，通过跨地域、跨文化的交流，使黄河文化在传统的基础上得到更广泛的认可，并不断丰富其价值内涵，实现文化创新。

1. 文化合作平台的建立

（1）平台机构的设立与规划

要促使黄河文化与其他文化进行创新交流，首要任务是建立专门的文化合作平台机构。这一机构可以是由政府主导的文化交流部门，也可以是独立的非营利性文化组织。在平台机构设立之初，需要进行详细的规划，确定平台的宗旨、任务、运作模式，并明确参与的主体，如文化机构、艺术家、学者等。

（2）多层次的文化合作项目

文化合作平台应该设计多层次、多领域的文化合作项目。可以包括文化艺术展览、文学作品的联合创作、国际文化论坛等，旨在通过多样性的合作项目，促使黄河文化与其他文化进行全方位、多层次的创新交流。这些项目的设计要具有吸引力，即能够吸引来自不同文化领域的参与者。

（3）信息共享和合作研究平台

在文化合作平台中，建立信息共享和合作研究的平台是非常关键的一环。这个平台可以用于推动文化资源的共享和合作项目的开展，还可以作为学术研究的基地，促进黄河文化与其他文化之间的深度合作与共同研究。

2. 跨地域文化交流活动

（1）文化代表团的组织与交流计划

为了推动黄河文化与其他文化的创新交流，可以组织文化代表团赴其他地区进行考察与交流。这个过程需要有明确的计划，包括考察的目的、活动的安排、与当地文化代表的会谈等。通过与其他地区的文化代表进行深入交流，可以开阔视野，获取新的灵感，为黄河文化注入新的元素。

（2）双向文化活动的开展

在文化交流中，应该是双向的，不仅是黄河文化代表团出访其他地区，同样也要邀请其他地区的文化代表来黄河流域进行宣传活动。这可以通过组织文化节、艺术展览、文学沙龙等方式使黄河文化在这样的互动中更好地融入其他文化，促成创新交流的双向互动。

（3）合作交流的深化与拓展

文化交流的深化与拓展是一个逐步推进的过程。在初期的交流基础上，可以考虑与其他文化建立更为深度的合作关系，如共同创作文学作品、合作制作艺术展览等。同时，要积极寻求新的合作伙伴，拓展交流的广度，使黄河文化能够与更多元化的文化相互融合。

三、加强黄河文化品牌协调合作能力

（一）建立文化合作机制

黄河流域横跨九个省市，各地区文化资源丰富多样。为了协同推动黄河文化品牌的建设，应当建立更紧密的文化合作机制。通过设立专门的文化合作委员会或协调机构，各省区可以共同参与黄河文化的品牌建设，分享资源和信息。这种机制有助于形成统一的合作框架，推动黄河文化品牌在全流域的传播。

1. 联合推广活动

（1）设立联合推广策划小组

在文化合作机制的框架下，各省区可以设立联合推广策划小组，专门负责规划和组织联合推广活动。这个小组可以由各省区的文化机构、广告公司等专业人士组成，通过协作共同推动黄河文化品牌的传播。该小组的成员应具备丰富的推广经验和对黄河文化的深刻理解。

（2）联合文化展览与艺术节

通过联合文化展览和艺术节等大型活动，各省区可以集中展示黄河文化的独特魅力。这不仅包括传统的艺术展览，还可以涵盖现代多媒体艺术、数字文化展示等形式。通过联合推广，形成全流域性的文化盛宴，吸引更广泛的受众参与，从而实现黄河文化品牌的广泛传播。

（3）共同参与文化旅游推广

联合推广活动应该充分整合文化和旅游资源，通过合作举办文化旅游推广活动。这可以包括黄河文化的历史遗迹巡展、沿黄文化之旅等。各省区可以共同设计旅游线路，加强景点的互动合作，形成黄河文化旅游品牌，提升整体的文化旅游吸引力。

2. 传播共识的形成

（1）明确核心信息和形象原则

文化合作机制的重要目标之一是形成品牌传播的共识。为实现这一目标，各省区应明确黄河文化品牌的核心信息和形象原则。这包括品牌的核心理念、标志性元素、传播口径等。通过在合作机制中进行讨论和协商，确保各方对品牌传播的方向有一致的理解。

（2）建立共同的品牌传播手段

在传播共识的基础上，各省区应共同制定品牌传播的手段和渠道。可以包括共同制作宣传片、在主流媒体发布统一的推广信息等。可以通过建立共同的品牌传播手段，确保黄河文化品牌在不同地区的传播方式相互协调，形成整体推广效果。

（3）持续协调与反馈机制

文化合作机制需要建立起持续协调与反馈的机制，如定期召开合作机制会议，及时总结推广活动的效果，根据反馈信息调整传播策略等。这种机制有助于及时解决合作过程中的问题，确保品牌传播一直保持高效和有序。

（二）建立统一的文化品牌传播平台

1. 平台整合各方资源

（1）建立统一的文化品牌传播平台

要实现文化品牌的有序传播，首要任务是建立统一的文化品牌传播平台。该平台应在整合各方资源的基础上，集聚黄河流域各省区的文化元素，形成一个集大成的展示平台。此外，平台的建设需要由专业团队负责，确保信息的权威性和真实性。

（2）整合历史文物资源

平台的核心之一是整合历史文物资源。各省区的博物馆、文物保护机构等应提供丰富的历史文物信息，通过数字化手段呈现给用户。这不仅可以有效传播黄河文化的深厚历史，还能激发受众的文化兴趣。

（3）集结各地文化活动

平台应成为各地文化活动的集散地。通过整合各省区的文化活动信息，包括文艺演出、传统庙会、文化节庆等，平台可以为用户提供一个全面了解黄河流域文化生活的窗口。这有助于形成全方位的文化传播，吸引更广泛的受众关注。

2. 先进信息技术支持

（1）引入大数据分析

为提高平台的效益，必须引入大数据分析技术。平台可以通过对用户浏览行为、兴趣偏好等数据进行分析，以更好地了解受众需求，有针对性地调整推广策略，提升用户体验。大数据分析还有助于黄河文化形成更科学的文化品牌传播模式。

（2）应用虚拟现实技术

为能将黄河文化更生动地呈现给用户，平台应充分应用虚拟现实技术。通过虚拟实境展示，用户可以沉浸式地体验黄河的壮丽、历史文物的神奇等，增强用户参与感，激发他们对黄河文化的深入了解和热情。

（3）数字化展示多样性

平台的数字化展示要具备多样性，以满足不同受众的需求。除了文字、图片以外，还可以通过音频、视频等多媒体形式呈现。通过数字化手段，平台可以更生动地展示黄河文化的丰富内涵，引导受众全方位了解并参与文化传播。

综上，建立统一的文化品牌传播平台是协调合作的基础，通过整合资源和应用先进技术，可以更有效地推动黄河文化品牌的传播，提升其在公众心目中的形象。

（三）跨区域品牌联动

1. 制订联动计划

（1）跨区域推广活动

为确保黄河文化品牌的联动传播，需要制订详细的跨区域推广活动计划。该计划应包含以下关键元素：

活动主题设计：确定活动主题，以突显黄河文化的核心价值和特色。例如，可以设计"黄河文化之旅""河畔艺术节"等吸引人的主题。

区域活动协同：确保各省区在联动计划中有清晰的任务分工，并协同推进。例如，可以通过联席会议、在线协同工具等方式促进信息共享和协作。

新媒体传播：充分利用新媒体平台，包括社交媒体、短视频平台等，进行跨区域推广。通过有趣的内容、互动活动等形式，提升受众参与度和关注度。

（2）共同举办文化节庆

文化节庆是推动跨区域品牌联动的重要手段。具体措施包括：

统一主题规划：确定联动期间的文化节庆主题，确保各省区的活动在主题上有一致性，以形成联动效应。

艺术表演与展览：安排各省区的艺术团队共同演出，举办联合艺术展览，展示黄河文化的多样性和独特之处。

区域美食推广：通过推广黄河流域各地的特色美食，吸引更多的游客和食客，进而形成品牌效应。

2. 文化产业合作联盟的建立

（1）促进深层次合作

建立文化产业合作联盟有助于推动黄河文化产业的深层次合作。具体实施方案如下：

产业资源整合：通过联盟，各省区的文化产业可以共享资源，实现资源整合，包括人才、技术、资金等方面，从而实现互利共赢。

制定共同发展规划：联盟成员可以共同制定文化产业发展规划，明确发展方向和目标。这有助于推动产业的战略合作，形成集体智慧。

推动文化创意项目：通过联盟，可以推动各省区的文化创意项目跨区域合作，包括共同制作文创产品、合作举办文化创意展览等形式。

（2）共同利益形成

文化产业合作联盟的建立需要充分考虑共同利益的形成。具体实施方式如下。

联盟成员权益保障：制定明确的联盟章程，保障各成员的权益，确保合作是基于共同利益的平等协商。

合作项目分红机制：建立合作项目的分红机制，激励各成员更积极地参与合作，确保合作项目的成功。

共同推广品牌：联盟成员共同推广黄河文化品牌，通过合作，形成品牌联动效应，以提高整体影响力。

因此，跨区域品牌联动需要通过制定明确计划、建立合作联盟等手段，形成全面合力，推动黄河文化品牌在更广泛范围内传播和发展。

第三节 黄河文化品牌化的技术赋能

一、技术赋能的学术价值与推动作用

（一）学术研究的深度拓展

1. 文化数字化研究

（1）数字化文献学的进展

技术赋能深化了对黄河文化的数字化研究，使文献学迈入了数字时代。通

过高效的数字化手段，大量古籍文献得以保存、整理和传承。数字化文献库的建立为研究者提供了更广泛、更便捷的素材，推动了文献学的跨学科合作。

（2）考古学与遗址重建

技术赋能推动了考古学在黄河文化领域的发展。激光扫描、三维建模等技术为考古学家提供了更精准的工具，有力促进了对黄河流域各个时期遗址的研究。数字化手段还使得考古学和地理信息系统（GIS）的融合成为可能，进一步提升了研究的深度和准确性。

2. 文化传播机制研究

（1）互联网与社交媒体的影响

技术赋能推动了对文化传播机制的深入研究，尤其是互联网和社交媒体的崛起。通过分析网络上的用户互动、信息传播路径等，研究者可以更准确地了解黄河文化在数字时代的传播方式。这为文化传播理论的更新提供了实证基础。

（2）虚拟现实技术与文化体验

技术赋能还推动了虚拟现实技术（VR）在文化传播中的应用。通过虚拟实境的还原，观众可以身临其境般地体验黄河文化，为文化传播提供了全新的可能性，同时也为今后文化遗产保护传承的可持续发展提供了理论支持。

（二）社会参与度提升及文化教育普及

1. 社会参与度提升

（1）互动式应用的推动

技术赋能推动了社会参与度的提升，互动式应用成为促使更多人参与到黄河文化传承和保护中的有效手段。例如，虚拟实境导览、在线文化互动平台等让参与者能够以更活跃的方式融入文化活动，从而增强他们的参与感。

（2）虚拟活动与线上展览

通过虚拟技术，线上展览成为推动社会参与的新途径。这不仅拓展了文化活动的传播范围，还能够吸引更多远程观众。同时，线上互动活动的设计让参与者更深度地了解了黄河文化，激发了他们对文化传承的热情。

2. 文化教育普及

（1）数字化教育资源的建设

技术赋能为提高黄河文化的教育普及度提供了重要支持。数字化教育资源的建设，包括在线教材、虚拟实境教学等，使得学校和社会能够更便捷地获取高质量的文化教育资源。这有助于培养更多对黄河文化有深入了解的新一代文化传承者。

（2）文化体验式教学

技术赋能还推动了文化体验式教学的发展。通过虚拟实境、在线互动等手段，学生能够更身临其境地感受和学习黄河文化，使文化教育更具趣味性和深度。

（三）文化产业发展与创新

1. 文创产业蓬勃发展

（1）技术赋能推动文创产品发展

技术赋能为文创产业提供了更多创新可能性，推动了黄河文化衍生品的开发和销售。基于虚拟技术的文创产品，如虚拟现实文化游戏、数字化艺术品等，成为文创产业新的创收点。这不仅促进了文创产业的蓬勃发展，也为黄河文化的传播提供了全新的形式。

（2）跨界合作的推动

技术赋能催生了文创产业的跨界合作，如与科技公司、设计机构的合作。这种跨界合作不仅带来了更多的创新思维，也为文创产品的设计和推广提供了更广泛的渠道。

2. 文化创新与设计

（1）数字化工具的应用

技术赋能推动了文化创新与设计领域的发展，数字化工具的广泛应用提高了文创产品的设计水平。计算机辅助设计、虚拟现实设计工具等使得设计师能够更灵活地创造出富有黄河文化特色的作品。数字化工具不仅提高了设计效率，还为设计师提供了更多的创意表达方式，从而推动了文化创新的发展。

（2）虚拟技术与艺术表达

技术赋能推动了虚拟技术在文化创新与设计中的运用。通过虚拟现实、增强现实等技术，设计师能够创造出更具沉浸感和艺术性的作品。这种新颖的艺术表达方式使得文创产品更富有吸引力，更能吸引观众与消费者的关注。

数字化技术的应用是提高传承效果的关键。通过虚拟现实技术，可以打造互动性强、感官体验丰富的文化场景。虚拟博物馆、虚拟导览等工具，使人们能够以更直观的方式了解和体验黄河文化，尤其对那些无法亲临现场的游客来说更具有重要意义。

a. 虚拟博物馆的建设

建设虚拟博物馆,能够将黄河文化的珍贵文物数字化展示。通过高清影像、三维还原等技术手段,使人们可以远程参观,并深度了解博物馆内的文化艺术品。这为传统博物馆与现代科技的融合提供了范例。

b. 互动式文化体验

通过数字化技术创造互动式的文化体验。例如,结合虚拟现实和传感技术,设计黄河文化的互动游戏、体验馆等,使参与者可以身临其境地感受古代居民的生活、参与传统工艺的制作,从而提高参与者对文化的参与度。

(3)文化应用软件的开发

首先,文化应用软件的开发目标应当明确。在黄河文化传承的背景下,应用软件的设计宗旨是为用户提供便捷而全面的文化服务。这包括通过数字化手段呈现的历史文献、线上线下的文化活动参与、虚拟导览等多功能服务。通过确立明确的目标有助于文化应用软件在开发过程中更好地满足用户需求。

其次,需要设计各种功能模块,以满足用户的多样化需求。①历史文献的数字化阅读模块,可以将古代文献以图文并茂的形式呈现在用户面前,方便用户深入了解黄河文化的历史渊源。②文化活动的在线参与模块,用户可以通过应用软件了解到各类文化活动的时间、地点和详情,并可以进行在线报名。③虚拟导览模块,用户可以通过应用软件进行虚拟参观黄河文化的博物馆、遗址等,深度体验传统文化的魅力。

再次,注重用户体验与界面设计。一个成功的文化应用软件需要具备良好的用户体验,这包括简洁明了的界面设计、便捷的操作逻辑、用户友好的使用体验等。通过科学合理的设计,吸引更多用户参与到文化传承的过程中。

最后,必须注重文化应用软件的安全性与隐私保护。在数字化时代,用户信息安全是至关重要的问题。因此,在文化应用软件的开发过程中,需要加入有效的安全防护措施,保护用户的个人隐私信息,确保用户在使用应用软件时能够感到安心。

(四)文化遗产保护与可持续发展

1. 考古工作的深入

首先,实地考古作为对文化传承的实质性支持具有深远的意义与价值。通过对黄河流域的实地考古工作,我们得以直接接触并解锁埋藏在地下的文明秘密。这种有助于更全面、深入地了解古代人类在黄河文化中的生活方式、社会组织和技术水平。

其次，对古代城市遗址的深入挖掘是实地考古工作的重要方面。古代城市是文明的载体，其中蕴含着丰富的社会信息。通过考古学家对城市遗址的挖掘，我们可以还原城市布局、建筑风格、市民生活等方方面面，从而更全面地了解古代城市文化的繁荣与发展。

再次，墓葬文化的挖掘是实地考古工作中的重要内容。墓葬不仅反映了古代社会的宗教信仰和生死观，也是保存古代文物的关键场所。通过对墓葬的考古工作，我们能够了解古代人类的丧葬仪式、社会等级制度、文化传承等多个方面的信息。

最后，实地考古工作中对器物的发掘与研究同样至关重要。古代的工艺品、日用器皿等器物是古代人民生活的缩影，通过对这些器物的研究，我们可以推断古代技术水平、生产方式、文化习惯等多个方面的内容。这种直接的实物证据为我们还原古代黄河文化提供了可靠的依据。

2. 文物保护与展示

首先，文物保护是确保考古工作成果的完整性和长期保存的基础。在文物保护中，科学手段和原则的运用至关重要。采用先进的防腐技术，对不同材质的文物实施合理的保存措施，是文物保护的首要任务。通过对文物的材质、年代等特性的深入研究，制订科学的保存计划，延长文物的寿命，确保后代能够继续拥有这些珍贵的文化遗产。

其次，文物修复与保养是文物保护的重要环节。在文物保存的过程中，由于时间的推移和外界环境的影响，文物可能会出现磨损、裂缝等问题。通过科学的修复手段，使文物恢复原有的外观，不仅可以提高其观赏价值，更能延长其保存寿命。同时，定期的文物保养工作也是必不可少的，通过定期检查和维护，确保文物可长时间保存。

再次，通过巧妙设计的文物展示，可以向公众生动展示黄河文化的丰富内涵。文物展览是文物传承的重要手段之一。在设计文物展览时，需要考虑展品之间的关联性，通过主题化的展览布局，将文物融入丰富的历史叙事中。借助现代科技手段，如虚拟现实、全息投影等技术，可以使文物展示更具有沉浸感和互动性，从而吸引更多观众。

最后，通过文物展览激发公众对古代文明的兴趣，是文物保护与传承的目标之一。通过开展主题讲座、互动体验活动等形式，将文物展览与公众参与结合起来，使观众在欣赏文物的同时，更深入地了解黄河文化的历史与传承。公众的参与不仅能够促使更多人了解文物，也为文化传承注入了新的活力。

3. 文化遗产保护的科技手段

（1）大数据分析与保护决策

技术赋能提供了先进的科技手段，如大数据分析等，这些科技手段为文化遗产的保护提供了更全面、精准的信息支持。通过分析大量的文献、考古数据，保护者能够更好地了解黄河文化遗产的分布及状况，为保护决策提供科学依据。

（2）人工智能监测与预防

技术赋能还包括人工智能监测技术的应用。通过无人机、监控系统等技术，对文化遗产进行实时监测，预防破坏和盗窃行为。人工智能技术的介入使得对文化遗产的保护更加及时有效。

4. 可持续发展模式探索

（1）文化资源和社会经济协调发展

技术赋能推动了对黄河文化遗产可持续发展模式的深入探索。通过数字化技术，文化资源得以更好地服务社会、经济和环境的协调发展。例如，将文化遗产融入当地旅游业，可以在提升地方经济的同时增加对文化遗产的关注与保护。

（2）社区参与可持续管理

技术赋能还可以促进社区参与文化遗产的保护与管理。通过社交媒体、在线平台等技术手段，居民可以更直接地参与决策过程，共同探讨可持续发展的方向。这种社区参与不仅使文化遗产更贴近当地居民，也更有可能实现长期的可持续管理。

在技术赋能的引领下，黄河文化的品牌化进程得以深化，不仅在学术研究、社会参与度提升及文化教育普及、文化产业发展与创新、文化遗产保护与可持续发展等方面取得了显著的成就，同时也为其他文化的可持续发展提供了有益的借鉴。

二、技术赋能黄河文化的具体路径

一是以"互联网＋教育"为基础，构建国民教育系统化体系。围绕黄河构建大数据特色专业体系,建立区域高校黄河文化研究联盟,将黄河元素充分融入,注重黄河文化的传承与弘扬,探索将黄河流域教育发展纳入国家教育事业发展总体布局,突出黄河流域教育事业发展的特色;建立起跨地区、跨区域的科教协同、产教融合的技术创新中心,形成网络化、大协作的技术创新平台;设立专项资金,深入开展专题科学研究,为保护传承弘扬黄河文化提供决策咨询和理论指导;以区域教育协作为突破口,职业教育东西协作,突出河南特色,达成郑州共识;将黄河文化的宣传与在线教育平台相结合。在线课程的形式更灵活,适合年轻人自主学习。通过开设专门的线上文化课程,借助多媒体资料、实例分析等方式,可使学习者系统性地了解黄河文化,让学习过程更富有趣味性。当然,要设计具有互动性的内容,可以通过开展线上文化知识竞赛、文化创意设计大赛等形式,鼓励年轻人参与,提高他们对黄河文化的关注度。这样的互动性活动可以促使年轻人更主动地了解和传播黄河文化,形成良性的宣传互动。

二是以"互联网+文旅"为基础,打造具有国际影响力的黄河文化旅游带。随着数字技术与文旅资源的加速融合,以数字内容为核心的数字文旅产业已成为推动文旅产业高质量发展的重要力量。以黄河文化为核心,充分运用网络动漫、网络音乐、数字艺术、沉浸式文旅等表现形式,不断推动黄河文化与5G、大数据、云计算、人工智能、虚拟现实、增强现实、超高清等科技创新成果融合发展;推动黄河文化与大数据、云计算、区块链等新技术深度融合,大力提高文化产业和旅游产业的数字化发展水平。在此过程中,要进一步以郑州市等国家中心城市为契点,利用城市群地域相近、文脉相亲的优势,充分发挥中原城市群的龙头带动作用,实现沿黄流域与陆上丝绸之路经济带沿线省区文化旅游的互惠合作,从而打造既能凸显地方区域特色,又能代表黄河流域及丝绸之路经济带国际精品文化旅游项目。例如,2020年9月7日,全国首家黄河文化旅游研究(大数据)中心成立,该中心是借助旅游大数据将黄河元素打造成网络热点的有益尝试,有助于加快黄河流域文旅行业的线上化、数字化转型步伐。

三是开发建设"黄河流域汉代画像石农耕图像数据库"。首先,建立原始图像子库。对黄河流域汉代画像石农耕图像进行高精度的数字扫描和采集,这包括使用高分辨率相机和激光扫描仪等设备,以获取原始图像真实、完整的表现。这些数字化的原始图像成为数据库的核心资料,直观展示了汉代农耕文化的方方面面。针对原石受自然环境侵蚀的问题,特别是浸泡导致纹理图案模糊的情况,专家采用蘸有墨汁的拓包将图像拓印成石刻拓片,这种方法在保存和陈列方面具有独特优势，成为数字资源的重要来源之一。这一步骤的目的是在原石无法清晰展现的情况下，通过拓片图像还原其原貌，提供更为清晰的农耕图像信息。再对相关图书文献中的插图和图像进行数字化处理，形成数字图书文献子库。其中包括对《汉代农业画像砖石》《河南汉代画像研究》等重要参考文献中的图像进行提取和整理。这一步骤为数据库提供了理论知识的支持，使用户能够通过文献了解农耕图像的文化内涵与功能价值。其次，建立三维数字化子库。利用三维激光扫描技术，对原始图像中的文字进行高精度扫描，以获取文字的立体信息。这有助于还原原始图像的语境和背后的文化信息，使研究者能够更全面地理解农耕图像所蕴含的历史语境。利用三维重建技术，构建农耕图像的准确数字化三维模型，不仅能够将雕刻技法、色彩、图案纹理等信息直观地展示给观众，而且能够通过模型真实再现汉代农耕场景，为用户提供沉浸式的体验。最后，建立元数据与标准化处理程序。在构建"黄河流域汉代画像石农耕图像数据库"过程中，须制定详细的元数据规范，将不同类型的数据有序化。这有助于提升数字资源信息的管理效率，使其更易于检索和利用。通过以上的建设内容，"黄河流域汉代画像石农耕图像数据库"将成为一个综合性的数字资源平台，能够提高数字展示的吸引力和参与度，使观众更主动地融入汉代农耕文化的体验中，从而使他们更全面地理解黄河文化内涵和历史价值。

四是打造数字黄河智慧工程，汇聚文化发展的无穷动力。黄河智慧工程主要是依托网络媒体、移动端媒体、数字电视、数字报刊、微视影像等手段，实现黄河文化的数字化、智慧化和信息化目标，凸显时间上的及时性、空间上的广泛性及强烈的互动性等多重优势。要积极适应新媒体背景下"微型、互动、跨屏融合、低语境传播"的特点，充分运用持续赋能黄河文化在传播活动中的主动性和互动性，建设黄河文化数字馆，充分利用社交媒体平台进行黄河文化的宣传，建立专门的黄河文化官方账号，发布有趣、富有创意的内容，以吸引年轻人的关注。还须利用短视频、图文并茂的介绍、互动问答等形式，以轻松幽默的方式传递文化知识，使年轻人在社交媒体上形成对黄河文化的浓厚兴趣。具体可以借助短视频、网络直播等形式，使黄河文化成为公众的兴趣所在和目标焦点；借助VR（虚拟现实）、AR（增强现实）等技术提供更直观形象的方式，全面推进黄河文化更清晰、客观、动态的传播。例如，2021年河南卫视春节联欢晚会中的《唐宫夜宴》《白衣执甲》等节目出现大流量热搜的现象，就可以为大力保护传承弘扬黄河文化提供有益启示，更能够为推进传统文化创新性发展探索新路径。所以，要融合好传统和现代，结合好科技和创新，统筹好内容与形式，创新表达方式，用新技术、新理念让历史走进现实，让传统文化"活起来"。对此，河南省应利用科技赋能文化，挖掘硬核河南故事，创新用文物讲故事的方式，紧扣人民需求，讲好、讲活、讲精、讲实"黄河故事"，创作出有温度、有情怀、有立体感、有内涵的黄河作品，凝聚起建设现代化河南的强大正能量。同时，还可以通过网络与数字化的技术及语言，对嵩山文化、古都文化、黄帝故里文化、大运河文化、殷墟文化、甲骨文文化等进行数字化提取、技术化编程，建成黄河文化数据库，为保护传承弘扬黄河文化提供有力支撑。

五是延展文化软实力提升的技术载体，培育黄河文化品牌。黄河文化品牌的培育，可以借助的空间载体非常丰富。以河南省为例，河南省委省政府提出的"空陆网海"四条丝绸之路，是黄河文化对外传播的新途径，也是实现黄河文化创造性转化、创新性发展的新方向。其中，线上丝绸之路是大数据时代的产物，也是现代信息技术充分运用的新空间。首先，要拓宽黄河文化的传承载体和传播渠道，促使线上丝绸之路上的黄河文化得以高质量传播。2013年，"一带一路"倡议提出的支撑灵魂是中华文化，是用中华文化将传统与现代、历史与未来联结起来进而构建人类命运共同体的战略构想。越飞越广的"空中丝绸之路"、越跑越快的"陆上丝绸之路"、越来越便捷的"线上丝绸之路"、越来越顺畅的"海上丝绸之路"，大大拓展了黄河文化的传承载体和传播渠道，做到了讲好新时代"黄河故事"，从而促进黄河文化深入人心。为此，要借助各种传播载体，对外讲述中国故事、黄河故事、河南故事，传递中华民族热爱和平促进发展的真诚与努力，塑造有高度、有宽度、有广度、有深度的黄河文化内涵，将"四条丝绸之路"打造成黄河文化高质量对外传播的新空间载体。同时，通过音乐、短视频、QQ手办、表情包、文创产品等6个维度，打造极具河南特色的"老家河南 黄河之礼"非遗数字馆，支持郑州市、开封市、洛阳市、安阳市、焦作市等城市建设国际文化旅游名城，叫响"老家河南""中国功夫"品牌，推动中原文化走向世界，用国际话语体系阐述黄河文化价值内涵，实现传统文化转化成"顶级流量"的美好目标。

大数据时代为传递黄河声音，展示国家形象提供了便利条件，更为用黄河故事打动中国，用"中国流量"引领世界，提升黄河文化的全球吸引力、辐射力和感召力提供了新的机遇，对于以数字化、国际化、时尚化、品牌化的方式保护传承弘扬黄河文化发挥着重要作用。

第七章

黄河文化的国际化传播

第一节 黄河文化的国际化传播路径

一、文化交流的主要途径与形式

（一）各界参与资源整合

根据当前开发利用情况来看，黄河沿线九省、自治区，要想实现资源的充分利用，需要对资源进行充分整合。

1. 激发公众对黄河文化整合的参与需求

（1）宣传与教育

通过多种形式的宣传和教育活动，提高公众对黄河文化整合的认知和理解。以举办讲座、展览、文化活动等方式，向公众介绍黄河文化的历史、价值和影响，激发公众对黄河文化整合工作的兴趣。

（2）志愿者团队的建设与引导

建立并招募志愿者团队，组织相关培训，提高志愿者的专业水平。通过各类活动，引导志愿者积极参与黄河文化资源的整合工作，为文化整合提供协助力量。

（3）公众参与的便利措施与奖励机制

设立便捷的渠道，让公众能够轻松参与黄河文化整合工作。同时，建立奖励机制，鼓励积极参与的公众，用荣誉证书、奖金或其他激励措施，提高整合工作的参与度。

2. 建立黄河档案数据库

（1）数字化档案资源

对黄河文化相关档案资源进行数字化处理，包括扫描文件、录入元数据等，确保档案资源能够方便快捷地进行存储和检索。

（2）区块链技术的应用

运用区块链技术构建非遗档案数据管理系统，确保档案数据的安全性和不可篡改性。同时，通过区块链的透明性，提高档案整合的可信度。

（3）数字化公共服务平台的建设

沿黄9省、自治区合作搭建黄河文化资源库数字化公共服务平台，将黄河文化资源系统化整合，提供在线查询、下载等服务，以实现文化资源的共享和更广泛的利用。

3. 利用互联网和新媒体整合黄河文化资源

（1）建立专属网络平台

创建专属的黄河文化整合网络平台，包括官方网站、社交媒体账号等，用于发布黄河文化资源的信息，引导公众关注和参与。

（2）在线归档与整合效率提升

利用新媒体进行在线归档，通过网络平台整合黄河文化资源。这样的方式可以大幅缩减归档环节的时间成本，提高整合效率。

（3）全球化时代的传播策略

在全球化时代，充分利用新媒体平台，将黄河文化的独特魅力传播至世界各地。通过建立多语言网站、制作多媒体宣传材料等方式，提高黄河文化在国际上的知名度。

（二）多方支撑内涵挖掘

黄河文化历史悠久，所含资源丰富，黄河文化资源的挖掘和利用是一项系统性、长期性的工程，要想从大量资源中提取独特元素开发文创产品，需要甄选专业人才。

1. 制定人才培养制度,重视人才发展

（1）定期开展培训活动

制定黄河文化人才培养制度,通过定期开展内部和外部培训班,提高团队成员的专业知识和技能水平。其培训内容应涵盖历史学、档案学、文化遗产保护等领域,以全面提升团队专业素养。

（2）知识库与技术文库建设

建立知识库和技术文库,将各类文献、资料和技术经验进行分类、整理、存储。这有助于员工专业知识的全面补充,为团队的创新发展提供有力支撑。

（3）创新动力提升

通过培养团队成员的综合实力,包括创新能力、团队协作能力等,为黄河文创事业的创新发展提供持续的新动力。将员工视为团队创新的主体,通过激发其内在的学习和创新潜能,实现整体创新能力的提升。

2. 加大资金投入力度,增强团队建设

（1）专项办公机构的成立

成立专门负责黄河文化资源挖掘的办公机构,将其视为长期性工程,并拨出专项资金,还须确保该机构有足够的人力、物力和财力支持,以保证档案资源的全面挖掘。

（2）研究团队的组织与资助

组织专业人员和专家进行深入研究,提出全面的理论体系和实施方案。通过加大对研究团队的资金资助,确保其能够有序开展研究工作,为黄河文化资源的开发提供专业支持。

（3）社会活动组织与推广

组织黄河文化资源相关的社会活动,如展览、论坛、讲座等。通过这些活动,增强社会各界对黄河文化资源的关注和认识。同时,借助各级宣传部门的力量,提高黄河文化的知名度和影响力。

3. 扩大招聘范围,吸纳多领域人才

（1）多领域人才的招募

扩大招聘范围,吸纳具有不同专业背景的人才,包括历史学、档案学、文化遗产保护学、美术设计学、新闻传播学等领域的专业人员,构建一个多元化

的团队，为黄河文化的多层次挖掘提供更广泛的视角。

（2）符号识别与深入解读

对黄河文化中的多种形式的符号进行识别和分类。通过不同专业背景的团队成员之间的合作，深入挖掘黄河文化的内涵和意义。这有助于更好地开发黄河文化档案文创产品。

（3）文创产品的开发与推广

通过对黄河文化符号的识别和深入解读，团队可以更好地开发文创产品。这些产品可以涵盖教育、旅游等多个领域，为黄河文化的传承和推广提供有力支持。

二、文化差异与国际传播的应对策略

（一）文化差异的影响

1. 文化差异的多层次认知

在国际传播中，需要深刻认识不同文化层面的差异。这包括言语、价值观、信仰、社会结构等多个方面。通过系统性地研究，形成对目标国家文化的全面了解，以避免因文化差异而产生的误解和冲突。

（1）言语文化的多层次认知

首先要了解目标国家的语言结构和表达方式，包括语法规则、词汇选择、句式习惯等。对黄河文化的传播，需要确保信息在目标语言中能够准确、自然地传达，避免因语言差异而引起的误解。

在多元文化传播中，言语的语境和隐含信息至关重要。不同文化对于语境的理解和隐含信息的敏感度存在较大差异。因此，需要对目标文化的语境敏感性进行深入研究，以确保传播信息的完整性和准确性。

借助文化语言学的理论，深入挖掘目标国家语境下的语言文化特点。通过运用文化语言学的研究方法，更好地理解言语背后的文化内涵，为黄河文化在跨文化传播中的表达提供更为精准的支持。

（2）价值观文化的多层次认知

首先，了解目标国家的核心价值观是文化差异认知的重要步骤。黄河文化传播需要考虑如何与目标文化的核心价值观相契合，以促进信息的接收和理解。

其次，文化中的社会角色和权力结构对于价值观的形成具有深远影响。深入研究目标文化中不同社会层级之间的互动模式和权力关系，有助于更好地定位和调整黄河文化传播的内容和方式。

最后，理解目标文化中个体的文化认同和可能发生的文化冲突是不可忽视的因素。通过对不同文化背景下个体与群体的认同机制进行分析，可以更好地预防和解决潜在的文化冲突。

（3）信仰文化的多层次认知

不同文化中的信仰对于价值观、道德观及生活方式等方面均产生深远影响。深刻理解目标文化的信仰体系，有助于调整黄河文化传播的内容，使之更好地适应当地文化背景。

信仰仪式和文化符号是信仰的具体体现，对于文化差异的认知具有重要价值。对目标文化中的信仰仪式和文化符号进行深入研究，有助于在黄河文化传播中避免对敏感元素的误用。

信仰对个体和社会的生活方式产生深远影响。通过研究目标文化中信仰对生活方式的塑造机制，可以更好地理解黄河文化在传播中可能面临的挑战和机遇。

2. 跨文化沟通的重要性

认识到跨文化沟通在国际传播中的关键作用。理解语言差异、非语言交流方式的不同，以及文化间的隐性规则，有助于构建有效的沟通桥梁，提升信息传递的质量和准确性。

（1）跨文化沟通的理论基础

首先，了解霍夫斯泰德提出的文化维度理论，包括权力距离、不确定性回避、个人主义与集体主义、男性与女性的文化差异。深刻理解这些文化维度，有助于分析和解读跨文化沟通中可能出现的问题，从而为制定有效的沟通策略提供理论支持。

其次，深入研究语言与文化之间的相互关系。语言是文化的表达方式之一，不同文化背景下的语言使用存在差异，包括口头表达、书写方式、表达习惯等。通过对语言与文化的交融关系的深入理解，可以更好地应对跨文化沟通中可能产生的歧义和误解。

最后，培养团队成员的文化智商，使其具备跨文化沟通的敏感性和应对能力。通过对团队成员文化智商的培养，使其更好地理解和尊重他者的文化，提高在跨文化环境中的适应性和沟通效果。

（2）非语言交流的多样性

首先，深入研究不同文化中身体语言的解读方式。身体语言在跨文化沟通中占据重要地位，但不同文化对于身体语言的理解存在差异。通过研究不同文化对于姿势、眼神、面部表情等的解读方式，可以有效避免因为非语言交流而引发的误解。

其次，理解不同文化中的时间观念对于沟通效果的影响。一些文化更注重时间的准确性和效率，而另一些文化更看重人际关系和弹性的时间观念。深入研究这种文化背景下的时间观念，有助于避免在时间管理上产生不必要的摩擦。

最后，对于不同文化中的空间概念进行深入了解。文化中的空间观念涉及个人与个人、个人与群体之间的距离感和隐私观念。了解这些差异，有助于建立跨文化沟通中更为舒适和尊重的空间。

（3）构建有效的跨文化沟通策略

首先，构建具有文化敏感性的团队。团队成员应具备对于不同文化背景的理解和尊重，从而形成相互补充的文化智商，以保障跨文化沟通的高效性。

其次，采用适应性语言策略。在沟通过程中，根据目标文化的特点，灵活调整语言表达方式，以提高信息传递的质量和接受度。

最后，建立多元文化交流平台。通过定期的文化交流活动、培训课程等方式，促进团队成员之间的相互理解，增强团队的整体协同效应。

3. 文化智商的培养

培养团队成员的文化智商，使其具备在跨文化环境中敏感应对的能力。通过培训和实践，使团队成员具备娴熟的文化解读和适应能力，进而确保黄河文化在国际传播中更好地融入多元文化环境当中。

（1）文化智商的理论基础

首先，理解文化智商的概念。文化智商是指个体在多元文化环境中适应和应对的能力，包括对不同文化的敏感性、理解力和适应性。通过深入理解文化智商的内涵，可以为培养团队成员的文化智商提供明确的目标和方向。

其次，分析文化智商的要素。文化智商主要包括文化知识、文化意识、文化技能和文化动机。了解这些要素，有助于团队设计系统性的培训计划，以全面提升团队成员的文化智商水平。

最后，将文化智商与跨文化沟通联系起来。深入研究文化智商在跨文化沟通中的作用机制，探讨如何运用文化智商提高团队在国际传播中的适应性和效果。

（2）文化智商的培养策略

首先，建立完善的跨文化培训体系。通过内部培训、外部专家讲座及文化体验活动等方式，系统性地培养团队成员的文化知识和文化技能。确保培训内容覆盖多元文化的方方面面，提升团队的整体文化水平。

其次，将文化智商培训与实际项目结合。组织团队成员参与国际合作项目、文化交流活动等实践项目，通过实际经验加深对文化的理解和适应。实践中的挑战和反思有助于提高团队成员文化智商的应对能力。

最后，制订个体化的文化智商培养计划。根据团队成员的文化智商水平和国际传播任务的特点，制订个性化的培训计划。其中包括定期的评估和调整，确保培养效果的可持续性和针对性。

（3）文化智商的实际运用

首先，在团队的搭建和管理中运用文化智商。通过合理配置具有不同文化背景和文化智商水平的团队成员，促进团队内部的文化交流和协同，提高团队的国际传播效果。

其次，将文化智商融入决策制定的全过程。在国际传播策略的制定中考虑文化差异，运用文化智商的洞察力，确保决策的文化适应性和接受度。

最后，将文化智商运用到团队的传播中。在国际传播活动中，注重文化差异的表达方式、传播渠道的选择等方面，充分利用文化智商提高信息传递的有效性和影响力。

综上所述，通过建立理论基础、制定培养策略，以及实际运用文化智商，可以使团队在国际传播中更好地理解、尊重和融入多元文化环境，确保黄河文化出色地展现在国际舞台上。

（二）定制化传播策略

1. 文化特点的市场分析

首先，进行目标国家文化喜好的深入调研。通过实地访谈、文化调查及分析当地流行趋势，获取关于目标国家受众文化喜好的翔实信息。这将为定制化传播策略提供基础数据支持。

其次，分析目标国家的审美趣味和传播渠道。了解受众对于艺术、设计、音乐等方面的喜好,以及当地主流的媒体平台和社交媒体使用情况。这有助于精准选择传播途径,确保黄河文化以更符合当地喜好的方式呈现。

最后,通过对市场定位和文化需求的匹配进行策略性分析。确定黄河文化在目标国家的独特卖点,并结合市场空白点,精准匹配受众的文化需求。这将为后续的定制化传播提供战略指导。

2. 文化符号的合理运用

首先,将目标国家的文化符号深度融入黄河文化传播中。通过对目标国家历史、传统、信仰等方面的理解,巧妙地将黄河文化元素与当地文化符号进行有机结合,以创造出更具感染力的传播内容。

其次,挖掘共通的文化符号并巧妙利用。寻找目标国家和黄河文化之间的共通之处,如自然元素、历史传承等,以建立情感共鸣,使受众更容易接受并理解黄河文化。

最后,强化情感元素的表达。通过故事化、情感化的手法,将黄河文化注入具有共鸣力的情节中,通过激发目标国家受众的情感共鸣,增强传播的深度和持久性。

3. 文化融合的战略制定

首先,找到独特性与融合的平衡点。在传播策略中,明确黄河文化的独特之处,同时灵活运用融合策略,使黄河文化既能在异国他乡保持自身特色,又能融入当地文化环境。

其次,采用开放、包容的传播态度。在传播过程中,需要注重接纳目标国家文化元素,展现出尊重和理解,避免可能产生的文化冲突,从而形成共赢的传播效果。

最后,建立持续改进和反馈机制。通过不断收集受众反馈,调整传播策略,保持灵活性和敏感性,确保文化融合策略的有效性和可持续性。

综上,通过以上定制化传播策略的层层拆解,黄河文化在国际传播中将更具深度和广度,也能够更好地适应不同国家和文化环境,实现更高效的传播。

(三)跨文化交流培训

1. 团队成员的跨文化教育

首先,进行目标国家文化的深度学习。为团队成员提供系统的培训,涵盖目标国家的历史、信仰、社会结构、价值观等方面的知识。通过专业讲师的授课、研讨会等形式，建立对目标国家文化的全面了解，以打破文化障碍。

其次，培养团队成员对不同文化背景的理解和敏感性。通过案例分析、文化交流活动等方式，引导团队成员积极参与，使其深刻认识到文化对行为、思维的影响，从而减少可能产生的文化冲突，提高团队协同效率。

最后，进行文化差异的心理适应训练。通过模拟跨文化工作场景，帮助团队成员逐步适应目标国家的文化氛围，并增强他们在跨文化环境中的自信心和适应能力。

2.跨文化沟通技能的提升

首先，进行语言表达与交际技巧的培训。通过模拟情境，提升团队成员在不同文化环境下的语言表达和沟通能力。重点关注语言的文化敏感性，确保信息传递准确、得体。

其次，深化对非语言沟通的文化解读。培训团队成员识别不同文化中的非语言信号，包括姿势、面部表情、眼神交流等。通过案例学习，提高跨文化沟通的准确性和效果。

最后，培训文化差异冲突的解决技能。通过情景演练，锻炼团队成员在文化差异引起的冲突情境下的解决能力，以及在处理文化敏感问题时的应对策略，确保团队协同的稳定性。

3.国际团队的建设

首先，引入具有目标国家文化背景的成员。通过招聘或外派的方式，建设具备多元文化背景的国际团队，以增强团队对文化差异的敏感性，为跨文化传播提供更深刻的洞察力。

其次，建立团队合作与协同机制。通过定期团队会议、合作项目等方式，促进成员之间的深度交流，形成相互信任、协作默契的团队氛围，以应对复杂的跨文化工作环境。

最后，组织文化交流活动。通过团队文化交流会、国际文化节等形式，促使团队成员更好地融入目标国家文化，从而增强团队凝聚力，共同实现国际传播目标。

通过以上三个方面的系统培训和团队建设，黄河文化传播团队将更具备在国际传播中的文化敏感性和适应力，进而能够提高团队的整体执行力和创造力。

第二节 基于自媒体的黄河文化国际化传播

黄河文化历史悠久，内涵丰富，是中华文明的重要组成部分；深入传播黄河文化对于凝聚社会共识、弘扬传统文化具有深远影响。如今，自媒体蓬勃发展，人人都能成为信息的发布者与传播者，信息传播的广度与宽度不断拓展，这为黄河文化传播效果的提升带来了新的机遇。本节通过分析当下自媒体传播黄河文化的现状，尝试就自媒体如何提高黄河文化的传播效果提出相应路径。

一、自媒体平台上黄河文化传播现状

黄河文化的传播方式随着时代的更替不断推陈出新。历史上的黄河文化传播以人际传播为主，在漫长的传播历史中，口头传承、技艺传承和民俗传承是黄河文化传播的主要方式，也有以听觉符号和非语言为主要载体的传播。近几年，媒体融合的步伐加快，黄河文化传播的方式不断更新，自媒体成为黄河文化传播的重要方式。当下，自媒体的发展在一定程度上增强了黄河文化的传播效果，但在传播过程中也存在一些亟须解决的问题。

（一）同质化内容与创作困境

1. 内容同质化现象的深层原因

自媒体平台上黄河文化传播面临的首要问题是内容同质化，这一现象源于创作者对于流量的追逐，导致对黄河文化的深度挖掘和二次创新不足。在当今信息爆炸的时代，内容创作者更倾向于迅速获取大量点击和转发，而非真正深入挖掘文化内涵。这使得黄河文化在自媒体平台上的呈现，更多地表现为表面的雷同与模仿，缺乏独特性和深刻性。

2. 流量至上对高质量内容的压制

当前的自媒体时代，内容创作者易于沉迷于获取高点击率，而忽略了内容的质量。例如，出现了黄河文化的一个元素爆火后众多创作者纷纷跟风模仿的问题，这导致创作的同质性问题更为突出。这种现象不仅降低了黄河文化在自媒体平台上的深度传播，还使得原创性和独创性的作品难以脱颖而出，最终使黄河文化在自媒体发展的浪潮中渐趋销声匿迹。

3. 创作者瓶颈和自身特点的丧失

由于创作者对于流量至上的追求，使其容易陷入创作的瓶颈。创作者在迎合大众口味的同时，缺乏对高质量内容的探索与思考，逐渐失去了自身独特的创作特点。这使得黄河文化在自媒体平台上难以呈现多样性和深度，影响了其在社交媒体中的传播效果。

（二）传播平台局限与立体传播挑战

1. 媒体融合意识与主动性缺失

尽管自媒体时代赋予内容发布者多平台选择的自由，但许多黄河文化的传播仍然局限于单一平台。这表明自媒体从业者普遍缺乏媒体融合的意识与主动性。由于未形成打造 IP 的观念，传播受众范围有限，覆盖群体狭小，难以形成立体传播的效果。

2. 缺乏新模式与新业态的孵化

自媒体平台上的黄河文化传播受到局限，未能孵化出新的模式与业态。部分自媒体从业者对媒体融合的认知不足，未能发挥多平台传播的潜力。这使得黄河文化的传播效果相对单一，难以创造出更为丰富和立体的传播形式，阻碍了其在自媒体领域的进一步发展。

3. 传播故步自封与 IP 建设不足

在自媒体时代，建设 IP（知识产权）至关重要。然而，黄河文化的自媒体传播普遍缺乏对 IP 的有效建设。即缺乏对黄河文化在不同平台上的差异性认知，使得传播形式呈现出故步自封的趋势。因此，自媒体从业者应更注重 IP 建设，通过多渠道传播，将黄河文化从多个角度呈现给受众，以实现更为广泛的传播效果。

（三）资源整合不足与地域特色展示缺失

1. 自媒体整合资源力度的不足

黄河文化的传播受制于自媒体整合资源的力度不足。自媒体从业者往往未能充分认识到资源整合的重要性，在黄河文化传播中未能发挥出资源的最大效益。加强对资源的整合，形成合力，是推动黄河文化在自媒体平台上更为深入传播的必要手段。

2. 缺乏对地域特色的深度挖掘

自媒体从业者对不同地区黄河文化的特色缺乏深度挖掘意识。这些自媒体从业者所发布的内容过于泛泛而谈，未能真正展现出黄河文化的多样性。相较于官方媒体，如河南广播电视台推出的系列公益宣传片，自媒体创作者缺乏对地域特色的敏感性，未能将黄河文化的地域特色展现得淋漓尽致。

3. 地域特色的传播借鉴与学习

自媒体创作者应借鉴官方媒体的做法，加强对地域特色的深度挖掘，展现出黄河文化的多层次面貌。例如，河南广播电视台推出的《壮美中原，老家河南》《豫见中国，老家河南》等系列公益宣传片，是一个成功的案例。这些作品通过呈现豫剧、少林功夫、开封古城墙等典型的黄河文化符号，不仅整合了各类资源形成了传播合力，还展现了不同地区的独特地域特色。

二、自媒体增强黄河文化传播效力的举措

（一）坚持内容为王，创新表达方式

1. 博大精深的黄河文化内容挖掘与创新

（1）黄河文化的博大内涵

黄河文化作为中华文明的重要组成部分，拥有博大精深的内涵。自媒体从业者首先需要深挖这一内涵，通过专业性的研究，深入了解黄河文化的历史渊源、文物遗产、传统习俗等方面的内容。只有深刻理解黄河文化的多层次内涵，才能为他们的创作提供坚实的基础。

（2）高质量内容的价值

在自媒体传播中，高质量内容是传播力的基石。自媒体从业者应当注重挖掘那些鲜为人知、深具学术价值的信息，通过深度报道和独家解读，呈现出黄河文化的精髓。高质量内容的传播不仅能够吸引更多受众，还能够在传播中提高观众的文化素养，实现文化价值的传递。

（3）掌握主动权的重要性

通过深挖和创新黄河文化的内容，自媒体从业者将更好地掌握传播的主动权。在内容创作中，注重专业性和学术价值，可以树立自身在黄河文化领域的专业形象，以吸引更多精英受众的关注，为自媒体平台的影响力增长打下坚实基础。

2. 创新表达方式的多元尝试

（1）文化内涵与创新表达方式的结合

在追求高质量内容的基础上，自媒体从业者应当注重表达方式的创新。通

过多元的表达方式，将黄河文化的深厚内涵生动地呈现给受众。除了传统的文字报道和图片展示外，自媒体从业者可以尝试运用数据图解、音频、视频、动画、HTML5等多种形式，使作品更具视觉冲击力和互动性。

（2）专业性与生动性的结合

专业性和生动性并重是创新表达方式的关键。自媒体从业者在传播黄河文化时，不仅要保持专业性，深入挖掘文化内涵，还要通过生动的表达方式使内容更具吸引力。这种结合可以通过将专业的文献资料转化为生动的故事情节、将历史事件呈现为有趣的图解等手段来实现。

（3）多样化形式的媒介融合

创新表达方式还需要通过多样化形式的媒介融合来实现。自媒体从业者可以利用社交媒体平台、专业网站、线下活动等多种渠道，将创作的多元表达方式有机融合，形成全方位的传播效果。这种综合运用不仅能够提升内容的传播效力，还能够拓展受众群体，实现更广泛的影响。

3. 拉近与受众的距离与提升传播魅力

（1）"方式为要"的核心理念

"方式为要"是在黄河文化传播中更好地与受众互动的核心理念。自媒体从业者应当在表达方式的创新上下功夫，使得内容更加接地气、贴近生活。通过深刻理解受众的需求和喜好，制定相应的创作策略，让黄河文化传播更符合受众的审美和接受习惯。

（2）传播魅力的提升与受众互动

通过表达方式的创新，自媒体从业者可以增加作品的传播魅力。例如，利用互动性强的HTML5形式，引导受众参与内容创作，使其成为文化传播的参与者而非观众。这种互动性的传播方式既能够拉近与受众的距离，也能够增加内容的传播效力。

（3）受众黏度的提升与品牌建设

创新表达方式不仅仅是为了短期的传播效果，更是为了提升受众黏度，实现品牌建设。自媒体从业者应当注重长期积累，通过不断尝试和改进，形成自己独特的创作风格和品牌形象。这样的品牌建设将为自媒体平台的持续发展提供稳定的支持。

(二)建立媒体矩阵,增强传播广度

1. 传播多样性的重要性与整合媒介资源

(1) 传播途径多样性的背景

在自媒体时代,传播途径的多样性为文化传播提供了广阔的空间。黄河文化作为一个丰富多彩的主题,需要通过多样的传播途径来呈现其多层次、多维度的内涵。自媒体从业者应当认识到传播途径多样性的重要性,不仅仅依赖于单一的传播渠道,而是通过建立媒体矩阵,使得作品能够在多个平台上得以传播,从而提升传播的广度和深度。

(2) 媒体资源整合的战略意义

整合媒介资源是增强作品传播力的关键战略。自媒体从业者应当将不同平台的优势资源整合起来,形成一个庞大而立体的传播网络。例如,结合抖音、微信视频号等短视频平台,以及其他社交媒体如微博、小红书等,形成一个多层次、多途径的传播矩阵,使得黄河文化的传播能够覆盖更广泛的受众群体。

(3) 传播阵地的立体性

在建立媒体矩阵的过程中,传播阵地的立体性是至关重要的。自媒体从业者需要充分认识到不同平台的受众特征和传播机制的不同,有针对性地制定传播策略。通过在各个传播阵地上的深度运作,使得黄河文化的传播能够在不同层面上得到体现,进而增加受众对于文化传播的接受度和认同感。

2. 多平台联动与互动性的强化

(1) 多平台联动的实施

自媒体从业者应当在作品发布时实施多平台联动策略。通过在不同平台同步发布内容,可以在各个平台上形成传播的互动效应。例如,在抖音上发布一段引人入胜的短视频后,同时可以在微信视频号、微博等平台分享相应链接,以确保更多受众能够接触到这个作品。这种联动不仅扩大了作品的曝光度,也提高了受众的互动性。

(2) 平台互动性的提升

自媒体从业者还应当充分发挥平台的互动性,通过设置投票、抽奖、评论等环节,吸引受众积极参与。通过与受众的互动,自媒体从业者可以更好地了解受众的反馈和需求,从而调整创作策略,提升作品的受欢迎程度。这种互动性的传播方式能够拉近与受众的距离,使得文化传播更贴近人心。

（3）案例分析："PINK飞叔"的成功经验

以"PINK飞叔"为例，他通过在抖音、小红书等平台同时开设账号，实现了多平台联动。同时，他入驻河南本地新闻平台顶端新闻，并在顶端新闻开设账号，吸引了本地受众的关注，增强了他在河南本土的影响力。他通过平台设置投票、评论等环节，与受众形成良性互动。这种成功经验充分体现了多平台联动和互动性传播的重要性。

3.品牌建设与IP效力的打造

（1）品牌建设的长期积累

通过多平台联动和互动性传播，自媒体从业者可以实现品牌建设。建立自身在黄河文化传播领域的专业形象，形成独特的创作风格，是品牌建设的关键。这种长期积累的品牌建设将为自媒体平台的持续发展提供稳定的支持。

（2）IP效力的打造与官方媒体互动

在"PINK飞叔"的成功经验中，他通过多平台联动不仅实现了与官方媒体的良性互动，还打造了自身的IP效力。因此，自媒体从业者应当通过与官方媒体的合作，充分利用官方资源，提升作品的专业性和权威性。建立自身的IP效力，能够更好地吸引受众，增强在文化传播领域的影响力。

（3）持续创新与品牌形象的提升

品牌建设和IP效力的打造是一个持续创新的过程。自媒体从业者需要不断尝试新的创作方式，挖掘新的传播途径，以保持品牌形象的新鲜感和活力。通过不断提升作品的创新性，加强与受众的互动，自媒体从业者可以在品牌建设和IP效力的打造上保持领先地位，进一步巩固在黄河文化传播领域的影响力。

（三）整合利用资源，展现地域特色

1.自媒体与传统媒体资源整合

（1）自媒体获取资源的挑战

相较于官方媒体和政府机构，自媒体从业者在资源获取方面存在一定的劣势。然而，这种差距也激发了自媒体从业者更主动寻找资源的需求。为了克服这一挑战，自媒体从业者应当与传统媒体建立积极的联系，并形成良性互动。通过与传统媒体合作，自媒体从业者可以借助它们的资源，如报道权威新闻、专业人士的观点等，实现资源的共享，扩大影响力。

（2）与传统媒体的合作模式

自媒体从业者可以与传统媒体建立多种合作模式，如共同策划专题报道、合作推出独家报道等。通过这些合作，自媒体从业者可以获取传统媒体的新闻线索、专业分析，从而丰富自身的内容。这种资源的整合不仅有助于提升作品的质量，还可以在传统媒体中获得更多曝光，拓展受众群体。

（3）资源共享的战略意义

自媒体从业者与传统媒体的资源共享不仅在内容创作上具有战略意义，同时也有助于提升自身在行业内的声望。与官方机构和传统媒体的紧密联系能够让自媒体从业者更快速地获取信息，取得独家资讯，从而在黄河文化传播领域站稳脚跟。

2. 深挖地域特色与资源整合

（1）黄河流域地域特色的多样性

黄河流经九省、自治区，形成了丰富多彩、各具特色的地域文化。自媒体从业者在传播黄河文化时，应深入挖掘每个地区的独特特色，包括方言、民谣、美食、历史故事等。了解并呈现每个地区的特色能够使作品更具吸引力，让受众更好地感知和理解黄河流域的文化底蕴。

（2）资源整合与地域文化深耕

自媒体从业者可以与当地文化机构、博物馆、剧院等建立联系，实现资源的整合。通过与这些机构的合作，自媒体可以获取到第一手的文化资料，包括考古挖掘成果、历史文物、地方传统节庆等。这使得自媒体从业者能够更全面、深入地呈现黄河文化的地域特色，提升内容的独创性和专业性。

（3）案例分析："大咖说讲师团"的地域特色传播

在抖音平台上，"大咖说讲师团"推出了《信展说洛阳》系列短视频，通过丰富的内容呈现了洛阳市的地域文化特色。这一系列作品涵盖了洛阳博物馆的文物、历史遗迹、名人故事等多个方面。通过整合洛阳市的文化资源，创作者成功地展现了洛阳市独特的地域风貌，为黄河文化传播注入了新的活力。这种深耕地域文化的传播方式，可为其他自媒体从业者提供借鉴，并通过深挖各地的地域特色，使黄河文化传播更富多样性和深度。

3. 资源整合的实际操作与策略

（1）与文化机构建立合作

自媒体从业者可以主动与博物馆、文化研究机构等建立合作关系。通过合作，可以获得文化机构提供的专业知识、独家资讯，为内容创作提供可靠的支持。这种合作不仅有助于提升作品的学术性，还可以让受众更深入地了解黄河文化。

（2）制订长期合作计划

为了实现资源的持续整合，自媒体从业者可以制订长期的合作计划。与传统媒体和文化机构建立长期的合作关系，可以确保资源共享的稳定性和可持续性。这种长期合作有助于形成紧密的合作团队，提高内容制作的效率和质量。

（3）创新合作方式与推广效果

自媒体从业者在与传统媒体和文化机构合作时，还应当不断创新合作方式，以提高推广效果。可以尝试联合推出线上线下活动、共同制作短视频系列、举办主题展览等多种方式，展示黄河文化的地域特色。创新合作方式旨在吸引更多受众参与，扩大作品的传播范围，同时在推广效果上取得更显著的成果。

（4）与地方政府建立合作

自媒体从业者还可以与地方政府建立合作关系，获取政府支持和资源。通过与政府机构合作，可以获得更多的地方文化活动资讯、历史文献资料等资源，为内容创作提供更多元的素材。这种合作关系不仅有助于丰富作品的内容，还能够提高作品的可信度和权威性。

（5）利用社交平台建立互动

自媒体从业者可以充分利用社交平台建立与粉丝的互动，获取更多关于地域特色的信息。通过与粉丝的互动，能够了解他们对黄河文化的兴趣点和关注焦点，从而有针对性地制作内容，增加作品的受欢迎程度。同时，通过社交平台与地方文化爱好者、专业人士建立联系，可以获取更多深度的地域文化资讯。

（6）案例分析："考古小队长"的资源整合策略

在微博平台，"考古小队长"成功与河南文物考古研究院、陕西历史博物馆等官方机构合作，推出的作品实现了与官方资源的共享。通过这样的合作，"考古小队长"获取到第一手的考古挖掘资料、文物研究成果，使自己的内容更具权威性和深度。这种与官方机构的合作不仅丰富了作品的内容，还提高了作品的学术水平，使"考古小队长"在黄河文化传播领域赢得了更多的关注。

在黄河文化传播过程中，自媒体从业者要充分发挥主动性，巧妙整合各方资源，实现与传统媒体、文化机构、政府等的良性互动。与传统媒体建立合作关系，能够获取专业、权威的信息和资源。与文化机构合作，深挖地域特色，能够使作品更具深度和独创性；与地方政府建立合作关系，能获取更多支持和资源；与社交平台建立互动，能获取粉丝反馈，不断改进和创新。案例分析表明，这些资源整合策略在提升自媒体在黄河文化传播领域的影响力和专业性上具有重要价值。通过不断创新、整合资源，自媒体从业者能够为黄河文化的传播注入新的活力，推动文化传承和创新。

三、新媒体环境下汉字文化传承与黄河文化传播

黄河，作为中华文明的发源地，润养着这片古老的土地，孕育了中华文明的瑰丽历史。汉字文化的诞生、传承和繁荣，深深植根于这片富饶的土地。黄河上游地区的古老部族在文化生活上紧密相连，他们创造的原始图形为我们研究汉字起源提供了珍贵的线索。而在黄河中下游地区，丰富的古代文字在考古中被发掘，为我们提供了丰富的历史资料，也为汉字文化的研究提供了肥沃的土壤。作为中华文明的基石，汉字具有悠久的历史和文化传承，其独特之处在于它能够超越时间和空间的限制，传承至今，承载着丰富的文化内涵。

然而，在当今新媒体时代，互联网的高度普及使得传统的汉字文化面临着一些严峻的挑战。低俗的网络用语和不负责任的自媒体竞相追逐眼球经济，对汉字文化造成了冲击。因此，在数字媒体技术迅猛发展的背景下，我们需要在适应新媒体传播特点的同时，正确看待汉字，明确其与黄河文化的深刻联系。通过传承黄河精神，弘扬汉字文化，使其在与现代技术相融合的过程中焕发新的生机，且保持其独特的文化价值。在新媒体的影响下，我们有责任正确理解汉字，使传统文化在数字时代得以传承与发展。

（一）黄河精神与汉字底蕴一脉相承

1. 黄河文化是汉字文化滋生壮大的土壤

黄河文化是一个涵盖各个方面的有机整体，如同汉字文化的沃土，在更广的层面上包括了制度、礼仪、信仰、语言文字、风俗习惯、精神风貌和各类价值观等。历史上，黄河文化为古代居民提供了滋养，引导他们塑造出辉煌的黄河文明。黄河作为中华民族文明的重要代表，见证并记录了汉字的不断完善，逐渐形成有序的体系。

从贾湖遗址龟壳上的古老符号，到安阳殷墟出土的甲骨文；从皇帝的史官仓颉创造文字，到秦代李斯规范小篆、提出"书同文"，再到许慎编著《说文

解字》和印刷术的盛行，每一次汉字文化的创新都发生在黄河流域。这明确地展示了汉字文化与黄河文化的紧密联系。黄河文化为汉字的演变提供了深厚的土壤，并成为汉字文化发展历程中不可或缺的一部分。因此，对于汉字文化的深入研究必须深挖黄河文化的元素，因为黄河文化是汉字文化茁壮成长的滋养之源。

2. 汉字是黄河文化传承的重要视角与载体

黄河文化的传承在于汉字，它是重要的观察角度和文化承载体。在传承黄河文化的过程中，汉字扮演着至关重要的角色并发挥着承载的作用。作为中华文明的象征，汉字不仅仅是一种表意文字，更是传承中华文明传统的有力工具。从商周时期的甲骨文到印刷术兴盛后的横平竖直的方块字，汉字的演变历程均在黄河流域完成。作为黄河文明的核心元素，汉字使黄河文化的传承得以超越时间和空间的限制，为深入研究黄河文化和黄河精神提供了丰富的人文和历史视角。

文字的创造标志着人类文明的关键时刻，而文字的发明使黄河文明得以被记录、传承和发展。中国文明之所以得以延续，与世界上唯一仍广泛使用的表意文字体系——汉字密不可分。河南省作为汉字资源丰富的省份，保留了许多重要的历史遗迹，如仓颉庙祠、造字台、墓冢等。这些遗存为深入研究黄河文化的演进和传承提供了重要线索。汉字以其记录功能，不仅成为文明的承载体，更成了美的表达方式。唐诗宋词、四书五经等文化成就，以及科技发展的曙光，都离不开汉字的贡献。中国人独特的风骨气节、性情志趣也深刻熔铸在汉字的文化底蕴中。

从汉字的本质来看，每一个汉字都蕴含着一个独特的故事，每一系列汉字都呈现出一种文化属类。例如，"玉"部字展现了古代礼仪文化和祭祀文化；"女"部字展示了女性文化；而"衣"部字、"糸"部字等则呈现了服饰文化。这些文化元素都是黄河文化不可或缺的一部分，是深入研究黄河文化的重要切入点。因此，汉字不仅是黄河文化传承的记录者，同时也是其精髓的生动表达者。

3. 黄河文化传承视角下的汉字传播可增强文化自信

在黄河文化传承的观点下，汉字的传播不仅在加强文化自信方面发挥了关键作用，而且在全球文明互鉴的大背景下扮演了重要角色。作为世界上最古老的自源文字之一，汉字与黄河文明的历史领先地位密切相关，并成为唯一延续至今的文字系统之一。古汉字,以甲骨文为代表,为推动全球文明进程作出了卓越贡献,甚至被选入2006年联合国教科文组织的"世界记忆名录"。

我们的文化自信深植于千年汉字文化的沃土,这种自信是其他国家、民族所无法比拟的。因此,有必要将文化自信提升到培养黄河文化基石和国家文化安全的层面来认知。文化的多样性和文明的丰富是通过交流而生,通过互鉴而壮大。在"一带一路"倡议推动下,语言文字的传播在加强沿线国家间的交流、促进民心相通方面发挥着巨大的促进作用。

随着中国逐步走向世界舞台的中央,以中国传统文化为核心、以汉字为媒介的"汉字文化圈"逐渐形成。这一文化圈的自然形成,对提升东亚地区文明水平、促进中国周边国家的发展繁荣起到了至关重要的推动作用。在这一进程中,汉字文化成为一个有力的文化共同体,为文明交流提供了丰富的资源。在媒体方面,湖南卫视创作了原创性的汉字节目,如《汉语桥》《神奇的汉字》系列,河南卫视的《汉字英雄》等节目也为汉字文化的传播做出了卓越的贡献;孔子学院在国外的推广更使汉字文化得到更广泛的传扬。因此,汉字文化的传播不仅是黄河文化和黄河精神传扬的重要形式,也为推动全球文明的繁荣发展贡献了强大的力量。

(二)新媒体时代汉字文化传承面临的主要问题

1. 流量追逐架空汉字的本体内涵

在千百年的历史长河中,汉字经过漫长的演进,形成了一个连贯的发展序列。然而,随着新媒体的蓬勃崛起,人们的生活节奏变得更加快速,社会氛围逐渐趋向娱乐化,深度思考的能力也受到了不同程度的削弱。当今,越来越多的新媒体用户更愿意使用键盘输入或语音转换功能,随之有了提笔忘字的问题,也导致了大量网络用语在屏幕上的泛滥。与此同时,随着自媒体从业者数量的快速增长,一些为了吸引流量而盲目追逐的自媒体人过度地对汉字进行标签化处理,不顾汉字的实质内涵,随意替换概念,以满足用户对新奇事物的追求。

这一现象使得汉字的本体内涵被轻视,而追求短期的点击率和阅读量成了新媒体传播的主导方向。这样的趋势不仅影响了人们对汉字深层次理解的机会,也削弱了汉字在文化传承中的作用。因此,我们需要对流量追逐现象进行深刻反思,以保护和弘扬汉字的本质内涵,确保它在传播中能够更好地服务于文化传承的使命。

2. 网络用语虚化汉字的文化内涵

网络用语的兴起标志着信息传播方式的革新，其中尤以网络缩写为最具代表性的形式之一。这种表达方式的受欢迎程度主要表现在其简洁、高效的交际特性上。通过提取文字的首字母、数字组合、中文短语或英文词组等形式，如"u1s1"代表"有一说一"，"nsdd"代表"你说得对"，网络缩写成为网络交流中的一种流行趋势。尽管其在特定社会群体，特别是青年人和大学生中获得了广泛的应用，但伴随着一系列文化内涵的虚化问题。

这种网络缩写的表达方式虽然在短时间内能够迅速传递信息，却在重新构建文字时将汉字字形完全虚化。网络缩写丧失了汉字特有的具象性和表意性，例如，"u1s1"中的"u"只是表音，无法从形状上解读出"拥有"的含义，而相较之下，汉字"有"则以古老的"以手持肉"的造型蕴含了"拥有"的深刻意义。

这种现象在特定社会群体内或许能够实现高效的沟通，但在其他社会群体中却存在通用性的缺失。尤其是不良网络流行语的过度使用，可能不仅阻碍了不同年代之间的交流，还导致了传播隔阂和传播障碍。更为深刻的是，这种网络表达方式对汉字系统的完整性和系统性构成了无情的冲击和遏制。

频繁使用网络拼音缩写不仅仅是一种交流工具，更是对中华传统文化内涵的一种冲击。在信息传播中，它可能削弱了汉字作为文化载体的力量，影响着中华传统文化内涵的传承。因此，我们需要谨慎对待网络用语的使用，以确保在信息传播中保留和弘扬汉字文化的独特魅力，维护汉字的文化内涵和传统价值。

3. 汉字误读阻碍文化共识的形成

在新媒体时代，信息传播的便利性使得每个人都成为信息的传播者，然而，这也带来了一个问题，即汉字文化容易因碎片化的错误知识泛滥而受到误读。在政策和市场的双重推动下，黄河文化成为多个学科研究的焦点，而作为其闪耀元素的汉字也成为社会研究的热门话题。尽管对汉字形体进行分析、解读汉字意义，进一步讨论传统文化现象的研究日益增多，但对汉字的误读却屡见不鲜。

在这个背景下，出现了一些对汉字的随意解读，如将"温"字拆分解读为"地上放个盆，往里面倒点水，太阳一晒便温暖了"；将"警"解读为"警察要先敬礼后说话"；将"婚"解读为"女人发昏才结婚"等。这些解读不仅经不起推敲，更是对《说文解字》等经典文献的扭曲，传递了错误的文字文化信息。

这种误读不仅容易破坏汉字结构的完整性和系统性，也不利于形成对中华文化共识的理解。

特别值得关注的是，这种误读在新媒体环境下有着更为广泛的传播。随着社交媒体的兴起，这些错误的解读很容易在网络上扩散开来，从而影响更多的人。因此，我们需要认识到这一问题的严重性，加强对汉字的正确解读教育，以维护汉字文化的纯粹性和深刻内涵，推动形成更加准确的中华文化共识。

这种误读现象不仅容易在社交媒体和网络上迅速传播，也可能影响人们对中华文化深层次的理解。为了维护汉字文化的真实内涵，我们需要更加谨慎地对待汉字的解读，不仅需要注重其形式上的正确性，更要注重文化共识的传承和弘扬。

（三）新媒体时代黄河文化视野下汉字文化的传播路径

1. "互联网+教育"为基础构建汉字传播矩阵

在"互联网+教育"为基础的大背景下，相较于传统媒体，新媒体作为传播主体呈现出多元性、速度迅猛、内容丰富、渠道多样等优势。尽管如此，新媒体的传播力量仍存在碎片化的问题，对于黄河文化视野下的汉字品牌塑造存在一定的不利因素。为了解决这一问题，我们可以以"互联网+教育"为切入点，构建汉字传播矩阵，实现更有力的汉字文化传播。具体步骤如下：

首先，黄河流域各省区的专业学者可以发挥自身学术优势，结合所处地区的地域资源，共同致力于弘扬中原优秀传统文化，树立起民族自豪感。他们可以联手组建黄河流域相关省份的汉字文化传承联盟，通过整合各省现有的汉字文化资源，促进协同发展，将散落在中原大地的汉字宝藏有机组合起来，形成一个有力的汉字文化传播网络。

其次，充分利用互联网的万物互联特性，发挥大众传媒的示范和地位授予功能。通过在新型主流媒体上设立专门的汉字文化专栏，传播汉字文化线上精品课程，组织举办汉字大赛等活动，提升用户的参与度，激发更多人对传承汉字文化的责任心与信念。同时，联合在线教育平台，实施汉字文化精品工程，寻找汉字文化代言人，使汉字资源更好地发挥教育与传承的功能，进而形成"互联网+教育"的双轮驱动。

最后，黄河文化视野下的汉字文化传播要立足于媒体融合的背景，采用全媒体的表现形式。根据不同平台的传播特点，主力用户的年龄、性别分布特点，以及媒介接触情况差异，采取差异化的媒体传播策略，设置合适的议题，满足用户多样化的需求。此外，要加强汉字文化传播的专业队伍建设，培养具有一定汉字文化传播素养的媒体工作者，他们应该对传统汉字发展历程有深刻认识，同时具备将汉字文化与现代社会需求巧妙结合的创意感与洞察力。通过以上措施，可以更好地构建汉字传播矩阵，从而提升汉字品牌的影响力，实现汉字文化的持续传承。

2. 科技赋能打造汉字文化

科技的迅猛发展深刻改变了文化生活，同时文化的力量也在丰富着科技的发展。新兴科技如互联网、大数据、云计算等已经给传播业带来了翻天覆地的变革，也深刻地影响了汉字的呈现形式和传播方式。因此，应充分利用科技的力量，将其赋能于汉字文化的传承与新媒体融合，以激发汉字文化在黄河流域的新生，推动其更广泛地传播：

首先，我们可以建设具有特色的短视频传播账号，并在微博、微信等新媒体传播平台上打造汉字文化的宣传渠道。通过采用短视频、HTML5、动画、海报、游戏等形式，以视觉化的方式展示与汉字起源和诞生相关的传说，使汉字文化呈现出新颖的活力。同时，通过社交媒体的即时分享特性，让沉睡多年的汉字文化焕发新的生机，以吸引更多人关注和参与。

其次，我们可以借助增强现实（AR）和虚拟现实（VR）技术，培育汉字文化的标志性特点，创造独特的"汉字IP"。通过科学制定传播策略，整合官方与民间资本，支持中国文字博物馆、漯河许慎文化园等汉字文化项目的多渠道全息传播。通过类似河南卫视在《中秋奇妙夜上》调动AR技术的成功案例，我们可以将创意舞蹈与东晋书法家王献之的《中秋帖》融合，创作出具有时代特色的作品，如《墨舞中秋帖》。这种创新不仅有助于弘扬传统书法文化，还能通过社交媒体分享，提升国际社会对中国传统文化的认同感。

通过上述科技赋能的措施，汉字文化可以更好地适应当代社会的传播需求，焕发新的生机，实现在新媒体时代的传承和传播。

3. 新媒体手段促进汉字符号实体化

符号作为文化传播的基本要素，是一种共同约定的标记，用于表示某种意义。甲骨文字系统作为汉字的早期形态，承载了中华传统文化的根脉。然而，长期以来，汉字一直被视为语言的工具和文化历史的载体，其本身的文化内涵常处于抽象、虚化的状态。在推动汉字文化传播的过程中，利用新媒体手段将汉字所包含的文化实体化变得尤为重要。例如，河南广电系列晚会通过舞蹈和音乐的形式将汉唐文化实体化展现，而《经典咏流传》则通过将文学经典以歌曲和说唱的形式实体化呈现。

设计师陈楠为汉仪陈体甲骨文字库设计了一套甲骨文表情包，成功地将甲骨文中所蕴含的汉字文化转化为实体化的形象。陈楠将象形化的甲骨文转换为更直观、形象的图画，并结合动态的动画呈现网络常用语。这种创意使得古老的甲骨文成为新媒体时代下汉字文化传播与应用的素材，实现了汉字文化的年轻化。随着人们对个性化文化需求的增长，文创产品备受青少年欢迎，并具有广阔的市场潜力。在推动黄河流域汉字文化创意传播的过程中，我们可以借鉴成功的IP打造过程，利用汉字的表意性和象形性，创作具有中原文化气息的黄河标志、吉祥物、衍生产品等，并采用线上线下结合的方式进行推广。

四、自媒体环境下加强黄河文化国际传播的策略

在媒体融合的背景下提高黄河文化国际传播力，要形成多元化、良好循环的创作机制，充分发挥新媒体传播的优势，吸引越来越多的自媒体作者加入，塑造全方位的传播格局。

（一）出台自媒体作者激励计划

1. 激励计划的设计与执行

在媒体融合的大环境下，制定并执行自媒体作者激励计划至关重要。该计划应该明确奖励标准，包括流量、内容质量、创新性等方面。设立不同层次的奖励，如优秀作者、年度最佳作者等，以激发自媒体作者的积极性。同时，可引入评审专家，确保评选过程的客观性和公正性。

2. 引导议题设置与创作导向

激励计划应当引导自媒体作者围绕黄河文化展开深入的议题设置。通过设立每月或每季度不同的主题，如"黄河历史传承""黄河生态环境"等，引导作者深入挖掘黄河文化的多个方面。这有助于形成系统化、深度化的国际传播内容，进而提高自媒体的国际传播能力。

3. 推广热点标识的应用

在激励计划中，可以设立与黄河文化相关的热点标识，如特定标签或主题等。通过这些标识的使用，不仅能够在内容中形成一致性，更能在国际传播中深化黄河文化的形象。这有助于在多次分发中加深受众对文化传播的认知度，使黄河文化更具吸引力。

4. 培养跨文化传播优秀自媒体作者

激励计划的目标设置应该注重跨文化传播的培养。通过设立跨文化创作奖项，鼓励自媒体作者深入研究不同国家、地区的文化，推动黄河文化与世界各地文化的对话。这有助于拓宽传播领域，使黄河文化更好地走向国际。

（二）建立联盟协调机制

1. 多层次联盟的构建

建立多层次的黄河文化传播联盟，包括地域性的联盟和主题性的联盟。其地域性联盟可以由黄河上中下游地区组成，各自突出特色；主题型联盟则可以针对不同方面的黄河文化，如历史、生态、民俗等，形成专业性的合作机制。这有助于在国际传播中形成统一的品牌形象。

2. 错位发展，避免同质竞争

联盟协调机制要求成员在传播方向上错位发展，避免同质竞争。例如，黄河上游地区可以侧重生态保护，中游地区可以注重历史文化推介，下游地区可以强调儒家文化传承。通过分工协作，形成合力，增强黄河文化国际传播的效果。

3. 多形式渠道的联动分发

联盟成员可以通过短视频、播客、音频、文字等多种形式进行联动分发。通过在国内外社交媒体上广泛展开传播，形成多渠道、多形式的传播格局。这有助于吸引不同类型的受众，以提高黄河文化的国际知名度。

4. 文化品牌的建设与推广

联盟协调机制的核心是建设一个统一的文化品牌。通过共同制定的标识、宣传语、形象等，形成统一的品牌形象，从而提高品牌的识别度。这有助于在国际传播中更好地推广黄河文化。

（三）鼓励社会资本参与文化传播

1. 多元化资本参与的引导

为了加强黄河文化国际传播，需要引导社会资本多元化参与文化产业。通过政策引导，鼓励资本投资于文化创意产业、工业遗产开发、文化景观利用等方面，促进文化遗产资源的综合开发利用。

2. 特色文化服务的打造

社会资本的参与应该着重于特色文化服务的打造。通过投资支持特色民族文化活动、特色文化产品的开发，形成独具特色的文化品牌。这有助于在国际市场上打响黄河文化的知名度。

3. 政策支持力度的加强

为了鼓励社会资本的参与，政府应当加大对文化产业的政策支持，包括在土地使用、税收优惠、投资融资等方面给予支持，创造更加良好的投资环境。这有助于吸引更多社会资本参与到黄河文化的国际传播中。

4. 有序引导文化企业对外投资

鼓励具有竞争优势和经营管理能力的文化企业对外投资，有助于推动黄河文化国际传播。政府可以通过提供优惠政策、简化手续等方式，引导文化企业积极参与国际市场竞争。这种有序引导可以促使文化企业更好地发挥其在国际市场上的优势，进而推动黄河文化更广泛地走向世界。

（四）加强专业人才培训

1. 多层次人才培养计划

在黄河文化国际传播中，需要建立多层次的人才培养计划。除了高等院校的培训，还应该吸纳文化企业和互联网媒体平台的参与，制定更加注重实践、适应市场竞争的培养计划。这有助于培养更符合实际需求的专业人才。

2. 跨专业人员培训

涉及文化国际传播的自媒体从业人员需要具备多方面的能力，如营销、摄影、播音、视频编辑等。因此，培训计划应该覆盖多个专业领域，确保从业人员具备全面的传播技能。这有助于提高黄河文化传播的专业性和针对性。

3. 实践与理论相结合

培养计划应该注重实践与理论相结合。通过组织实际案例分析、实地考察、行业论坛等形式，使培训更加贴近实际工作需求。这有助于让从业人员更好地理解黄河文化，更有效地进行国际传播。

4. 建立培训资源共享机制

为了增强培训效果，可以建立培训资源共享机制。通过建立培训平台，整合各方资源,共享优质培训内容和师资力量。这有助于形成全行业共同提升的格局,推动黄河文化国际传播的专业水平。

(五)强化科技支撑

1. 数字化黄河文化资源

科技支撑是黄河文化国际传播的关键。借助大数据、人工智能等现代科技手段,可以实现黄河文化资源的数字化和可视化。通过虚拟现实(VR)技术,使黄河文化更具体、生动地呈现在国际受众面前,提升其传播效果。

2. 利用新媒体推动传播

新媒体的不断发展为文化传播提供了新的平台。利用社交媒体、短视频平台等,将黄河文化以多样化的形式展示给国际受众。通过制作精彩的短视频、互动性强的社交媒体内容,增强国际受众对黄河文化的兴趣。

3. 文化产业与科技产业融合

推动文化产业与科技产业的深度融合,可以在技术创新方面为黄河文化国际传播提供更多支持。例如,利用人工智能技术进行文化内容推荐,通过大数据分析优化传播策略,从而实现文化产业与科技产业的协同发展。

4. 数字化文化体验项目

设计数字化的黄河文化体验项目,包括虚拟游览、在线参观等。这不仅可以让国际受众更深度地了解和感受黄河文化,还能在全球范围内推动黄河文化的传播。通过数字化手段,将黄河文化带入每个人的生活,实现文化价值和旅游经济的双赢。

(六)建立科学传播结果评估反馈机制

1. 制定科学评估标准

科学的评估标准包括播放量、点赞量、转发量、评论量等多个维度,通过定量指标来客观评价传播效果。同时,也可以结合用户调研、市场调查等方法获取更全面的反馈信息。

2. 定期评估与调整

建立定期的评估机制,对文化传播项目进行全面评估。根据评估结果,及时调整创作方向,优化传播策略。通过不断地评估与调整,保持传播活动的活力,确保黄河文化在国际传播中保持竞争力。

综合上述方案，加强黄河文化国际传播的策略涉及多个方面，包括自媒体作者激励、联盟协调机制建设、社会资本参与、专业人才培训、科技支撑，以及科学传播结果评估反馈机制等。通过这些战略的有机组合，可以构建一个多层次、全方位、有科技支撑的国际传播体系，使黄河文化更好地融入国际文化大家庭，实现文化价值的传承和旅游经济的繁荣。这一系列策略的制定和执行需要政府、企业、媒体等多方协同努力，共同推动黄河文化国际传播取得更大的成功。

第三节 基于文旅融合的黄河文化国际化传播

加强国际传播能力建设，全面提升国际传播效能，形成同我国综合国力和国际地位相匹配的国际话语权，是中国共产党第二十次全国代表大会报告中提出的展现中国形象的有效方式。国际传播的空间场域是全世界，其涉及导向、系统和维度等多方面要素，是一个需要顶层设计、多主体参与、全社会助力的系统工程。近年来，随着国际传播体系的不断演进变化，中国国际传播体系的顶层设计也开始由政府单一主导向商贸、旅游和文化各领域多层次转化，因而国际传播体系架构不断完善，为加强国际传播能力夯实基础。黄河文化是中华民族在治理、利用黄河过程中所创造出来的智慧结晶。本书将黄河文化资源分为五大类，即自然资源、生态科技资源、历史文化资源、人文资源及黄河文明。针对黄河文化的开发，黄河流经的9省、自治区要共同整理黄河文化资源内容和单体，并利用各省区的优势资源做抓手整合其他资源，例如，宁夏黄河文化资源中的世界级名片要加大开发力度。黄河文旅融合要通过业态融合、生产融合、销售融合和全民参与的方式开发黄河文化，并通过实现黄河文化生态产业化、产业生态化、可持续发展和文化安全等方式推进国际化传播。

一、业态融合——文化产业和旅游产业的融合发展

在文旅融合发展中加入公共文化服务业，实现"能融则融、易融则融"的目标。其主要的融合路径和方法如下：

（一）黄河文化资源与旅游产业融合

1. 黄河文化资源的挖掘与整合

在实现黄河文化与旅游产业融合的路径中，首要任务是深度挖掘和整合黄河文化资源。通过历史文献研究、考古发掘及民俗调查，系统梳理黄河沿线的文化遗产，包括但不限于历史文化名城、传统节庆、民俗风情等。形成具有代表性的"黄河文化+"系列产品，为后续融合提供有力的文化基础。

2. 文化资源与旅游产业的深度结合

基于挖掘到的文化资源，建立"黄河文化+旅游"产品体系。这涵盖了从历史古迹到传统手工艺品的全方位展示，通过将文化创意和体验式旅游相结合，打造具有独特魅力的旅游目的地。例如，通过古城复原、实景演出等手段，将黄河文化以更直观、生动的形式呈现给游客，以提升旅游体验的深度和广度。

3. 跨界合作与资源共享

促进与文化机构、艺术团体、当地企业等多方合作，实现文化资源的多元共享。这不仅包括文化机构为旅游业提供场馆支持，还包括与当地企业的合作，共同推动文旅产业链的发展。例如，在古迹附近建设文创园区，吸引艺术家、设计师等聚集，形成以文化为核心的产业集群。

（二）文化产业和旅游产业融合发展

1. 边界融合与新业态的形成

通过破除传统行业"壁垒"，实现文化产业与旅游产业的边界融合，形成"黄河文化+产业"的新业态。这包括以文化为主题的旅游活动、以旅游为背景的文化展览等形式，为游客提供更加多元和深度的体验。同时，借助数字化技术，推动虚拟与实体的融合，打破时空限制，创造更丰富的体验。

2. 价值链升级与产业链拓展

在实现文旅融合的过程中，要注重价值链的升级和产业链的拓展。通过文化创意产品的开发，提升黄河文化旅游的附加值，推动相关产业链的升级。例如，通过与当地手工业者合作，推出以传统手工艺为元素的文化产品，这样既保留了传统工艺，又拓展了产业链的延伸。

3. 科技创新与文旅融合

借助科技手段，推动文化产业和旅游产业更紧密地结合。通过虚拟现实（VR）、增强现实（AR）等技术，为游客提供全新的文旅体验。例如，在古迹中使用 AR 导览，使游客在探访的过程中获得更丰富的历史文化信息；同时，通过大数据分析游客喜好，个性化推荐文化产品，提高消费黏性。

（三）文化产业、旅游产业与公共文化服务业融合发展

1. 公共服务平台的建设与优化

推动文化产业、旅游产业与公共文化服务业之间的融合，需要建设和优化公共服务平台。这包括打通文化资源的共享渠道，建设统一的文化旅游信息平台，方便游客获取全面的文化旅游信息。同时，通过互联网和移动应用软件，提供便捷的文化产品购买、预订等服务。

2. 文旅活动的联动与共建

通过联动文化活动和旅游活动，打破传统的行业壁垒。例如，在重要的文化节庆期间组织特色旅游活动，以吸引更多游客参与，形成文旅融合的良好氛围。同时，通过跨界的合作，将文化节庆的影响力扩大到更广泛的旅游市场，提高品牌知名度。

3. 智慧旅游与公共文化服务

通过人工智能、大数据等技术，推动智慧旅游和公共文化服务的深度融合，从而为大众提供更个性化、智能化的文旅服务。例如，通过推送个性化的文化推荐，可满足游客多样化的文化需求；通过智能导览系统，可以为游客提供更便捷的旅游体验。同时，借助云计算等技术，可以实现文化资源的数字化管理和共享。

二、生产融合——全视角开发黄河文化产品

（一）宁夏全域旅游线路产品的重新布局

1. 地域优势的充分发挥

在重新布局宁夏全域旅游线路产品时，首先需要充分发挥其地域优势。通过深入挖掘黄河文化，重新规划线路，将黄河作为起点，设计东西向旅游线路。这不仅能够强调黄河在中华文化中的重要地位，更能够展示黄河流域独特的自然风光和历史积淀。

2. 主题突出的线路设计

在设计新的旅游线路时，要紧紧围绕"黄河是中华母亲河""黄河孕育宁

夏平原"及"黄河灌溉文化"这三个主题展开。通过合理的景点设置和主题体验活动，使游客在旅行中能够更深刻地感受到黄河文化的内涵。例如，设置以黄河为主题的博物馆、文化展览，以及沿途的历史古迹和自然景点，构建富有故事性和情感共鸣的旅游线路。

3. 文化创意的融入

为了提升旅游线路的吸引力和独特性，可以引入文化创意元素。通过与当地艺术家、设计师合作，开发具有地方特色的文化产品，如手工艺品、文创衍生品等，为游客提供更丰富的购物和纪念体验。这种创意融合不仅可以激发当地文化产业的活力，还能够吸引更多游客参与文化的传承和创新。

（二）多业态融合促进黄河文化的文旅产业联动发展

1. 产业链的整合与优化

以黄河为核心，通过多业态融合，促进宁夏文旅产业链的联动发展。在黄河流域，结合宁夏的葡萄产业、稻渔空间、农业生态系统、星空、沙漠、岩画等资源，实现传统产业与文化产业的有机融合。例如，通过发展黄河流域的生态农业旅游，使游客在欣赏自然风光的同时，了解当地的农业文化，体验农业生产的乐趣。

2. 新兴产业的引入与创新

在促进文旅产业联动发展的过程中，要引入新兴产业，推动传统行业的转型升级。通过加快新媒体、新行业、新兴数字信息技术的发展和融合，实现"传统产业＋文化＋新兴产业"的模式。例如，结合当地丰富的星空资源，开发星空旅游产品，吸引天文爱好者和自然观赏者，促进文旅产业链向高科技方向拓展。

3. 沿黄城市带的产业辐射与全产业链构建

以黄河为纽带，通过沿黄城市带的发展，实现文旅经济的全产业链构建。通过文化和旅游产业的深度融合，形成具有全球竞争力的产业集群。例如，通过建设黄河文化创意产业园区，吸引文创企业入驻，推动文创产品的研发和生产。同时，通过城市带的产业辐射，将文旅产业链拓展到周边地区，实现产业的共赢和全面发展。

三、销售融合——打造无边界产业发展格局

（一）开发黄河文化产业及旅游产业的新业态

1. 文化市场的细分与特色化

在开发黄河文化产业新业态时，首要任务是对文化市场进行细分和特色化。通过深入挖掘黄河文化的多元元素，可以细分出历史文化、民俗传统、艺术表演等多个子领域。进而建设以黄河为主题的文化展览、文创产品，以满足不同群体对文化的差异化需求。例如，通过文学创作、影视制作等方式，打造黄河文学市场，让文学爱好者更深入地了解黄河文化。

2. 旅游市场的多样性与个性化

在旅游产业方面，通过细分旅游市场，打破传统的旅游线路，推出更具个性化和特色化的黄河旅游产品。例如，可以推出以黄河文化为主题的自驾游线路，让游客亲身感受黄河沿岸的风土人情；同时，开发文化体验游，让游客参与到传统手工艺制作和文化活动中，提升旅游的互动性和参与感。

（二）开发新的文化市场和旅游市场

1. 文化产品体系的构建

通过对黄河文化进行深入挖掘，构建丰富多彩的文化产品体系。这包括以黄河为主题的图书、音像制品、艺术品等文化产品。通过线上线下的销售渠道，让更多的消费者能够方便获取到这些具有黄河文化特色的产品。同时，借助数字化技术，推动虚拟文化产品的创新，如以虚拟现实技术打造黄河文化虚拟博物馆，提供更多元化的文化体验。

2. 旅游产品体系的打造

构建以黄河为核心的旅游产品体系，突出黄河的历史、文化、自然景观等多方面的特色。通过线上预订、线下导览等方式，让游客更方便地了解并参与到黄河文旅融合的旅游体验中。推出黄河文化之旅、生态探险之旅等系列产品，满足不同游客群体的需求，实现旅游产品的多样性和个性化。

（三）构建消费者参与下的宁夏文化及旅游开发方式

1. 文旅产品与实景、实物、数字化相融合

以消费者参与为导向，逐步实现文旅产品与实景、实物、数字化的融合。

通过引入虚拟现实、增强现实等技术，打造沿黄数字文旅产品，如虚拟导览、数字展览等。这种融合方式不仅能够提升文旅产品的趣味性和互动性，也能够拓展产品的传播渠道，使更多人能够参与其中。

2. 模糊产业边界与空间拓展

通过消费者参与的方式，逐步实现文化产业、旅游产业和公共文化服务业的边界模糊化。例如，通过社交媒体平台，引导消费者分享黄河文旅的互动体验，形成用户生成内容。同时，将这些内容整合到线上线下的宣传推广中，扩展黄河文旅融合发展的地域空间和产业空间，使黄河文化更深入地融入社会生活。

（四）打造无边界的文化产业、旅游产业和公共文化服务业区域发展格局

1. 线上与线下的融合发展

通过线上与线下的融合，实现文化产业、旅游产业和公共文化服务业的全方位发展。借助互联网平台，推动文化产品的线上销售及线上文化活动的开展，形成线上文化产业的新格局。同时，通过线下实体场所，如文化创意园区、旅游景区等，打造实体文旅产业基地，吸引更多游客和文化爱好者。

2. 消费者与目的地居民的互动

通过促进消费者与目的地居民的互动，实现文旅产业的社区化发展。例如，开展文化体验活动，让游客参与当地居民的传统文化生活，从而促进文化的传承和交流。同时，通过消费者反馈和需求调查，引导文旅产品的更新和升级，从而更好地满足消费者的期望。

3. 数字化与非数字化产品的综合构建

在打造无边界的文化产业、旅游产业和公共文化服务业发展格局中，要综合构建数字化与非数字化产品。通过数字化技术，提升文化产品的创新性和互动性，如通过虚拟演出、在线展览等方式，拓展文化产业的数字空间。与此同时，保持对传统实体产品的支持，如手工艺品、纪念品等，以满足不同消费者的需求。这种综合构建不仅可以拓展销售渠道，还能够在数字化和非数字化产品之间实现有机互动，以提升整体文旅体验的多样性。

4. 高端科技与区域发展格局的协同

以高端科技为支撑，推动文化产业、旅游产业和公共文化服务业的区域发展格局协同。通过引入人工智能、大数据分析等技术，实现对文旅需求的智能预测，优化产品推荐，提升用户体验。与此同时，通过区域产业协同发展，形成文旅产业链的完整闭环，促进各业态之间的合作，共同推动区域文旅经济的可持续发展。

四、全民融入——共建立体化的媒体体系

（一）"我和黄河的故事"视频大赛的组织与推动

1. 协同各地单位，广泛参与视频大赛

通过各地市的工会、学校、单位等组织，积极开展"我和黄河的故事"视频大赛。这需要建立跨部门合作机制，形成政府、企事业单位、学校等多方共同推动的格局。通过工会组织内部竞赛、学校校园视频创作活动，以及企业员工的参与，实现全社会范围内的广泛参与，让更多人从活动的初衷中深刻体会到黄河文化的重要性。

2. 评选机制与优秀作品传播

建立科学公正的评选机制，对参赛视频作品进行评审，并通过评选出的优秀作品进行传播。这不仅包括将参赛视频转载在各类媒体平台上，也需要通过点赞、分享等社交媒体手段进行推广。通过设置人气奖等奖项，激发创作者的积极性，推动优质内容的形成和传播，将宁夏丰富的文化资源展现给更广泛的受众。

3. 视频传播引导社会关注和参与

通过视频大赛的开展，引导社会关注和参与黄河文化。通过精心策划和推广，让更多人了解宁夏的独特文化、人文风情，培养公众对黄河文化的浓厚兴趣。借助视频传播的力量，将宁夏的自然景观、历史传承、当地民俗等元素展现给全国甚至全球的观众，从而形成对黄河文化的共鸣和认同。

（二）全社会征集黄河文化相关研究成果和创意产品

1. 设立文化产业专项资金，引导研究与创意

通过设立文化产业专项资金，鼓励全社会提交黄河文化相关的研究成果和创意产品。这需要建立审查机制，确保提交的内容具有学术价值和实用性。专项资金的设立不仅是对黄河文化研究的支持，也是对文化创意产业的孵化和推动，通过资金奖励引导全社会更加深入地关注和投入黄河文化的创新和发展中。

2.预留部分资金发放到民间，促进全民参与

将每年文化产业专项资金的一部分预留发放到民间。这可以通过设立文化创意奖励计划、项目申报等方式实现。通过资金的发放，激发全民参与的热情，从而促进更多的个人和团队投入黄河文化的研究和创作中，形成全社会共同参与的文化创意氛围。

3.鼓励大型原创作品的开发和推广

在资金支持的同时，要鼓励大型原创作品的开发和推广。这可以包括大型原创舞台剧、音乐剧、影视作品等，通过跨媒体的形式将黄河文化呈现给更广泛的受众。同时，推动这些作品在全国各类文化活动、节庆中亮相，提高作品的影响力和传播力，进一步推动黄河文化的传承和发展。

（三）打造全民参与的文化创意氛围

1.加强文化创意教育与培训

通过加强文化创意教育和培训，培养更多的文化创意人才。在学校、培训机构等开展相关课程，提升学生和社会从业者对文化创意的认知和实际操作能力。这不仅有助于推动黄河文化创意产业的发展，也为全民参与文化创意打下了坚实的基础。

2.建设文化创意平台，促进交流与合作

建设文化创意平台，为广大民众提供展示和交流的机会。这可以包括线上线下的文化创意展览、市集活动等。通过这些平台，促进不同领域的文化创意人才交流合作，激发创新思维，推动黄河文化创意的不断涌现。

3.鼓励公众参与文化节庆与活动

通过举办文化节庆和活动，鼓励公众参与到黄河文化创意中。这可以包括黄河文化主题的庙会、文艺演出、手工艺品展销等。通过这些活动，让公众更深入地感受到黄河文化的魅力，激发他们的创作欲望和参与热情，形成全社会融入黄河文化的热烈氛围。

4.建设文化创意社区，促进合作与共享

建设文化创意社区，提供给文化创意人才一个合作与共享的平台。这样的社区可以聚集不同领域的从业者，包括艺术家、设计师、编剧等，通过协同合作，共同推动黄河文化创意产业的发展。社区中的创意资源共享、交流互动将有助于激发更多创意的灵感和可能性。

五、黄河文化旅游产品创新案例

近年来，随着经济的快速发展和人们对文化的重视，文化与旅游业的交融日益加深，文化旅游已成为现代旅游不可或缺的一部分。游客对于精神文化的追求越来越强烈，对于新颖的文化旅游目的地也表现出浓厚的兴趣，这对于旅游产品的创新改革提出了新的要求。以河南省洛阳市神仙湾景区文化旅游产品创新为例，探索黄河文化旅游产品的融合发展、推动旅游产品体验性创新、加大黄河文化旅游产品品牌创新以及景区科技赋能创新等方面的产品创新策略。通过融合发展黄河文化旅游产品，可以将不同的文化元素与旅游体验相结合，提供更丰富多样的旅游产品。在洛阳神仙湾景区，可以结合当地的历史文化、民俗风情和自然景观，打造具有独特魅力的文化旅游产品，如组织黄河文化主题的文化节庆活动、开展黄河文化的展览与体验等，让游客深入了解和感受黄河文化的精髓。

（一）产品创新原则

1. 黄河文化主题

河南省洛阳市神仙湾景区旅游产品创新以黄河文化为主题，突显出豫西地区独特的黄河文化。由于该景区地理环境独特，黄河文化资源尚未得到充分开发，需将抽象的文化内容转变为实际、具体的旅游产品。

2. 市场导向

景区产品创新须遵循市场规律，以满足游客需求为首要考虑。观光旅游已不足以满足游客期望，市场研究表明，高参与度、强体验性、高层次的黄河文化旅游产品受到游客欢迎。因此，文化旅游产品创新要紧密结合市场需求，发挥景区优势，创造独特的旅游产品。

3. 系统性规划

黄河文化旅游产品创新需要系统谋划，确保产品内容丰富，包含"吃住行游购娱"等多个要素。目前景区的餐饮和住宿等方面仍存在不足，无法提供高档次的服务，且价格也较高。在产品创新中，需注重热点和温点的结合，特别关注发展内涵丰富、层次较高的黄河文化旅游产品。

（二）产品创新策略

1. 探索黄河文化旅游产品融合发展创新

（1）突出豫西黄河文化特征

豫西地区，作为中原地域的一部分，孕育了特色丰富的黄河文化。为迎合游客需求的不断变化，推动景区的健康发展，河南省洛阳神仙湾须紧密聚焦豫西的黄河文化，通过创新产品，深度挖掘、整合和利用黄河文化资源，将其内涵转化为吸引游客的旅游产品。通过展现黄河文化相关人物、事迹及环境，修建黄河文化 VR 体验馆、黄河文化博物馆等，并结合现代技术和历史主题，提升场馆基础设施，完善语音导游系统，增添陈列物品信息，以提高游客认知和吸引力。这种运用科技手段展现豫西黄河文化的发展历程，让游客能够身临其境地感受黄河之美。此外，通过创新表达方式，开发动漫等文化产品，呈现黄河文化的丰富内涵，通过莲花寨阻击战、豫西抗日游击队南渡黄河、黛眉手织布制作、黛眉娘娘传说等人物事迹，使游客深入了解时代背景，激发他们对黄河文化精神魅力的独特体验。这一系列举措将有效提升河南省洛阳市神仙湾景区旅游产品的黄河文化内涵，吸引更多游客，助力景区的旅游发展。

（2）提升黄河文化资源利用层次

提升黄河文化资源利用层次须深度开发具象性和精神性黄河文化旅游资源。河南省洛阳市神仙湾景区，凭借其地理位置和周边景区的带动，已成为知名景区。为满足游客对黄河文化深度了解的需求，产品创新势在必行。具象性黄河文化旅游资源涵盖豫西农耕、陶器制作等，可通过突出其旅游功能和资源价值，如以陈谢兵团强渡黄河为题材，编排舞蹈、舞台剧，激发游客内心的爱国情感。同时，结合豫西传统节日，从七夕节等传统节日出发，推出黄河文化体验活动，并开发含有独特黄河文化元素的精品民宿，使洛阳市寺坡山石头房的特色融入房屋结构、布局等方面。此外，对文化产品进行详细解析，标注含有景观历史、民俗故事、文化价值的产品，激发游客的情感联想。

在深层次开发精神性黄河文化旅游资源方面，神仙湾景区应深入挖掘与黄河相关的经典、音乐、传说、仪式等资源。景区可组织专家学者发掘黄河文化背后的故事，以黛眉娘娘神话为核心，衍生出绘画、诗文、雕像等创意产品，并推出竹马戏演出、农耕体验、神话故事演艺等高参与度的产品。这些产品既能融入景区的历史文化，又能满足游客的需求，激发购买欲望，提供更深层次的旅游体验。

（3）完善产品开发体系

a. 优化现有旅游线路

旅游线路优化是产品创新的重要内容，合理的旅游线路可以推动景区健康发展。其中有两个方面是洛阳市神仙湾景区进行旅游线路优化时应着重关注的。

首先，景区内旅游线路优化。在进行洛阳市神仙湾景区的旅游线路优化时，首先要考虑的是景区内部的旅游线路。目前，神仙湾的旅游线路选择相对有限，因此在开发新的线路时，应当注重将不同类型的旅游景点有机地连接起来。有一种创新的方法是将黄河文化类旅游产品与娱乐类的旅游产品相结合，以达到平衡景区各类旅游产品的目的。这种综合性的线路设计不仅可以为游客提供更为多元化的体验，同时也能有效分流游客流量，从而促进神仙湾景区的可持续发展。

其次，优化景区与其他景区联动的旅游线路。一是与周边景区联动，为了进一步拓展神仙湾景区的游客市场，可考虑与周边景区形成联动的旅游线路。其中一种策略是与河南省洛阳市龙潭大峡谷景区联动，充分利用其5A级景区的带动作用，实现两个景区之间的互补与合作。这样的联动不仅能够吸引更多游客，还有助于提升神仙湾景区的整体知名度。二是可以通过与其他文化类景区的联动，打造更为丰富的旅游线路。以道教文化为例，与洛阳市荆紫仙山景区形成联动，共同推出具有独特文化特色的线路，满足游客对于深度文化体验的需求。同时，可以与洛阳市白马寺的佛教文化相串联，打造一条融合多元文化的精品旅游路线，进一步提高神仙湾景区在黄河文化领域的知名度，吸引更多游客的关注和参与。

通过以上两方面的旅游线路优化，河南省洛阳市神仙湾景区将能够更好地满足游客多元化的需求，实现景区内外的协同发展，为景区的可持续发展奠定坚实基础。

b. 提升旅游产品层次

河南省洛阳市神仙湾景区在对黄河文化旅游产品进行创新时，在持续提升单项旅游产品质量的同时，也要不断提升整体旅游产品的层次。

首先，核心产品层次的提升。在洛阳市神仙湾景区对黄河文化旅游产品进行创新时，必须注重提升核心产品的层次。一是需要深度开发黄河文化旅游资源，加强基础设施建设，以提高整体旅游产品的品质，从而提高游客的满意度，进一步提升黄河文化的吸引力。二是培训员工在仪容仪表、精神面貌、文明用语等方面进行提升，以不断提高服务质量，为游客提供更加优质的核心产品体验。

其次，实际产品层次的强化。神仙湾景区当前的旅游需求主要集中在具有浓郁黄河文化气息的产品上，因此在产品创新时，应当加强产品与黄河文化的紧密关联，确保游客在旅行中获得满意而深刻的体验。这可以通过深入挖掘黄河文化的历史内涵，融入创新元素，提升实际产品的文化内涵，使其更具吸引力和独特性。

最后，附加产品层次的改进。当前游客需求已经形成一个体系，除了核心产品和实际产品层次外，游客还期望在购物时获得超越实际商品的额外收益。因此，神仙湾景区在产品创新时需要进一步改进附加产品层次，拓展服务范围。具体可以包括加强黄河文化内涵的阐释，强化景区环境保护意识，以及提供独特的纪念品等，以满足游客对全方位体验的期望。

通过以上层次的综合提升，河南省洛阳市神仙湾景区将能够全面提高旅游产品的质量和吸引力，为游客提供更加丰富、深刻的黄河文化体验，从而推动景区的可持续发展。

2. 推动旅游产品体验性创新

（1）完善体验性黄河文化旅游产品结构

河南省洛阳市神仙湾景区目前存在黄河文化旅游产品类型单一、质量不高的问题，因而缺乏竞争优势。为了提升景区的吸引力，需要对黄河文化旅游产品结构进行完善，以适应游客对高品质、高体验性产品的需求。

首先，神仙湾景区应进行实地调查，深入了解景区独特的资源、地理位置、交通条件，以及社会经济发展状况。通过系统的市场需求分析，形成准确的市场定位，明确清晰的市场目标。基于"黄河文化搭台、情景体验唱戏"的原则，景区可以创造性地策划具有核心吸引力项目的主题和内容。

其次，景区可开展一系列主题活动，如"穿越千年的生活""古人的闲暇时光"等，通过这些活动将游客带入历史的情境中，提升他们的体验感。在活动中，可以融入豫西地区人民的休闲娱乐、餐饮和日常生活，为游客创造更为真实的黄河文化体验。

再次，景区可以邀请游客参与角色扮演，让他们亲身体验古代生活。通过还原黄河岸边人民的生活，景区不仅弘扬了传统文化，提升了游客关注度，同时也增添了景区的文化氛围，使得原本静态的景区因情景演出而变得更加生动有趣。

（2）满足游客感官体验需求

为了满足游客的感官体验需求，河南省洛阳市神仙湾景区需要进行旅游产品创新，融入多个感官要素，提升游客的体验深度。

第一，听觉体验。利用景区生态环境和黄河的自然资源，打造幽静的休闲环境。通过在景区内播放鸟语虫鸣、流水潺潺等自然音效，营造出自然和谐的氛围。同时，利用现代科技如VR、智能模拟声音等手段，优化景区内的听觉体验，使游客沉浸在丰富多彩的声音中。

第二，视觉体验。开设各类活动如黄河观、壁画展、灯光秀及民俗技艺展示，为游客提供丰富的视觉享受。引入大河集市概念，将文化休闲业态融入景区，让游客在欣赏美景的同时，也能感受到浓厚的文化氛围。

第三，嗅觉体验。设置负氧离子深呼吸体验站，在景区内种植花卉如牡丹、月季等，为游客提供具有天然花香、植物气味的嗅觉体验。通过精心设计植被布局，使整个景区弥漫着清新的自然香气。

第四，味觉体验。创新打造特色黄河文化餐厅，采用当地时令鲜蔬，提供农家美食、烫面角、卤肉等特色小吃。通过引入本地特色的食材和独特的烹饪方式，以及打造独特的"神仙水"酒水品牌，加深游客的味觉感知。

第五，触觉体验。在景区内增设水果采摘活动，开发黄河亲水项目，打造特色民宿等触觉感官体验场所。使游客通过亲身参与采摘和亲水活动，与自然亲密接触，深度感受黄河文化的独特魅力。

通过以上五种感官方面的改进，神仙湾景区将能够为游客提供全方位的感官体验，使其在黄河文化的旅游中感受到视、听、味、触、嗅觉的综合融合，创造独特而深刻的旅游体验。

3. 加大黄河文化旅游产品品牌创新

黄河文化品牌的培育，可以借助的空间载体非常丰富，"空陆网海丝绸之路"等都可以成为黄河文化向外传播的新途径，同时也为黄河文化创新性转化和发展提供方向指引。其中，网上丝绸之路是大数据时代的产物，也是现代信息技术充分运用的新空间。因此需要拓宽黄河文化的传承载体和传播渠道，促使网上丝绸之路上的黄河文化高质量传播。"一带一路"倡议的支撑灵魂是中华文化，是用中华文化将传统与现代、历史与未来联结起来，进而构建人类命运共同体的战略构想。越飞越广的"空中丝绸之路"、越跑越快的"陆上丝绸之路"、越来越便捷的"网上丝绸之路"、越来越顺畅的"海上丝绸之路"，大大拓展了讲好新时代黄河故事的渠道，促使丰富的黄河文化深入人们心中。为此，要借助各种传播载体，对外讲述中国故事、黄河故事，传递中华民族热爱和平促进发展的真诚与努力，并塑造有高度、有宽度、有广度、有深度的黄河文化内涵，将"四条丝绸之路"打造成黄河文化高质量对外传播的新空间载体；打造具有国际影响力的黄河文化品牌，以强有力方式推动黄河文化与不同文化样态的融合，尤其是善于在中华大地上挖掘与传统人物、经典故事、道德礼仪相关联的文化内容，借助黄河文化这一大历史题材，打造符合黄河文化品性的文化品牌，以歌舞剧、影视作品、动漫技术、现场动感体验等形式表现出来，形成黄河文化产业新业态，激活中华文化历史与现代的内涵价值。

（1）创新演绎黄河文化主题

实现黄河文化旅游产品的可持续性发展主要依赖于创新演绎黄河文化主题，开发具有品牌效应的文化旅游精品。通过精心设计和组合旅游路线，景区可形成蕴含黄河文化、具有地域特色的文化旅游产品系统，以满足不同层次游客的需求，促进景区的升级与转型。

其中一项具体的创新措施是结合黄河特性，打造以沿黄旅游大道和青河湿地公园为核心的休闲观光旅游线路。通过巧妙组合景点，使游客在旅途中深度体验黄河文化的丰富内涵。同时，整合活字印刷、手织布制作、黄河奇石作画、蚕丝制作等项目，创新研学线路，吸引学生群体参与，将景区打造成为知名的文化旅游目的地。

此外，神仙湾景区要在产品创新中始终保持黄河文化的根本，深度挖掘文化内涵。通过构建以黄河文化品牌为突破口的资本运作与品牌营销模式，将景区打造成高起点、高标准、高效益、高品位的文化旅游产品。这不仅有助于形成强烈的文化理念，更能够在市场中展示景区独特的魅力。

在推进产品创新的同时，景区还须构建完善的立体营销网络。通过传统媒体和现代信息平台多角度、多渠道进行宣传推介，提升景区知名度。有效的市场推广不仅有助于吸引更多游客，同时还能够展示神仙湾景区在文化旅游领域的引领地位。

（2）搞好黄河文化旅游纪念品创新开发

确保黄河文化旅游纪念品的创新开发是河南省洛阳市神仙湾景区推动旅游发展的重要举措。为此，景区应加大财力和物力的投入，其具体措施如下：

首先，完善旅游商品体系。根据游客需求和旅游商品分类，景区应多层次提升旅游商品的质量。考虑到游客对旅游产品质量要求的提高，可依托现有的农副产品基础，增加高品质的工艺品，如黛眉手织布和农耕用具艺术品等，以满足不同层次游客的需求。

其次，成立旅游商品研发公司。为了更好地开发创新的黄河文化旅游纪念品，景区应成立专门的旅游产品研发公司。这个公司将依托景区独有的文化旅游资源，注重体现浓厚的黄河文化底蕴；同时注册商标，建立景区自有品牌，使游客能够在购物时辨识出景区特有的产品。

最后，创新营销策略。在运行模式方面，景区应以景区为核心，媒体为载体，旅行社为桥梁，整合市场资源，打造特色的旅游产品。通过市场管理和培训营销人才，建立全方位的营销体系，提高景区在市场中的曝光度。在市场推广方面，通过主题宣传活动，吸引更多游客，举办旅游节庆活动，突出黄河文化特色，打造神仙湾旅游品牌，增加宣传效果和吸引力。

通过以上措施，河南省洛阳市神仙湾景区将能够创新开发黄河文化旅游纪念品，提升产品质量和独特性，为景区的可持续发展奠定坚实基础。

4. 促进景区科技赋能创新

（1）加强游客管理完善

首先，门禁和购票系统升级。景区应加强门禁和购票系统的升级，提高网上售票的数量，并逐步扩大电子票的比重，以逐步替代传统的纸质门票。为实现游客顺利通关，景区需要建立智慧门禁系统，能够适应电子票和纸质票的核验需求。同时，对人工售票窗口进行改造，实现便捷的购票和验票服务。

其次，建设智慧旅游体验中心。鉴于智慧旅游的兴起，景区可在游客中心开设智能旅游体验中心。该中心应具备易于理解的特点，生动有趣，使游客乐于接触。服务内容可以包括资讯传达、手机应用软件下载、电子导游系统、云游景区及旅游纪念品销售功能。通过引入智能化、自动化的服务，提升游客的体验感，适应旅游业新发展趋势。

这些改进措施有助于提高景区的管理水平和服务质量，使游客能够更便捷地购票、验票，并享受到智慧旅游。通过加强游客管理和完善服务，神仙湾景区将更好地适应现代旅游业的发展需求。

（2）完善配套设施

一是加强网络基础设施建设。提升景区网络基站建设，实现免费 WiFi 全覆盖，使游客能够随时获取景区信息，包括排队人数、拥堵情况等。还可以在景区中央区域设置电子屏幕，用于显示实时人流量等信息，帮助游客更好地规划游览路线，提升游客体验。这也有助于在旅游旺季有效分流游客，降低景区压力，实现更有序的管理。

二是安装电子导游系统。引入电子导游系统，为游客提供实时位置、周边景点信息和人文资源。该系统可利用全球定位系统技术（GPS）精确定位游客，同时结合智能旅游设施，提供预警服务，确保游客的人身安全。电子导游系统有助于提高景区的服务品质，使游客更方便地获取游玩信息，以促进景区向交互型旅游的转型。此外，通过电子导游系统的完善，景区还能创造更大的经济效益，使游客参与度提升，实现更好的互动体验。

通过以上设施完善措施，神仙湾景区将更好地适应现代旅游需求，提升服务水平，增强景区吸引力，同时为游客创造更为顺畅、安全、智能的游览体验。

（3）健全景区管理

一是建设信息共享平台。创建官方网站和微博账号，为景区建设信息化平台，以满足游客对准确景点信息的需求。在平台建设中，需加强对旅游信息的审核，确保发布的信息准确无误，防止出现偏差或重复消息，以维护用户体验和景区形象。同时，信息发布者应提高更新速度，发布多层次、多渠道的内容，确保用户能够及时获取旅游资源消息。

二是建立应急处置响应系统。制定完备的应急预案，构建应急体系，以应对可能发生的突发事件。在易发生事故的区域设置监控设备，实时监测景区情况。电子导游系统可成为紧急救援的重要工具，可为其设置一键呼叫按钮，使游客在遇到危险时能够迅速发出求助信号。景区的紧急救援中心通过 GPS 定位和监测系统，能够实时接收到游客的求助信息，并进行及时有效的救援。此外，电子导游系统还可提供警告，防止游客进入危险地区，如悬崖峭壁和未开发区域。

通过上述管理措施，神仙湾景区将能够更好地满足游客需求，提高景区信息化水平，确保游客的安全和良好体验。

六、文化旅游项目在国际传播中的具体做法

（一）旅游活动的国际化宣传

1. 国际航空公司与旅行社的合作

（1）利用国际航空公司机舱内资源

在国际航班的机舱内，通过视频、宣传册等形式全方位展示黄河文化的独特魅力。通过与国际知名航空公司合作，将黄河文化的介绍融入机上娱乐系统，使乘客在飞行过程中能够全面了解黄河文化的历史、传承和独特之处。这种形式能够直观地传递信息，激发游客对黄河文化的兴趣。

（2）与旅行社合作制定旅游套餐

积极与国际知名旅行社建立合作关系，将黄河文化纳入旅游套餐的宣传内容。通过旅行社的广泛渠道，向国际游客推广黄河文化。通过设计特色的黄河文化主题旅游线路，包括参观黄河文化景点、体验当地文化活动等，吸引更多国际游客选择黄河文化为旅游目的地。

2. 参与国际旅游展会

（1）积极参与国际旅游展会

通过积极参与国际旅游展会，设立专门的黄河文化展区。展示黄河文化的丰富内涵、深厚历史和独特风貌，吸引国际游客的目光。展览期间，可以通过文物展示、多媒体演示、文化表演等形式，深入传递黄河文化的独特魅力，引起游客的浓厚兴趣。

（2）与其他国家地区进行文化交流

借助国际旅游展会平台，积极与其他国家地区进行文化交流。与具有相似文化背景或旅游特色的国家建立友好关系，促进文化的互学互鉴。通过这种方式，提高黄河文化在国际上的知名度，使更多国际游客认识并选择黄河流域作为旅行目的地。

3. 与国际媒体合作

（1）建立与国际媒体的合作关系

与国际主流媒体建立战略合作关系，包括电视、网络等媒体渠道。通过与国际知名媒体的深度合作，提高黄河文化在国际上的曝光度。可以通过赞助国际活动、制作广告宣传片等方式，将黄河文化的信息传递到国际受众中。

（2）制作专题纪录片、文化介绍片

利用国际媒体资源，制作专题纪录片、文化介绍片。通过生动的画面和深刻的叙述，展示黄河文化的独特之处。这样的影视作品既能深入介绍黄河文化的内涵，又能以多样化的形式吸引国际观众，激发他们对黄河文化的兴趣。这是一种高效的宣传方式，有助于推动黄河文化在国际上的传播。

（二）文旅活动的线上推广

1. 社交媒体平台的活动策划

（1）制订全球社交媒体平台推广计划

在活动策划的首要步骤中，需要全面考虑社交媒体平台的特点和用户分布。首先，确定在哪些主要社交媒体平台上进行文旅融合活动的推广，例如Facebook、Instagram、Twitter、YouTube等国外社交平台。每个平台都有其独特的用户群体和传播特点，因此需要制定相应的推广计划，以最大程度地覆盖目标受众。

（2）制定线上推广内容策略

在各社交媒体平台上推出具有吸引力的黄河文化相关内容是活动成功的关键。其次，还须制定详细的推广内容策略，具体内容如下：

短视频制作：通过制作生动有趣的短视频，展示黄河文化的独特魅力。可以包括景区风光、当地风俗、传统工艺等内容，以吸引用户的视觉关注。

图文推文：通过平台上的图文推文，深入介绍黄河文化的历史、传承、特色。结合高质量的图像和有深度的文字，引发用户的兴趣和思考。

用户互动挑战：设计有趣的用户挑战，鼓励用户参与互动。例如，可以推出与黄河文化有关的照片挑战、问答挑战等，提高用户的参与度。

（3）线上线下融合推广策略

为了最大限度地发挥线上线下融合效应，需要制定详细的策略，将线上推广与线下实体活动相结合。具体如下：

线上引流线下：通过线上推广，引导用户参与线下实体活动，如游览神仙湾景区。可以通过线上预售门票、提供优惠码等方式鼓励用户到场。

线下活动互动线上：在实体活动中设置互动环节，鼓励游客通过社交媒体分享活动瞬间、参与线上话题。例如，在景区设置打卡点，要求游客拍照并使用特定活动标签分享到社交媒体上。

（4）数据分析和调整

在推广活动进行过程中，实时对社交媒体平台上的数据进行监测和分析，了解用户参与度、活动传播情况等关键指标。最后，根据数据反馈，及时调整推广策略，优化活动效果。例如，根据用户互动情况调整挑战规则，根据数据分析结果优化推文内容，以不断提升活动的参与度和传播效果。

2. 虚拟现实技术的应用

（1）虚拟现实技术的基本介绍

虚拟现实技术（VR）是一种通过计算机生成的仿真环境，使用户能够与该环境进行交互，并感受到身临其境的感觉。在黄河文化的推广中，虚拟现实技术为国际受众提供了全新的沉浸式体验，使他们能够在虚拟环境中探索黄河沿线的景观和历史遗迹。

（2）虚拟黄河沿线景观和历史遗迹

通过虚拟现实技术，可以创建一个逼真的虚拟黄河沿线环境，包括景观和历史遗迹。这可以通过以下方式实现：

高清影像采集：利用先进的摄影和录像技术，对黄河沿线的各种景观进行高清影像采集。这包括自然景观、人文景观、历史建筑等，以还原真实的沿线风貌。

三维建模技术：通过三维建模技术，将采集到的高清影像转化为虚拟现实环境中的三维模型。通过这种技术，用户在虚拟环境中可以360°自由观察，感受到仿佛置身于实际场景中的感觉。

交互式导览：为用户提供交互式导览功能，使他们能够选择自己感兴趣的景点进行深入了解。导览系统可以提供文字、音频、视频等多种形式的信息，以丰富用户的虚拟游览体验。

（3）国际受众的虚拟体验

虚拟现实技术的应用使国际受众无须亲临黄河沿线，即可在家中观赏到沿线景观的独特之美。这对于那些无法亲自前来旅游的国际游客而言，是一种全新的旅游体验。具体方式如下：

线上平台展示：通过搭建专门的线上平台，将虚拟黄河沿线景观和历史遗迹展示给国际受众。这可以是一个网站、一个应用程序，或者是与社交媒体平台进行整合。

虚拟旅游体验：用户可以通过头戴式虚拟现实设备，如 VR 眼镜，进入虚拟黄河沿线环境。通过手柄等设备进行交互，让用户自由探索沿线的美景和历史文化。

多语言支持：为了更好地满足国际受众的需求，虚拟现实体验可以提供多语言支持，以确保用户能够理解和深入了解黄河文化的相关信息。

（4）激发实地旅游兴趣

虚拟现实技术不仅提供了远程的虚拟游览体验，更重要的是可以作为实地旅游的引导。通过在虚拟体验中展示黄河文化的吸引力，可以激发国际受众对实地旅游的兴趣。这可以通过以下方式实现：

优惠券和奖励计划：在虚拟体验中提供实地旅游的优惠券和奖励计划，鼓励用户亲临黄河沿线景区，享受真实的旅游体验。

在线预订服务：在虚拟体验中提供便捷的在线预订服务，使用户可以直接计划实地旅游行程。

社交分享功能：在虚拟体验中加入社交分享功能，可以让用户将他们的虚拟体验分享给朋友和社交圈，从而形成口碑传播，进一步激发更多人的实地旅游兴趣。

总体而言，虚拟现实技术的应用为国际受众提供了一种全新的、沉浸式的黄河文化体验。通过线上平台展示、虚拟旅游体验及激发实地旅游兴趣，可以更好地推广黄河文化，增加其在国际上的知名度。同时，虚拟体验还为实际旅游提供了引导和激励，促使更多游客亲身体验黄河文化的魅力。这一切不仅为黄河文化的传播打开了新的可能性，也为国际游客提供了更灵活、便利的旅游选择。

3. 文旅电商的推动

首先，为推动黄河文化走向国际市场，需要建设高效的文旅电商平台。这一平台应该整合黄河文化的特色商品，提供全球范围内的线上购物体验。借助现代科技手段，通过多语言界面、国际支付系统等功能，确保国际游客能够方便快捷地获取到正宗的黄河文化产品。

其次，需要优化黄河文化特色商品的品类，确保文旅电商平台上有丰富多样的选择。这包括但不限于黄河文化衍生品、艺术品、手工艺品等，以满足不同国际游客的需求。同时，这也为黄河文化在国际市场上的推广提供了更广泛的可能性。

再次，在将商品推向国际市场时，需要精准定位目标客户群体。通过市场调研，了解国际游客对黄河文化的偏好，从而有针对性地制定推广策略。可以借助社交媒体、线上广告等途径，提高黄河文化产品在国际市场的知名度，引导国际游客选择这一独特的文旅体验。

从次，为了提升国际游客的购物体验，需要优化跨境物流体系。确保商品能够安全、迅速地送达国际客户手中。同时，建立健全的售后服务机制，提供多语言的客服支持，解决国际客户在购物过程中可能遇到的问题，进而提升客户满意度。

最后，文旅电商平台应与实际旅游体验相结合。通过在线购物的同时，为国际游客提供线下文旅活动的信息，激发他们对实地旅游的兴趣。这样，电商平台不仅是商品的销售渠道，更是文化体验的引导者。

（三）国际游客体验项目

1. 文化体验项目的定制化设计

首先，为国际游客定制独特的文化体验项目时需要深刻理解黄河文化的内涵。通过对黄河流域历史、地理、民俗等方面的深入研究，明确文化的精髓，以便为每个国际游客提供富有深度和个性化的文化体验。

其次，要根据不同国家地区的文化差异，设计专属的黄河文化体验活动。考虑到国际游客对文化的理解和感知存在差异，可以通过定制不同版本的体验项目，以迎合不同文化背景的游客需求。例如，针对东亚地区的游客，可以强调黄河文化的历史传承；而对于西方游客，则可以更注重文化的多元性和交流。

再次，设计的文化体验项目应强调参与式的体验。通过让国际游客亲身参与传统手工艺品制作、品味当地美食、参与民俗文化活动等，使其深度融入黄河文化，而非仅仅是旁观。这种设计理念可以增加体验的互动性，提高游客的满意度和黏性。

最后，为了实现文化体验项目的个性化，可以提供灵活的项目组合和个性化选择。考虑到不同游客的兴趣和需求各异，通过提供多样化的文化体验项目，让游客自由选择符合其兴趣的项目，以实现更为个性化的文化体验。

2. 多语言导览服务的提供

首先，设计多语言导览服务时需要确立一个清晰的设计理念。由于黄河文化的复杂性和多样性，导览服务应围绕着历史、文化传承和特色展开，通过系统性的讲解和呈现,让国际游客在导览过程中全面了解黄河文化。

其次,确保专业的导游团队具备足够的知识储备和跨文化沟通能力。导游团队应接受系统培训,深入了解黄河文化的方方面面,以确保其能够对国际游客进行深入浅出地讲解。同时,导游团队中应有足够的多语言人才,能够流利地使用英语、法语、德语等多种语言,以提供全面的多语言导览服务。

再次,采用先进的多媒体技术,将多语言导览服务升级为更为生动、交互性更强的体验。通过语音导览、视频资料等形式,为游客提供多维度、多感官的信息呈现,以增加导览的吸引力和趣味性。这样的设计可以更好地满足不同文化背景游客的学习和体验需求。

最后,建立定制化服务和反馈机制。通过了解国际游客的文化背景、兴趣爱好等信息,提供个性化的导览服务,以增加导览的个性化体验。同时,建立游客反馈机制,及时获取游客的意见和建议,以便不断优化和改进导览服务,提高游客满意度。

3. 文化交流活动的组织

首先,需要制订全面的文化交流活动计划。确定活动主题、形式和时间,同时考虑到不同国家文化的差异,确保活动既具有黄河文化特色,又能够吸引国际游客的兴趣。因此,在计划中要明确活动的具体目标,包括促进友谊、加深文化认同、提升黄河文化知名度等。

其次,设计具有互动性的文化交流活动。可以包括庙会、传统节庆等,通过增加参与度的方式,让国际游客亲身体验黄河文化的魅力。可以设置手工艺品制作、传统美食品尝等环节,让游客在参与中深入了解和感受黄河文化的独特之处。

再次,邀请文化专家参与活动解说。通过专业的文化解说,向国际游客介绍黄河文化的历史渊源、传承发展等方面的知识,以增加活动的专业性和教育性。专家的解说可以使国际游客更深入地理解黄河文化的内涵,从而增加他们的文化认同感。

最后,引入创新性的文化展演与体验。通过音乐、舞蹈、戏曲等形式,将黄河文化以更生动的方式呈现给国际游客。还能结合现代科技手段,如虚拟现实技术,为游客提供更具沉浸感的文化体验,使活动更具吸引力。

当然,除了上述做法,加强国际传播能力建设,全面提升国际传播效能,还需要顶层设计、多主体参与、全社会助力的系统工程。近年来，随着国际传播体系的不断演进变化，中国国际传播体系的顶层设计也开始由政府单一主导向商贸、旅游和文化各领域多层次转化，国际传播体系架构不断完善，为加强国际传播能力夯实基础。

一是要构建由政府主导，中资机构、文化团体、民间机构、海外华人华侨等共同参与的国际传播大系统。政府在传播话语体系和文本的统一打造，以及提供各种制度政策保障方面发挥指导和引领作用；而其他共同参与主体各司其职发挥优势，集聚人员流信息流。以此突破单一的以媒体、传播者为主体的传播路径，并从不同维度和渠道将中国话语传播推广出去，形成网络化传播格局。

二是完善媒体传播矩阵，打造国际传播小系统。要充分借助中国官方媒体、广播电视、主流网络媒体、国际学术期刊等途径，打造具有平面媒体语言风格和范式的传播载体，形成"国家——地方"传播矩阵合力，综合应用符合国际话语传播习惯的语言或文本，切入国际主流媒介平台，进而改变我国媒体的国际舆论生态环境，提升主流媒体的国际传播参与度和影响力。

三是获取国际传播的技术支持，增强传播硬实力。加大国际传播领域对人工智能、推送算法、识别技术、大数据、语音交互等技术的使用效能；加大投资力度推动媒介技术的更新换代，领跑国际传播领域技术层级，打破西方媒介霸权格局。

四是重塑国际传播话语体系内在核心力，提升我国国际传播软实力。通过提升对国际传播技术的支持度，带着超越意识、本土化意识和跨文化意识，以语言编码、文本编译、案例编程等为手段，不断提升中国国际传播的内驱动力，夯实中国话语权提升的环境基础。

结　束　语

　　当前，保护传承弘扬黄河文化已经成为落实黄河流域生态保护和高质量发展国家战略的重要内容，既要立足当下，更要着眼未来。从学术研究层面，要深入了解黄河文化研究现状，掌握一系列的方法与技巧，综合运用多种研究手段，对来自历代统治者的官方记录及民间文化的各种表达等各种资料进行分析总结，了解不同历史时期的社会结构、经济状况、文化特色等方面的信息，尤其是对历史语境的敏感性，结合不同历史时期的社会、政治、经济环境去解读，以更好地理解文献中的信息，构建更为完整的历史图景。此外，对于庞大的历史文献，可以建立起不同历史时期、地域、主题的文献数据库，以帮助研究者更加有序地查找和利用文献，为后续的研究提供了有力的支持。

　　从跨学科研究角度看，跨学科研究的背景与动机是深入了解黄河文化的关键，黄河文化不仅仅属于历史学的范畴，还渗透并影响了人类生活的多个方面，涉及地理、人类学、考古等多个学科领域，将不同学科的专业知识进行整合，可以提供更为全面的理解。例如，人类学的介入对于深化黄河文化的理解至关重要，人类学关注人类的文化、社会和生态系统，通过对人类行为和观念的研究，可以揭示出历史文献所无法涵盖的民间文化的深层内涵。人类学的视角有助于我们了解黄河文化是如何影响居民生活方式、社会结构和文化传承的。再如，地理学作为研究地球表面、自然环境和人类活动相互关系的学科，为黄河文化的形成提供了重要的地理环境背景。黄河流域的地理特征对人类的居住、农业和文化形成产生了深远的影响。通过地理学的角度，我们可以更好地理解地域的独特性是如何塑造黄河文化的。又如，考古学是深入了解黄河文化的又一重要手段。通过对遗址、文物的挖掘和研究，可以还原古代社会的面貌，揭示黄河文化的发展历程。考古学为历史文献提供了有力的实物支持，使我们能够更加直观地感受到黄河文化的丰富内涵。总之，跨学科研究的推动不仅能够为黄河文化的全面认知提供更为立体的视角，同时也能够为相关学科的发展注入新的活力。这既是对传统学科界限的挑战，也是对学科整合的积极尝试，有助于形成更为完整的对黄河文化的认知。

从完善黄河文化教育模式角度看，要将黄河文化融入学科体系，在历史、地理、文学等相关学科中加入黄河文化的专题，让学生通过正式的学科，系统地了解黄河文化的历史、地理、文学等方面的知识，从而强化学生的学科知识，激发他们对黄河文化的兴趣；通过采用多媒体、互动式教学等手段，借助虚拟现实技术，创建一个虚拟的黄河文化场景，将黄河文化的故事、传说生动地呈现给学生，让学生通过沉浸式体验更加生动地了解古代居民的生活、文化和历史。这样的互动式教育工具能够激发学生的学习兴趣，使学习变得更加生动有趣，使学生能够在寓教于乐的环境中更好地理解和体验黄河文化；组织学生走出教室，亲身参与到黄河文化的实际场景中，进行考察和调研，让学生深刻体验黄河文化，增加他们对文化传承的亲身感受，提高学习的实际效果；组织学生参与各种文化活动，如传统手工艺品制作、文化节庆等，培养学生对黄河文化的参与感和身临其境的体验，使他们更加深入地了解和喜爱这一文化；开发面向年轻人的虚拟现实游戏，推出黄河文化主题的手机应用、社交媒体挑战活动等，使年轻人在日常生活、游戏参与中体验黄河文化的内涵，既能满足年轻人对娱乐的需求，又能在娱乐中完成文化的传承。

从虚拟技术体验与应用研究角度看，随着科技的不断发展，善用新兴科技手段，通过虚拟现实、人工智能等技术将黄河文化呈现得更为生动、立体，提高其趣味性和吸引力，让更多人能够参与其中已经成为必然趋势。首先，随着虚拟现实技术的不断发展，其在文化领域的应用逐渐成为可能。虚拟现实技术是通过计算机生成一种模拟的环境，使用户能够沉浸其中，与虚拟环境互动。这种技术的优势在于能够为用户提供身临其境的体验，为文化传承和展示提供了全新的方式。其次，利用虚拟现实技术打造黄河文化的虚拟场景是一项富有创新性和前瞻性的工作。通过收集大量的历史文献、考古资料及相关的地理和文化信息，可以构建一个高度还原的虚拟场景，包括古代居民的生活场景、古城的建筑风貌等。通过虚拟现实设备，用户可以在虚拟空间中自由移动，感受到古代黄河文化的独特魅力。再次，虚拟体验对于文化传承有着积极的影响。

通过虚拟现实，人们可以亲身感受到古代文化的方方面面，增强他们对黄河文化的认知和理解。这种身临其境的体验有助于激发人们对传统文化的浓厚兴趣，使文化传承不再局限于文字和图片，而是使游客可以通过感官进行全方位参与，所以更加深入人心。最后，虽然虚拟现实技术在文化展示上有着巨大的潜力，但也面临一些技术挑战，如：图像质量、技术和设备成本优化等。因此，未来的发展应致力于解决这些问题，使虚拟现实更加普及和可持续。同时，可以考虑与其他技术手段结合，如人工智能、增强现实等，进一步丰富黄河文化的呈现方式。

首先，从人工智能与大数据运用角度看，人工智能技术首先在黄河文化研究中的应用是一项前沿而富有潜力的工作，通过深度学习和自然语言处理等技术，人工智能能够对大量历史文献和考古资料进行高效的分析和归纳。这种分析可以帮助研究者更好地理解黄河文化的内涵，并挖掘出隐藏在海量数据中的文化信息，为文化传承提供更为全面的认识。其次，大数据的运用对于黄河文化保护具有重要的意义。因为大量的文献、考古资料、文物档案等数据形成了庞大的文化数据库。通过大数据分析，可以更加精准地了解文物的分布、保存状况，预测可能的损害因素，为文物保护工作提供科学依据。再次，人工智能在文献研究中的深入挖掘是推动文化研究的重要手段。人工智能算法可以自动分类、提取、梳理文献中的关键信息，形成结构化的数据库。这使得研究者能够更加高效地查找、对比不同时期的文化特征，从而更深入地理解黄河文化的历史演变过程。最后，尽管人工智能和大数据在文化研究中有着巨大的潜力，但也面临一些挑战，如数据隐私、算法不透明等问题。未来的发展需要在技术提升的同时，注重伦理和法律的规范，确保人工智能和大数据在文化领域的应用是安全和可持续的。同时，可以进一步拓展人工智能和大数据在文化研究中的应用领域，推动跨学科的研究合作，为文化传承提供更加丰富的知识和方法支持。

从黄河文化的国际交流角度看，国际交流是推动文化传承的重要途径，加强与其他文化的对话，吸引国际专家学者参与黄河文化的研究，可以让黄河文化更好地融入世界文明，实现多元发展。例如，通过积极参与国际学术研究，联合开展考古发掘、文献翻译、国际学术研讨会等项目，以及通过文艺团体、博物馆展览、艺术节等方式，建立与其他国家学术机构的合作关系，拓展文化交流渠道，促进黄河文化的国际传播；通过组织国际性学术会议，集聚全球学者的智慧，邀请国际知名学者作为主讲嘉宾，分享其在相关领域的研究成果和见解，共同探讨黄河文化的历史演变、文化特征及保护传承等方面的价值、传承和发展，为黄河文化的研究提供更多的视角和思路，进而推动国际学术界对黄河文化的深入关注。通过会后的学术出版物、研究报告等形式，将研讨会的成果传播给更广泛的学术界和社会公众，更有助于形成对黄河文化全面深入的认知，从而激发更多人对其保护传承的兴趣。此外，可以通过文化交流项目的形式推动黄河文化宣传推广。在此过程中，需要了解国际文化交流项目的背景和其在推动黄河文化传承中的重要意义，采用文化展览、演艺活动、学术研讨等多种形式，借助数字化手段，如虚拟展览、在线文化课程等，邀请其他国家的文化机构、学者和艺术家参与，将黄河文化纳入国际文化交流的主题，形成多元的交流合作网络和长期合作机制，使黄河文化能够更广泛地传播。这不仅有助于提高黄河文化的国际知名度，还能够拓展其传承的途径，使之更好地融入国际文化体系。

　　从黄河文化传播与推广角度看，创新旅游线路，推动文旅融合是重要路径。通过挖掘黄河沿线的历史文化景点、古老村落、传统手工艺品等资源，设计具有文化深度的旅游线路，使游客在旅行中深度了解和体验黄河文化的魅力。当然，在推动文旅融合的过程中，要注重景区开发与文化保护的平衡。科学合理地规划，将古老建筑、传统手工艺品等有机融入旅游景点，保留原汁原味的文化特色，使游客在享受旅游的同时也能感受到文化的深度。此外，还可以举办文化节庆、传统手工艺品展示、演艺表演等主题文化活动，吸引游客更深入地了解和参与到黄河文化的传承中，这不仅可以提升文化传承的吸引力，也可以促进当地经济的发展。不断设计特色文化产品，使游客能够通过购物、体验等方式带走黄河文化主题产品。这包括但不限于黄河文化主题的手工艺品、纪念品、特色美食等，通过市场化手段，使文化传承更具生活化和实用性。

　　为此，应坚持"着眼大局、立足长远、围绕根本、抓实当前"的原则，统筹做好"十四五"时期黄河文化品牌的战略规划布局，在高度上积极拓展、开放视野，不断扩大"朋友圈"，整合跨空间文化资源，构建国际化格局。在宽度上，从黄河文化中汲取创新动力，打造良好运营环境，整合零散文化资源向产业化发展转型；在深度上，强化同根同源的民族认同，充实黄河文化内涵促进品牌化进程；在维度上，积极打好组合拳，借助文旅深度融合拓宽艺术化载体。此外，大数据时代为传递黄河声音，展示河南形象提供了便利条件，更为用黄河故事打动中国，"河南流量"引领世界，为提升黄河文化的全球吸引力、辐射力和感召力提供了新的机遇，对于以数字化、国际化、时尚化、品牌化的方式保护传承弘扬黄河文化发挥着重要作用。

总之，关于黄河文化的研究，应以传统文化创造性转化、创新性发展为指导思想通古照今，兼顾传统与现代，在中华传统文化中提炼黄河文化的优秀元素，在黄河文化中透视中华传统文化的传承弘扬与保护。关于黄河文化的丰富内涵不是一朝一夕形成的，而是在漫长的中华民族发展史中，历经不同历史时期衍化形成的既一脉相承又各具特色的黄河文化范畴。关于黄河文化的保护传承弘扬，需要加强对黄河文化内涵的总结提炼，并打造具有典型特色黄河文化价值体系，打造培育其中蕴含的精神标识、独特内涵及典型特征，深入发掘能够表征黄河文化相关历史资源及现代价值，方能实现保护传承弘扬的一体化推进。

参 考 文 献

[1] 牛镛, 岳弘彬. 习近平在中共中央政治局第三十次集体学习时强调 加强和改进国际传播工作 展示真实立体全面的中国［N］. 人民日报, 2021-06-02（1）.

[2] 习近平谈治国理政: 第一卷［M］. 北京: 外文出版社, 2018.

[3] 张祝平. 黄河国家文化公园建设: 时代价值、基本原则与实现路径［J］. 南京社会科学, 2022（3）: 154-161.

[4] 柏贵喜. 系统论视域下国家文化公园建设: 结构、功能、机制［J］. 中国非物质文化遗产, 2022（1）: 100-108.

[5] 李紫薇, 王书丽, 田佳惠. 河南黄河文化旅游带国际化品牌建设探析: 基于黄河国家文化公园建设背景［J］. 人文天下, 2022（2）: 61-66.

[6] 徐勇, 王传胜. 黄河流域生态保护和高质量发展: 框架、路径与对策［J］. 中国科学院院刊, 2020, 35（7）: 875-883.

[7] 金凤君, 马丽, 许堞. 黄河流域产业发展对生态环境的胁迫诊断与优化路径识别［J］. 资源科学, 2020, 42（1）: 127-136.

[8] 马丽, 田华征, 康蕾. 黄河流域矿产资源开发的生态环境影响与空间管控路径［J］. 资源科学, 2020, 42（1）: 137-149.

[9] 程遂营, 张野. 国家文化公园高质量发展的关键［J］. 旅游学刊, 2022, 37（2）: 8-10.

[10] 何志森. 从人民公园到人民的公园［J］. 建筑学报, 2020（11）: 31-38.

[11] 王秀伟, 白栎影. 大运河国家文化公园建设的逻辑遵循与路径探索:

文化记忆与空间生产的双重理论视角［J］.浙江社会科学，2021（10）：72-80，157-158.

［12］焦丹，苏铭.黄河文化国际传播话语体系构建与实践路径探索［J］.新闻爱好者，2022（1）：42-44.

［13］田艳，汪愉栋.从文化自觉看黄河文化传承传播的路径［J］.贵州民族研究，2022，43（5）：40-46.

［14］王贞.档案文化创意产品的开发［J］.中国档案，2015（1）：70-72.

［15］李子林，王玉珏.档案多元论视域下档案文化创意服务研究［J］.档案与建设，2017（12）：16-20.

［16］王毅，刘莹.海外档案文化创意产品开发实践及启示［J］.北京档案，2019（12）：42-44，56.

［17］支凤稳，刘小曼，冀静晓，等.基于概念格的档案文化创意产品用户需求分析［J］.档案学研究，2021（1）：121-125，57.

［18］贺军.文化创意产业视域下的档案文创产品开发策略研究［J］.北京档案，2021（3）：27-30.

［19］乔峤.档案文化创意产品的开发与推广研究［J］.兰台世界，2022（10）：108-111，115.

［20］贾聪聪，周耀林."互联网+"战略下我国档案馆在线商店建设探究：基于5W2H的视角［J］.档案管理，2018（1）：11-15.

［21］王羽佳.公园档案文创产品开发的实例分析［J］.北京档案，2020（4）：30-33.

［22］苗云芳.档案多元化视角下档案文创产品开发研究［J］.兰台世界，2023（1）：123-125.

［23］彭忱.档案数字文创开发策略探赜［J］.北京档案，2022（6）：31-34.

［24］王承哲.黄河文化的生产力视野及其范式构建［N］.河南日报，2020-09-24（18）.

［25］任丽.陕历博的"唐妞"为何能脱颖而出？［N］.中国旅游报，2021-06-04（3）.

［26］周雪.黄河文化旅游资源开发研究：评《黄河流域旅游文化及其历

史变迁》[J].人民黄河,2021,43(6):168-169.

[27] 郭艳华.文旅融合视角下黄河流域旅游文化保护与传承研究：评《黄河流域旅游文化及其历史变迁》[J].人民黄河,2022,44(2):165-166.

[28] 申宸鸣.文旅融合背景下黄河文化旅游发展探究[J].文化产业,2021(22):156-157.

[29] 汪侠,顾朝林,刘晋媛,等.旅游资源开发潜力评价的多层次灰色方法：以老子山风景区为例[J].地理研究,2007(3):625-635.

[30] 巴于茜.文化资源开发潜力评价及其法律机制构建探讨：以甘肃旅游业为例[J].科学·经济·社会,2013,31(4):128-132.

[31] 李创新,马耀峰,张颖,等.1993—2008年区域入境旅游流优势度时空动态演进模式：基于改进熵值法的实证研究[J].地理研究,2012,31(2):257-268.

[32] 张建梅,王佳欣.京津冀文化旅游协同发展路径探析：以非物质文化遗产旅游为例[J].开发研究,2015(2):42-45.

[33] 苗长虹.展示出彩河南文化精髓[N].河南日报,2021-11-03(1).

[34] 徐光春.谈谈黄河文化与炎黄文化：学习习近平总书记有关重要讲话的体会[N].河南日报,2020-8-18(1).

[35] 牛建强,姬明明.邦命维新：黄河文化的现代转型（下）[N].黄河报,2020-12-22(2).

[36] 杨越,李瑶,陈玲.讲好"黄河故事"：黄河文化保护的创新思路[J].中国人口·资源与环境,2020,30(12):8-16.

[37] 张崇,刘朝晖.遗产保护的"举国体制"与社会参与：从观念更新到行动逻辑[J].遗产与保护研究,2018,3(12):35-39.

[38] 刘小蓓.公众参与遗产保护的激励机制研究[M].广州：暨南大学出版社,2017:5.

[39] 蔡之兵.协同合作推动黄河流域高质量发展[N].河南日报,2019-09-25(34).

[40] 单霁翔.大型线性文化遗产保护初论：突破与压力[J].南方文物,2006(3):2-5.

[41] 李维武.传统文化的创造性转化与创新性发展：对习近平文化观的

思考[J].武汉大学学报（哲学社会科学版），2018，71（3）：5-12.

[42] 史鸿文.中原水文化资源数据库建设概述[J].华北水利水电大学学报（社会科学版），2015，31（6）：1-4.

[43] 姜国峰.大数据时代河南保护传承弘扬黄河文化的四重路径建构[J].郑州轻工业大学学报（社会科学版），2021，22（3）：62-66.

[44] 赵文静，王爽.根植黄河文化 发挥文创经济拉动效应[N].郑州日报，2020-11-11（4）.

[45] 中共中央国务院印发《黄河流域生态保护和高质量发展规划纲要》[N].经济日报，2021-10-09（7）.

[46] 卜鹏楼.关于保护传承弘扬甘肃黄河文化的研究[J].发展，2021（5）：43-48.

[47] 谢智学，郭宏远."非遗"保护视角下民俗民间体育文化传承与发展的思考：以甘青黄河流域"羊皮筏子"漂流活动为例[J].甘肃高师学报，2018，23（2）：128-132.

[48] 兰州大学绿色金融研究院.中国绿色金融发展与黄河流域生态保护："2019绿色金融兰州高峰论坛"会议综述[J].兰州大学学报（社会科学版），2020，48（1）：181-184.

[49] 杨帆."喊唱"出来的拼搏精神：探索"黄河河工号子"非物质文化遗产的保护与传承[J].大观，2020（7）：92-93.

[50] 申宸鸣.按抓好黄河流域文化传承保护带动文化旅游业发展浅析[J].中国战略新兴产业，2020（16）：89-90.

[51] 李进增，李鹏.宁夏区域黄河文化特点与保护传承发展的思考[J].民族艺林，2021（1）：12-17.

[52] 吕华.黄河流域民歌非物质文化遗产在大学音乐教育中的价值[J].开封大学学报，2021，35（1）：74-78.

[53] 张咪咪.襄汾历史文化遗产特色与传承保护研究[J].现代交际，2020（8）：231-232.

[54] 闵庆文，刘某承，杨伦.黄河流域农业文化遗产的类型、价值与保护[J].民主与科学，2018（6）：26-28.

[55] 袁建军.加快推进水利遗产保护利用传承发展的思考与建议[J].

水利发展研究,2021,21(4):18-22.

[56] 万金红.保护黄河水利遗产讲好"黄河故事"[J].中国水利,2020(6):61-64.

[57] 江凌.切实扛起保护传承弘扬黄河文化的历史责任[N].河南日报,2019-12-06.

[58] 中国黄河文化研究中心课题组.打造新时代黄河文化地标,全面展示黄河文化魅力[N].河南日报,2020-07-29.

[59] 河南"空陆网海"四条丝绸之路稳定畅通保障防疫物资运输[N].河南日报,2020-02-26.

[60] 蔡之兵.协同合作推动黄河流域高质量发展[N].河南日报,2019-09-25(34).

[61] 李瑞.把黄河文化纳入国民教育:访全国政协委员、河南博物院院长马萧林[N].中国文物报,2020-06-02(1).

[62] 顾金梅.黄河文化旅游资源开发研究:评《黄河文明与可持续发展文库·旅游资源开发研究:以河南省为例》[J].人民黄河,2020,42(5):167-168.

[63] 禹建强,祁瑞萍.努力塑造可信可爱可敬的中国形象[J].前线,2021(11):60-62.

[64] 牧文苑.地方政府部门国际传播能力建设路径探究:基于Instagram账号@anhui_travel的分析[J].青年记者,2023(8):56-58.

[65] 李思乐.三个"面向"与六个"维度":迈向新时期的中国国际传播能力建设[J].湖北社会科学,2022(6):161-168.

[66] 朱涵钰.信息技术助推黄河水文化的数字化传播[J].新闻爱好者,2019(12):27-29.